古典占星術

INTRODUCTION TO
TRADITIONAL NATAL ASTROLOGY

A Complete Working Guide
for
Modern Astrologers

チャールズ・オバート 著
Charles Obert

河内邦利 訳
Kawachi Kunitoshi

SOGO HOREI Publishing Co., Ltd

INTRODUCTION TO
TRADITIONAL NATAL ASTROLOGY
A Complete Working Guide
For Modern Astrologers

By Charles Obert

本書を
占星家、学者、翻訳家、教師
そして友人である
ベンジャミン・N・ダイクス博士に捧げます。

謝　辞

　特段の感謝を、わたしの占星家の友人である、ベス・クラウゼ（Beth Krause）に捧げます。彼女は、本書の草稿を何度も練り直し、貴重な意見、批判、励ましを与えてくれました。彼女の努力のおかげで、本書ははるかに良いものとなったので、私はとても感謝しています。

　原稿を読んで貴重な意見をくれた他の占星家の友人である、トニー・ヴァンアークス（Tony VanArx）、マディ・ヤングストローム（Maddie Youngstrom）、ショーン・ニガールト（Shawn Nygaard）にも感謝します。

　そして最後に、ミネソタ州ミネアポリスの伝統的占星術研究会のメンバーにとても大きな感謝の意を表します。このグループは、本書の解釈ルールを練り上げ、テストし、洗練させるための学校であり、実験室の役割を果たしてくれました。

　チャート［ホロスコープのこと］のイラストや表は、Solar Fire Gold、Janus、Sirius など、いくつかの占星術プログラムを使用しています。

"自然界の神聖な秩序は、神の摂理によって貫かれている
偶然の気まぐれも、自然界の仕組みの中にところを得
神の摂理によって、複雑に織り込まれたタペストリーの中に
その居場所があるのである
神の摂理とは、万物の根源であり、循環であり
必然的に全てが統体となった宇宙の歓びである
あなた自身もその宇宙の一部であり
大宇宙のどの一部であっても
神の摂理によって割り当てられていないものはない
自然界とは、それによって与えられしものであり
また、それを存在させ続ける善き助力である"

－ マルクス・アウレリウス・アントニヌス（Marcus Aurelius Antoninus
121—180）『Meditations（自省録）』－

はじめに

　本書は遠い昔、ギリシャ文明とオリエント文明が融合して生まれたヘレニズム時代（紀元前323年－紀元前30年）である紀元前100年前後に、エジプトのどこかで発案された**伝統的なネイタル（出生）占星術の本**です。本書を読む前に、少し古典占星術と現代占星術について、紹介しておきましょう。概要を学ぶことで、さらに本書を楽しめると考えるからです。

　もともと占星術はメソポタミア文明でその基礎的な部分が完成され、エジプト文明の星の見方や世界観などの影響を受けて、ヘレニズム時代に大成しました。この時代は、アレクサンドロス大王（紀元前356－紀元前323）による東方大遠征によって、**現代のようにグローバル社会が到来し、それに伴って、経済が発展した時代です。一方、未知の文化との融合により、社会不安が急激に増大しました。**この不安から逃れるために、ストア哲学が発展しました。この哲学は本書冒頭に著者が紹介したローマ皇帝マルクス・アウレリウス・アントニヌスも信奉していた考えです。そして、**因果法則や運命、神の摂理を見究め、何が起ころうとも動揺しないで生きることが、不安から逃れ、幸福を求める方法**と考える思想です。このため**運命と神の摂理を見極める占星術は大きく発展**し、多くの知識人が教養として学んでいたのです。

　しかし、中世に科学的な考え方が台頭すると伝統的な占星術は次第に表舞台から姿を消すようになります。しかし、全くなくなったわけではありません。例えば、現代の天文学に大きな影響を与えた「ケプラーの法則」を発表したヨハネス・ケプラー（1571－1630）は、若い頃、占星術で生計を立てていました。のちに彼は「占星術が必要としたからこそ、精密な天体観測が行われた」という言葉を残しています。

　その後、ヨーロッパで西洋占星術が再び日の目を見るのは、20世紀に入ってからです。空前のオカルトブームとともに占星術も再び脚光を浴びました。現在、私たちが西洋占星術と呼んで慣れ親しんでいるのは、20世紀に入ってから体系化されたものです。これを**現代占星術（モダン占星術）**と呼びます。

本書を手に取った方は、これから本格的に西洋占星術を学ぼうという方も多いと思います。一方で何らかの形で西洋占星術に伝統的なものがあるということを知り、自分が知っている西洋占星術と何が異なるのかということを知りたかったのではないかと思います。今まで自分が学んだ占星術は意味がなかったのかという疑問もあるかもしれません。本書はそのいずれの問いも解決できる内容になっています。

　著者のチャールズ・オバートは、今世紀（2001年）に入る前から占星術を研究しています。現代占星術のバックグラウンドを持ちながら、ここ20年ほど、伝統的な占星術の研究に専念しています。最近では、伝統的な占星術とモダンな占星術がいかにして互いに学び合い、補完し合うことができるかに主眼を置いて研究を行っています。

　このようなバックグラウンドを持っている著者が、あなたが学んで、実践しているであろう西洋占星術と伝統的な占星術をどのように活用していくべきなのかを提案します。

古典占星術と現代占星術の違い

　西洋占星術にモダンなものと伝統的なものがあるけれども、それぞれどのような特徴を持つのか、第一章第二節で大まかに語ります。全体的に眺めると、下記のようになっています。

---

1. **西洋占星術の世界観**

2. **伝統的な西洋占星術と、モダンな西洋占星術があり、各々の幾つかの特徴をあげています。**

3. **伝統的な西洋占星術の世界観について筆者なりの視点を交え、それぞれの基礎となる哲学を示しています。**

2つの西洋占星術の違いを対比させると、大きく次のようになります。

現代（モダン）占星術	古典占星術
より心理的で、性格分析的なものを重視	より外面的、状況的なこと、出来事を重視
自分自身の様々な部分を調和させる方法を探す	大きな外部の状況の中で、どのように調和していくかを探す
制限のない不確定な自由意思を信奉している	決定論的な、あるいは運命論的な世界観に根ざしている
惑星の評価を重視しない	惑星の評価に重きを置く
ポジティブに解釈する	ネガティブな部分も解釈する
サインを重視する	惑星を重視する
ハウスとサインが同期している	ハウスとサインは別物
心理学的な分析をすることで、哲学的な背景を、どちらかというと東洋に求めている	古典を古典として読むために、哲学的な背景をヘレニズム文化に求めている

　このような違いがあるため、古典占星術の世界観を少し学ぶ必要があります。世界観を学ぶために、古代ギリシャ哲学の考え方など、いくつか思想的な土台を学ぶ必要があります。初めて触れる語彙や、初めて知らされる事実に面食らう方も多いことと思います。

　第一章第三節では、このような違いがなぜ生じてしまったのか、歴史的な流れを通して話します。17世紀の終わり頃にいったん廃れた占星術が20世紀に復興したときには、ある意味、新しい発明が必要だったのだと述べます。それがモダンな占星術に影響を与えたのだと、著者は強く述べていませんが、17世紀の終わりから20世紀の初めに、大きな違いが生じる原因があったのだと考えています。

現在、さまざまな理由から伝統的な占星術が復興しようとしています。これまではモダンな占星術との間に軋轢が生じてしまった時期がありましたが、いよいよ融合を模索する段階になりつつあるのです。

古典占星術の世界観に触れる意味

　では、どうすれば融合をかなえることができるのでしょうか。それには、歴史的な背景と、哲学的な背景を素直に学ぶことだと著者は言います。できれば、いったん、モダンな占星術のことを忘れて読み進めてほしいのです。

　第四節の「伝統的占星術の世界観」のくだりは、地球中心説による古いプトレマイオス的な宇宙観の話から始まります。天動説によるお話は、馴染みがない方もいらっしゃると思います。けれども天動説は、伝統的な占星術もモダンな占星術も、共にベースに置いているものです。

　第二章第六節のビルディングブロック［占星術の構成要素］を語る部分からは、まさしく伝統的な占星術のお話になります。第七節では、その背景に、古代の占星術師たちが数学と幾何学を神聖視していた心の内面に向き合わせようとしています。このあたりは、翻訳をしていても言葉足らずの印象を受けましたが、チャーリー（著者のチャールズ・オバートの愛称）の意をくみ取っていただければと思います。

　第八節に、世界の誕生のチャートというものが出てきます。私が初めてこの図に出合ったとき（フィルミクス・マーテルナスの書いた『Matheseos（マテシス）』という4世紀に書かれた本で見ました）には、何を描いているのか皆目見当も付きませんでした。それをこういう見方があるんだよとやさしく解説しています。その図は、アスペクトの意味や、サインのルーラーと結びつきます。第九節と第十節では、さらに伝統的な占星術の概念を深めていきます。それぞれが、17世紀以降のモダンな占星術の視点とかけ離れて見えます。

　第十一節で、ようやくモダンな占星術でも使用するエレメントの話に入るので、安心感を持たれるかもしれません。ただ、かなり深みのあるエレメントの話になっています。そこから、ビルディングブロックそれぞれの詳細な

説明に入ります。それほど委細に語るわけでもなく、それでいて必要不可欠な内容になっているのは、チャーリーが大勢の人たちに教えてきた経験を踏まえたものであることが大きいでしょう。

語りかける手順は、下記のようになっています。

---

2. 古典的な西洋占星術による、さまざまな要素の説明

エレメント	惑星、サイン、ハウス
ベネフィック［吉星］とマレフィック［凶星］	ホール・サイン・ハウス方式
セクトの惑星	アスペクト
エッセンシャル・ディグニティー	リセプション
モード［フィクシティー］とアンギュラリティー	ロット、または、アラビック・パーツ

第二部、第五章第二十二節からは、いよいよ、基礎的なチャートの解釈に入ります。事例を使いながら、伝統的な占星術では、次のようにチャートを読む技術に焦点が絞られます。

---

3. チャートの解釈の基礎

評価のルール

チャート解釈のアウトライン

解釈の事例

これから学ぶべき事柄と、提言

読み終わると同時に、「それはいつ起きるの？」との疑問が湧く方もいらっしゃるでしょう。伝統的な占星術には、起きることと、それはいつなのかに答える技術があります。けれども、本書はその一歩手前までの基礎的なことを書いているものです。

　いつごろその出来事が起きるかは、現在では「タイムロード・システム」と呼ばれる数々の技術があり、昔から使われてきたテクニックを著者は『*The Cycle of the Year*（年々の巡遊）』で書いています。モリナスというソフト［非商用の自由に使える優秀なもの］を使いながら説明しています。非常に難解な内容ですが、翻訳出版したいと考えています。

　本書の内容は、いつか私が書きたかったネイタル（出生）占星術の実際の使い方を見事に言い表してくれている日本語訳です。

　ただし、あくまでもネイタルの基礎でしかなく、これ一冊でネイタル占星術の全てが理解できるものではありません。特に第二十節では、なぜ同じアスペクトが違った解釈になってしまうのかを説明しています。

　さらに、チャートの解釈の哲学的な概念の部分でも、著者は、

「惑星は一種の分解不可能な出発点であり、エレメントの特性だけでは説明しきれない象徴的な表現を持つ……」（第十六節）

　などと述べて、惑星の把握をしっかりしたものにしてほしいと述べています。これらが、日本の西洋占星術家の役に立てれば幸いです。

西洋占星術の用語を訳すのに、留意した点

　基本的には、できるだけ原本に近い形で翻訳をしています。特に、西洋占星術を捉えるため の哲学的な考察では（第一章第三節と第四節）、英文を翻訳しただけでは 難解になるため、いくつかの文節は意訳に近くなっています。しかしながら、そのような場合でも真意にできるだけ近づけるように配慮しました。この項目は訳すのに留意した点を述べているので、早く本書を読みたい方は、読み飛ばしてもらっても構いません。本書を読んで、気になった時に読み返してもらえばよいです。

（）括弧は、文脈上、日本語にした場合、意味が分かりやすくなると考えて、前のものを後ろに持っていったり、後ろのものを前に持っていったりしたときや、単語の説明部分にあたるものに付けました。［］括弧は、訳者が付け加えたことを示しています。

　なお、脚注は、全て訳者によるものです。いくつかの図は、元の本には無いものが付け加えられています。それらは、編集者の希望もあり、チャーリーに打診をして許可を得ています。それらの図表のタイトルには、［］括弧が付けられています。

　書名の主タイトルは、『*Introduction to Traditional Natal Astrology*』です。訳をする際に、Natalを"ネイタル"と訳したり、"出生者（しゅっしょうしゃ）"と訳したりして一定していません。Nativeについても、ニュアンスは"出生図の持ち主"ですが、"出生者"や"出生図（しゅっしょうず）"として前後の文脈に従い訳したところがあります。

　Circle（サークル）を"円環（えんかん）"と訳しています。それは、本書の続編でも必要になる単語だからです。サークルと訳してもよいし、"円"とか"輪"としてもいいのですが、西洋占星術の言葉として相応しいのはどれかと考え"円環"としました。一般的になる単語とは思いませんが、本を読むときにはそれはサークルだと気付いてもらえると嬉しいです。

　Masculine（マスキュリン）を"男性格"、Feminine（フェミニン）を"女性格"と訳しています。「格」を付けるのはどうかと思いますが、これを取り去ると男性の、女性の、と、形容詞としてそのまま残せなくなりますから、それを避けるために「格」を付けました。

　Cardinal（カーディナル）、Fixed（フィクスト）、Mutable（ミュータブル）は、すでに日本語で「活動宮（かつどうきゅう）、固定宮（こていきゅう）、柔軟宮（じゅうなんきゅう）」として定着していますけれども、英語読みのままカタカナにしたところもあります。

　単語Angle（アングル）は、Angular（アンギュラー）とAngularity（アンギュラリティー）の3つの言葉を理解しながら読んでいただく必要があると考えたので分けました。"アングル"は文字通り角「かど」の意味です。"アンギュラー"は、角を含んでいる意味で、アングルの意味とほぼ同じですが、アングルの領域（1、4、7、10ハウス）を指します。"アンギュラリティー"

は、堅苦しさの意味ですが、アングルの近くにあることで強さを得る尺度のような単語になり、アングル性とでも訳せるような単語です。

　このことは、アングル、サクシダント、ケーダントが、本書の中から2つの異なる意味を持つことになると、気付いて頂きたいからです（第三章第十八節）。アスペクトに反対する単語として、Aversion（アバージョン）とAverse（アバース）があります。英語のアバージョン・Aversionの本来の意味は"嫌悪"です。その形容詞がAverse（アバース）"嫌悪して"ですが、アスペクトが見ることであるなら、その対義語である見られないことを、"アバージョン"としています。"アバージョン"だけでは言い表せないこともあるので、"アバース"見ない、背を向けている意も使いました。

　単語Positive（ポジティブ）も、モダンな西洋占星術でよく見られます。本書でも多用されています。翻訳する時には、「良い」とか、「良好」とか、「ポジティブ」とそのまま使っている場面もあります。できるだけ、チャーリーの意図するところを変えずに翻訳したかったので混在したままになっています。

　Lot（ロット）とLots（ロッツ）についても、どちらか一方だけでは表現が難しく、アラビック・パーツと読んだり、パート・オブ・フォーチュンと読ませたりして、単数形と複数形が混在しています。そこで、"ロット"と"ロッツ"も著作通り混在させることにしました。

　Stake（ステイク）と、前述のAngularity（アンギュラリティー）についても、違いを述べておきます。"ステイク"はアングルを指すこともありますが、近年の欧米での研究では、ある惑星がサクシダントにあるなら、ホール・サイン・ハウス方式で十字形になるサイン同士を指しています。"アンギュラリティー"は、ホール・サイン・ハウス方式であっても、MCとICの軸が、3番目のサイン／9番目のサインになったり、5番目のサイン／11番目のサインになったりする概念です。チャーリーはこの問題に対して、第十八節の終わりのほうで議論を重ねています。

　人の名前では、Bonattiのみ音訳をせずに、グイード・ボナタスのことなのでボナタスと表記してあります。最初に出てくるその人の名前の後ろに英語

の表記を載せました。享年の分かる人は年代も載せました。

　under the rays と、under the beams、under the sun's beams の混在は、許可を得て、全て"アンダー・ザ・レイ"としました。これは、太陽の片側15°以内のことです。17°ではありません。また本文の中で、ハウスに言及する箇所が出てきます。例えば、以下のようにです。

　　Now we need a framework, the general house blueprint that gives you a structure to tie it all together. We will then take a walk around the lot and look at a couple of example houses.

　　「あとは最適な構造、つまり一般的な家ならば、全てを骨組みから見渡せる設計図を必要としています。そこで私たちは少し敷地の周りを歩いて、いくつかのモデルハウスを内見してみましょう。」

　この場合、Framework を"最適な構造"や、他の単語に訳したところがあります。Structure も"骨組み"や他の単語で適切なものを都度選びました。

　単語 Scan を、"解析"と"割り出し"の2つの言葉で訳しています。"割り出す"との意味は辞書にも載っていませんが、適切に思えるので使いました。

　単語、支配権（ルーラーシップ・Rulership、ロード・Lord）も、カタカナと漢字が混在しています。ルーラーシップを、"支配権"や"ルーラー"と訳しています。混在している理由は意味を解説する時と、実践的に使う時と使う箇所が異なるからです。in rulership を"支配権にある（ルーラーとなっている）"とは訳さず、"支配権をにぎる"と訳しているところがあります。チャーリーは、アセンダントのロードと述べたり、アセンダントのルーラーと述べたり頓着なく使っています。委細なことなので、そのまま訳しました。

　"支配権（ルーラーシップ）"は第一章の終わりにあるように、「ルーラーシップは親和性を意味するものではなく、惑星がそのサインの事柄を担当していること」を意味します。そのサインの支配権を持った惑星は、できる限りの"おもてなしをしたい"と考えて対処します。そのサインを通過する惑星

から通行税を取るような支配をするわけではありません。この「サインを支配する」という視点だけでも、伝統的な占星術が理解しやすくなります。

　第二十六節では、チャート解釈のアウトライン・Outline を示しています。それを、"アウトライン"と"概観"の2つで訳しました。

　原著では、ヘレニスティックな時代とヘレニズムの時代が混在しています。これらをヘレニズム期とヘレニズム時代としました。一般にヘレニズム時代とされるのは、紀元前323年のアレクサンドロス大王の死後から、紀元前30年のローマによるプトレマイオス王朝の征服までを指しています。その辺りで生まれた西洋占星術にとっての"ヘレニスティック占星術"という冠は、これ以降もアラビアで占星術が盛んになるころまで使われ続けます。

　占星術で使われる言葉は難解ものが少なくありません。ラテン語由来の言葉や英語由来の言葉などをこれから学ぼうとする初心者の方には、ハードルが高いと感じられることも多いでしょう。そのような時には巻末の「用語集」（316ページ参照）を見ながら読み進めてください。

　本書はアメリカの有名な占星術専門学校でも、教科書として扱われています。そのため、思想的な土台から入って、実践まで一気通貫で学べる内容になっています。占星術の上達を志すものであれば、必ずや座右の書となることは間違いありません。本書を通じて占星術の奥深さを楽しんでいただければ、大変うれしく思います。

訳者　　河内邦利

2023年10月吉日

目次

第一部　序文と伝統的な西洋占星術の世界観

第一章　西洋占星術の世界観

第三章　惑星・サイン・ハウス

第二部　惑星の評価方法解釈と実例

第五章　評価と解釈

第七章　総括的な提言

装丁・本文デザイン/木村 勉

DTP/横内俊彦

　　　村岡志津加（Studio Zucca）

図表/ 村岡志津加（Studio Zucca）

校正/ 高橋宏昌

編集協力/上野由香（わとこ）

編集担当/宇治川 裕（YUTAKA）

第 一 部

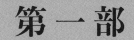

序文と
伝統的な西洋占星術の
世界観

第一章
西洋占星術の世界観

第一節　総活的な序

本書の目的は、伝統的な西洋のネイタル占星術の研究と実占のための、使いやすく構造化された枠組みを提供することです。伝統的な占星術 の視点や技法を紹介する入門書となることを意図しています。

本書は、これからの研究の基礎となる枠組みとして利用できる、使い勝手の良い、一連の基本的な技術に焦点を当てています。

伝統的な占星術とは何か？

伝統的な占星術[※1]とは、ヘレニズム期の紀元前2世紀ごろから始まり、ウィリアム・リリー（William Lilly 1602 − 1681）、ジョン・ガドバリー（John Gadbury 1627 − 1704）、ニコラス・カルペパー（Nicholas Culpeper 1616 − 1654）といったイギリスの有名な占星術師の最後の時代である、ルネサンス初期ごろまで西洋で行われていた占星術のことです。

その時代背景は現代と異なり、技法や重点の置き方に決定的な違いがありました。認識される技法や意味が大きく強く共有されていたのです。その後、占星術は衰退し、19世紀後半にアラン・レオ（Alan Leo 1860 − 1917）のような人々によって再興されたときには、伝統の詳細な技術の多くが失われてしまいました。

※1　西洋占星術の世界には、大きく分けて「伝統的な占星術」と「モダンな占星術」が存在しているように考えられています。モダンな占星術は一般に、4ハウスを母親のハウスと解釈していますが、伝統的な占星術では、4ハウスを父親のハウスとしています。大きな違いを生み出した原因も本書に書かれています。

本書の対象者

　本書は、すでに占星術の基本をある程度知っている人を対象としています。一冊だけで簡単に全てを網羅した、初心者向けの教科書として意図していません。

　本書は、伝統的な占星術のテクニックを学びたいと考えている現代の占星家を主な対象者としていますが、それは伝統的な占星術を単独で実践するためでも、現代のテクニックを補完するために使用するためでもあり、究極の目的は同じです。

　もし、あなたが占星術を全く知らないのであれば、本書を補完するために、包括的な現代の良いテクストを読むことをお勧めします。巻末の「参考文献」に、初心者向けの短いテクストを含め、検討すべき良書をいくつか掲げています。

　本書を利用する人が、モダンな占星術を完全に捨てて、伝統的な技法だけを実践することを想定しているわけではありません。本書は、伝統的な技法を学びたい、あるいはその一部を自分の仕事に取り入れたい、あるいはその技法を用いて別の視点を手に入れてみたいと考える現代の占星家にとって、有益で興味深いものになるはずです。私自身も、伝統的な占星術とモダンな占星術の両方を、2つの異なるアプローチで補完的な意味を与えるものとして使用しています。

❖ ネイタル

　本書は、伝統的なネイタル・アストロロジー（Natal Astrology、出生占星術）のテーマにのみ焦点を当てています。現在、伝統的な占星術に関する現役の著者による資料のほとんどは、ホラリー占星術に集中していて、その全てがネイタルの解釈につながるわけではありません。

❖ 実践的

　本書は、学術的なことを目的としたものではありません。私は、伝統的なネイタルの解釈を実践したい人のために書いています。本書には、私が自分

の経験で試してみて有用だと思わなかったものは一切載せていません。

　本書の内容の多くは、2012年からミネソタ州ミネアポリスで私が進行役を務めた「伝統的ネイタル占星術」の勉強会から生まれたものです。参加者の中には、中世の占星術の作品の研究者であり翻訳者でもあるベンジャミン・ダイクス博士（Dr. Benjamin N. Dykes, Ph. D.）と、原典がほとんど読めなかった時代も含めて長年伝統的占星術を研究し実践してきたエステル・ダニエルズ氏（Estelle Daniels）がいました。お二人の学識と経験は並外れて貴重で、私はお二人から多くのことを学ばせていただきました。

　同じ時期に、ヘレニスティック占星家クリス・ブレナン氏（Chris Brennan）の素晴らしいオンラインコースにも参加していて、本書の内容にも強く影響を与えています。クリス氏と、彼のウェブサイトに関する情報は、「参考文献」のリストにあります。

本書の主な内容

　本書には、2つの主要部分があります。

　第一部は、伝統的な占星術の世界観と要素を整理しています。これは、基本的な枠組みとテクニックの語彙を提供するためにあります。

　第二部の本書の核となる部分では、ネイタル・チャートの解釈をするための基本的な概要を提示しています。続いて、伝統的な占星術の技法を使ったネイタル・チャートの解釈のまっとうな例をいくつか紹介しています。

　このように私は、占星術の伝統的な技法を使ったチャートの解釈に必要なツールや手法を紹介し、多くの具体例を示していきます。読者が自分自身のチャートの解釈に、これらの技法を取り入れるための必要な知識や理解を得られるように目指しました。

❖ 網羅していない事柄

　本書は伝統的な占星術の全ての事柄を網羅しているわけではありませんし、重要な要素であっても取り上げていないものもあります。それらは次のものです。

恒星は重要視されますが、私の感覚では**マンデーン占星術（Mundane Astrology、日常の占星術）**[※2]の文脈で最も重要であり、ネイタルの解釈ではそれほど重要ではないと感じました。

気質とは、4つのエレメントに関わり、基本的な性格や個性を判断する方法です。気質は、チャートの解釈に詳細を加えるものですが、本質的な要素ではありません。

アスペクトがどのように完成するか、あるいは完成を阻まれるか、トランスファー・オブ・ライトや、コレクション・オブ・ライト、リフランネーションなど、数多くの詳細な記述があります。それらはホラリー占星術の判断において重要ですが、ネイタルではそれほど重要ではありません。

❖個人的なメモ

私が本書を書いた理由について、少しお話ししたいと思います。

まず、数年前に伝統的な占星術を本格的に学び始めたときに、扱うべき事柄の多さに圧倒されて、とても近寄りがたい気がしました。明確な組織化された原理がないままの膨大な量の文献類があり、システムを貫くパターンと秩序の感覚を得るまでに、何度も何度も文献類を繰り返して読む必要があるように感じました。

また、伝統的な占星術に関するこれまでの資料の大半が、ホラリー占星術に集中したものです。このことは、ウィリアム・リリーの著書『*Christian Astrology*』が伝統的な占星術に関する英文の本の中で最も影響力のあるものですが、リリーが主にホラリーに取り組んでいたことが大きな原因だと思われます。リリーの代表作の3冊目では、ネイタル占星術を扱っていますが、その裏付けがほとんどなされてこなかったのです。数年前にこの本を書こうと思い立ったのは、『*Christian Astrology*』の第3巻を読んだのがきっかけでした。

※2　マンデーン占星術。"日常の占星術"と訳されるわけは、日々の天候や気候が穀物の収穫高や物価に影響を及ぼし、ひいては国家の安泰を左右するからです。

そこで本書では、ウィリアム・リリーの『*Christian Astrology*』第3巻に敬意を表しつつ、伝統的な占星術の主要な概念をネイタル・チャートのリーディングに応用する総合的な内容を紹介していきたいと考えています。

　それが最初の目的でした。

　このプロジェクトを進めていくうちに、伝統的な占星術がいかにモダンな占星術に対抗するものとして提示されているかに、ますます衝撃を受けました。占星術のコミュニティーは、この命題で2つの陣営に分かれているようにさえ見えました。伝統的な占星術を実践しているか、モダンな占星術を実践しているか、どちらの側も相手に対する共感や理解があまりないように見えたのです。

　私は、そのような分裂を繰り返したくありません。

　私は、伝統的な占星術を、多くの現代の占星術と対照的な形で紹介しようとしていますが、それぞれの長所と短所を正当に評価する方法で、理解するように努めています。私は今、伝統的な占星術とモダンな占星術が、それぞれの長所と短所を補完し合い、互いに学ぶべきことがたくさんあると確信しています。私は、その対話を始めるためのプロセスに加わりたいと考えています。

　つまり、本書には2つの目的があります。

　一つ目として、伝統的な占星術を、整理された親しみやすい実用的な方法で紹介することです。本書を読み終えるころには、ネイタル・チャートの解釈のアウトラインを手に入れ、それに沿って解釈ができ、伝統的な占星術のテクニックが実際にどのように機能するかを確認できるようになっていてほしいと思います。また、オリジナルのテクストに戻って、それを読んだり研究したりするのに適した、包括的な文脈を持てるようになってほしいとも思います。

　二つ目に、伝統的な占星術を、モダンな占星術と対立するのではなく、補

完するような形で紹介することです。 それぞれに長所と短所がありますが、公平でバランスの取れた形で紹介したいと思っています。私は2つのコミュニティーの橋渡しをしたいのです。

　そのどちらかの点で少しでも成功していれば、本書の目的は達成されたことになります。

第二節　伝統的なものと、モダンな占星術の違いは？

❖**導入部**

　今日行われている伝統的な占星術とモダンな占星術では、この2つのシステムは何らかの形で対立しているか、または、別物であるとして、どちらかを実践することが必要との共通の認識があるようです。

　残念ながら、伝統的な占星術を実践している人たちが、モダンな占星術を批判したり切り捨てたりする文章をよく目にします。もちろん、多くのモダンな占星術家も同じように返しています。出版された本や記事だけでなく、インターネット上の議論やチャット・グループでも、よく目にしてきました。私が思うのは、他の学派を攻撃する人たちは、実際にはその学派の実践者が持っていない立場を設定し、批判することが多いということです。

　会話や共有ミーティングでは、私が知っているほとんどのモダンな占星家のツールや視点からの読み方と、私の読み方に大きな違いがあります。意味を共有する強い基盤がある一方で、使用されているテクニックには、大きな違いがあることも数多く見受けられます。また、それぞれがチャートのリーディングのアプローチや、全体的な哲学や視点にも、歴然とした違いがあります。

　そこで今回はテクニックもさることながら、伝統的な占星術とモダンな占星術の哲学や視点の違いについても、総合的にお話しするつもりでいます。

　伝統的な占星術と、優れたモダンな占星術の間には、多くの重なり合う部分があることをご理解いただけると思います。モダンな占星家が、本書の内容を扱うために最初からやり直す必要はありません。現在、多くのモダンな占星家が執筆し、実践していますが、彼らの著作や仕事に私は敬意を払い、参考にしています。

　しかし、伝統的な占星術に初めて触れるモダンな占星家たちが、この伝統的な資料を本当に理解してもらうためには、自分たちが現在使っている共通の前提を疑い、少なくとも一時的に中断してほしいと思う部分もあります。

違いについて

❖ **モダンな占星術はより心理的で性格分析的なものを重視し、伝統的な占星術はより外面的、状況的なこと、出来事を重視します。**

　モダンな占星術では、チャートは主に心の地図であり、伝統的な占星術では、チャートは主に、その人に起こる外的状況・状態を読み解こうとします。

　これが、大きな**視点の違い**です。

　例えば、火星が人間関係の7ハウスにある人の場合を考えてみましょう。

　伝統的な占星術では、火星はその人が持つパートナーの種類を表すことになります。その解釈はその人の性格ではなく、外側の世界、つまり7ハウスの主題に該当する実際の人たち、パートナーや敵として解釈します。

　モダンな占星家たちは、「チャートは全て自分の心の中にあることを映し出す」としているため、これは、火星があなたを「投影」しているのであって、「火星そのもの」ではないというでしょう。モダンな占星家は、通常、火星が出生図の持ち主［ネイティブ］その人をどのように描写しているのかを知ろうとして始めます。

　伝統的な占星家は、火星が7ハウスの人々や状況を、どのように描写しているかから始めます。伝統的なアプローチでは、人が自分の一部を誰かに投影する形とは異なる感覚になります。モダンにおけるネイタル・チャートの文脈では、その人の個性です。伝統的なものでは、大きな属性である外的環境の中での立ち位置になります。

　これも、伝統的なものとモダンなものとの、大きな視点の違いの1つになると思います。

　この視点の違いには重要な意味があります。モダンな占星術では、チャートを使って、その人がさまざまな部分で自分自身で調和を図る方法を探すといいます。**一方、伝統的な占星術では、その人がより大きな外部の状況の中**

で、どのように調和していくかを探します。

　これは、解釈が性格分析か、または、外部の出来事や状況に基づいている
必要があることを意味するのでしょうか？ いいえ、そうではありません。両
方の方法が機能し、同じように価値があります。伝統的な占星術は、モダン
なものよりも外部の状況、人物、出来事をより強調しています。モダンな占
星術は外的な意味をより多く取り入れることで、そして、伝統的な占星術は
性格分析をより多く取り入れることで恩恵を得ることができるはずです。

　そして、このことは、占星術全体が、**より大きな外部の世界的な秩序と、継
続的なつながりを持ち続け**、**調和を**前提とした視点を回復するのに役立つと
思います。

　これは、伝統的な占星術が、特定の出来事だけを予測しようとしているだ
けでは**ない**ことに注意を向けます。むしろ、イベントのジャンルやタイプを
説明しているといった方が正確です。先ほどの7ハウスの火星の例でいえば、
火星的な特性を示すパートナーやライバルが、さまざまな形を取って現れる
可能性を意味します。

運命と自由意志

❖**モダンな占星術の多くは、いわゆる、制限の無い、不確定な自由意志を信
奉しています。**

　つまり、出生図にはある傾向が見られるかもしれませんが、それらは全て、
努力と、多くの場合ポジティブな考え方によって変えられたり、あるいは「超
越」することができたりすると信じています。私の経験的な感覚では、モダ
ンな占星術は、チャートを肯定的に解釈することにウェイトが置かれています。
　**伝統的な占星術は、より決定論的な、あるいは運命論的な世界観を基盤と
しています。**別の言い方をすれば、伝統的な占星術は、個々の人間の精神よ
りも、社会的な状況の中で運用されます。伝統的な占星術では、チャートを
「超越」することは考えられず、自分の立場を理解し、神聖な意思を学ぶため

に占うことを目的としています。私は、宇宙の秩序に自分を合わせ、その中へ自分をどのように一体化させるのかだと思っています。そのような意味で、伝統的な占星術は易占のような占いに似ています。

　モダンな占星術は運命を軽視し、自由意志を強調するのに対し、伝統的な占星術のテクストは、自由意志や選択を最小限に抑え、運命を幅広く強調しています。モダンな占星術の文献類は、惑星のポジティブな使い方にだけ終始することが多い反面、伝統的な占星術の文献類の多くは、格段に二元論的な考え方が多く、良い結果と悪い結果が極端になってしまうため、運命論的で判断力に欠けていると思われることがあります。

　私は、人間の経験には**運命と自由意志の両側面がある**と考えていて、占星術にもその両方が必要だと思います。占星術では、ある状況をいかにうまく利用するかを強調することが適切な場合もあれば、誰も責めることのできない、自分ではコントロールのできない外的な出来事を受け入れることこそが適切な場合もあります。私たちの経験の多くがそうであるように、この2つの視点のバランスが最も実りが多く、最も現実的であるように思えます。

惑星の状態の評価

❖モダンな占星術では、惑星がポジティブであるとかネガティブであるとか、その配置が幸か不幸かなどの感覚がほとんど失われています。

　全てのチャートが等しく幸運であり、全ての人が等しく成功した人生を歩むチャンスがあると考える傾向があるのです。チャートに課題がある場合、多くのモダンな占星家は、それに対して前向きに取り組むことを重要視します。

　伝統的な占星術では、惑星の状態を評価することにウェイトを置いていて、時には幸運に、時には厳しい不運に見舞われる人もいます。また、ある惑星は自ずと役立つもの、あるいは恩恵をもたらすものがあり、ある惑星は自ら破壊的なもの、あるいは悪影響をもたらすものもあります。伝統的な占星術では、チャートが同じように作られているわけではありませんから、全ての惑星が同じように発動するわけではありません。言い方を変えれば、ある人

は成功し、良縁に恵まれ、富を得るように宿命づけられている人もいれば、ある人はさまざまな意味で、過酷な人生を送ることになる人もいるわけです。

　ですから、**伝統的な占星術は、あなたの心理的な可能性を説明するよりも、チャートがあなたの人生でどのように作用するか**にウェイトを置いています。伝統的な占星術は、チャートの難しい面やネガティブな面を無視したり、ごまかしたりはしません。ポジティブであることだけを強調するわけでもありません。公平を期すために伝統的な占星術は、時には厳しく、時には思いやりをもって使用する必要があります。ラインホルド・ニーバー（Reinhold Niebuhr 1892 － 1971）の「静寂の祈り」[※3]のように、変えられるものと、受け入れるしかないものを見分ける知恵を授かるように祈るのです。

技述的な違い、強調点の違い

　伝統的な占星術は、モダンなものほどサインを重視せず、より惑星を強調します。伝統的な占星術では、サインは作用するのではなく、その中にある惑星の質を調整する環境を提供するものとなります。

　伝統的な占星術では、サインは主要な性格のタイプよりも、さまざまな惑星が機能する環境として使われることがほとんどで、時には効果的に、時には非効率的に機能することもあります。サインに関する最も重要な事実は、そのサインのルーラーがどこにいて、どんな状況にあるか（伝統的な占星術の言葉では、そのディグニティーやデビリティーは何か）、そして、そのサインには他にどんな惑星があり、どんな構成をなしているかを調べます。

※3　アメリカの神学者ラインホルドの説教集。「神よ、変えることのできないものと平穏に受け入れる恵みをお与えください。変えるべきものを変える勇気を、そして、それらを区別するための賢さをお与えください。」などの言葉が載せられています。

❖ 伝統的な占星術では、ハウス、サイン、惑星が同期する、モダンなアルファベット的な12文字占星術[※4]は使用しません。

モダンな占星術の多くは、12ハウスが12サインに対応する意味を持っていると考えられています。モダンな占星術では、最初のサインである牡羊が1ハウスと意味においても対応し、1ハウスは牡羊の支配星である火星にも関連しています。1ハウス、5ハウス、9ハウスは、牡羊、獅子、射手の3つの火のサインに対応することから、火のハウスと呼ばれています。

モダンな占星術におけるこの対応関係は広く想定され、どこにでもあるものです。

惑星の意味について書かれたモダンな占星術のテクストでは、牡羊のサインと1ハウス、牡牛のサインと2ハウスなど、サインとハウスが意味において対応することを前提とした項目がたいへん多く見られます。

チッポラ・ドビンズ（Zipporah Dobyns 1921 − 2003）は、これを「12文字のアルファベット」と呼んで体系化し、広く影響を与えた彼女のシステムでは、サイン ＝ 惑星 ＝ ハウスとなるように対応させています。モダンな全ての占星術が、彼女のシステムのように、対応関係を方程式化するところまで推し進めているわけではありませんが、ハウス、サイン、そしてその支配惑星の間の意味の対応関係は、ほぼ普遍的に想定されています。

これは20世紀末の革新であり、それ以前には全くといっていいほど行われていなかったものです。

歴史的に見ても、ハウスの意味とサインの意味は、2つの異なる文明から別々に発展したと考えられ[※5]、伝統的なテクストにはハウスとサインの意味の一致を示すものはありません。

ですから、伝統的な占星術では、最初のサインである牡羊の支配星の火星

※4　ここから先で説明される、ハウスとサインを対応させて、サインとハウスを同期させる占星術のことです。

※5　今日、黄道帯12サインはメソポタミア文明（バビロニア）から出てきたと考えられていて、ハウスの概念はエジプト文明から出てきたと数々の資料から推測されています。この2つが融合してできたとされるのがヘレニスティック占星術です。クリス・ブレナンの『*Hellenistic Astrology*』Chap.2参照。また、クリス・ブレナンの上述書には、「セクト」に関する概念も詳しく説明されています。

と1ハウス、金星と2ハウスといった具合に関連付けることはありません。月と4ハウス、太陽と5ハウスの間には、必然的なつながりはないのです。金星が2ハウスにあることと、金星が牡牛のサインにあることは、何らの類似性もありません。

サインとハウスが対応している形態は、単純化しすぎだと思います。また、「対応しない」形も、逆に単純化しすぎだと思います。占星術の多くの事柄と同様に、真実はもっと複雑で、中間に位置するもののはずです。

サインの配列とハウスの間には、一般的な意味での類似性があると考えられますが、その対応関係を前提にすると、個々の意味の重要な次元が失われてしまうと思われます。本書では、伝統的な占星術を取り上げていますので、別々に扱うことにします。

❖伝統的な占星術では、惑星の総合的な強さや弱さを定義するものとして、「セクト（Sect）」を重視しています。

伝統的な占星術には昼と夜の2つの「セクト」があり、昼のセクトと夜のセクトに分けられます。チャートは、太陽が地平線より上にあるか地平線より下にあるかによって、昼と夜のどちらかになります。各惑星も昼のセクトと夜のセクトのどちらかであり、チャートのセクトと一致するかしないかで、その働きと質が大きく左右されます。セクトについては、後の章（第二章十三節）で詳しく説明しますが、チャート解釈の大きな要素であることがお分かりいただけると思います。

❖ホール・サインでのアスペクト、見ることとアバージョン[※6]

伝統的な占星術ではヘレニズム期にさかのぼり、千年以上にわたって使われてきたホール・サイン（Whole Sign）・ハウス方式を使用しています。ホール・サイン・ハウスでは、アセンダントが位置するサイン全体が1ハウス、次

※6　アバージョン・Aversion。英語本来の意味は、"嫌悪"ですが、"目を背ける"、つまり、アスペクトしていないことを意味します。アスペクトが"見る"という意味を持つことから、反対語としてこの語が選ばれました。

のサイン全体が2ハウスとなり、サインとハウスの境界線が一致します。

　伝統的な占星術では、惑星間の相互関係やアスペクトは、「見る」という比喩に基づいています。アスペクトにある惑星は、お互いを見ることができ、アスペクトにない惑星は視界から外れていたり、目を背けていたりする意味のアバージョンとなり、コミュニケーションを取れない状態にあります。

　伝統的な占星術では、蟹のサインのどこかにある惑星は、魚のサインのどこかにある惑星と、彼らがどんなに遠い角度であってもトラインになります。

　伝統的な占星術でも角度に基づくアスペクトが使われますが、その目的は異なっています。

❖ **伝統的な占星術では、プトレマイックなアスペクトと呼ばれる、セクスタイル、スクエア、トライン、オポジションのみを使用します。** [※7]

　（コンジャンクションも使われますが、厳密にいうと、それはアスペクトではありません）。他の惑星とアスペクトをする惑星は、その惑星を「見る」ことができます。惑星たちがアスペクトの1つで見られないときには、嫌っている、互いに見ることができないとされ、両者の間に認識やコミュニケーションが欠如していると見なされます。

　伝統的なアスペクトの意味や使い方は、モダンなものの使い方とかなり異なる部分があります。これについては、第四章第十九節のアスペクトの項目で詳しく説明します。私自身は、伝統的なものとモダンなものの両方のアスペクトの捉え方をしていますが、それぞれが異なる意味の濃淡があり、互いに補完し合っていると感じています。

※7　プトレマイックなアスペクト（Ptolemaic aspects）。プトレマイオス（第一章第三節）の、『*Tetrabiblos*』に載せられたアスペクトです。トレマイックともいいますが、本書ではプトレマイックとします。

❖**ルーラーシップ[※8]、または、ディグニティー[※9]がより強調され、使われています。**

　ルーラーには複数のレベルがあり、ルーラーまたはロード、イグザルテーション、トリゴンまたはトリプリシティー、バウンドまたはターム、そしてフェイスがあり－フェイス以外は広く使われていたようです。モダンな占星術では、ルーラーとイグザルテーションだけが使われ、それらはあまり強調されません。また、一般的なルーラーシップと、惑星間の関係を示すリセプションは、モダンよりも伝統的のほうがはるかに強く強調されています。

　ここでは、紹介する基本的な枠組みとして最も重要な2つのディグニティーであるルーラーとイグザルテーションに絞って説明します。私自身は、本書の範疇外であるバウンドまたはタームのマイナーなディグニティーを予言的な仕事で使っています。

　つまり、ルーラーシップやディグニティーを重視する伝統的な占星術の解釈では、惑星の状態を評価することに大きな注意を払います。

　例えば、モダンな占星家が天秤のサインに火星を見ると、その人が穏やかな方法で自己主張をするといったことを述べるかもしれません。伝統的な占星家は、火星が天秤のサインで不利な立場（デトリメント）にあり、そのため火星は不安定でアンバランスな行動を取る可能性があることを指摘します。天秤のサインのルーラーである金星の位置と状態、そしてその金星がどのような状態であるかによってさらに修正されます。これは、惑星の行動の可能性の品質を判断する、より繊細な方法です。

※8　ルーラーシップ（Rulership）。支配権に関わる用語。サインのルーラーから始まり、イグザルテーションのルーラー、トリプリシティーのルーラーなど、置かれた惑星が、どのような支配権の惑星に支配されているかを観察します。

※9　ディグニティー（Dignity）。支配権に関わる用語。置かれた惑星が、たまたま、サインのルーラーであるとか、イグザルテーション（Exaltation）のルーラーであるとか、トリプリシティー（Triplicity）のルーラーになっているとか、支配権の段階の1つを持つことで評価される基準です。（第二章第十四節で詳しく後述します）

❖ 伝統的な占星術では、伝統的な支配星のみを使用します。

　伝統的な占星術で外惑星を使うかどうかは別として、火星は蠍のサインを支配し、木星は魚のサインを支配し、土星は水瓶のサインを支配しています。

❖ ルーラーシップの意味の違い

　伝統的な占星術では、ルーラーシップは親和性を意味するものではなく、惑星がそのサインの事柄を担当していることを意味します。牡牛のサインが7ハウスのカスプにある場合、金星の位置や状態が、あなたの人間関係の性質と品質を大きく左右することになります。

❖ 伝統的占星家には、3つの外惑星を使う人もいれば使わない人もいます。

　実際には、私を含め、私が知っているほとんどの伝統的な占星家は、天王星、海王星、冥王星を含めてリーディングをしています。しかし、一般的には、外惑星を使う伝統的な占星家の多くは、モダンな占星家ほど外惑星を強くは強調しません。

　私の場合、チャートを見るときは、まず聖なる7つの伝統的な惑星だけで基礎的なリーディングを行い、解釈の基本的な枠組みを確立してから、3つの外惑星を加えるようにしています。

第三節　歴史と形而上学

西洋占星術の定義

　西洋占星術は、エジプトとバビロニアにそのルーツを持ち、ヘレニズム期に初めて私たちが西洋占星術として認識する大規模な統合が行われました。この時代は、最初にギリシャが地中海を支配し、その後にローマが支配したことで、私たちが西洋の世界と呼ぶ文化が形成された時でした。この文化がその後、ヨーロッパと北アメリカを支配するようになった西洋占星術の文化の根源となっています。

　もうひとつの占星術の流れは、西洋で**ヴェーダ占星術**[10]やインド占星術と呼ばれるもので、その実践者たちはジョーティッシュと呼んでいます。西洋の占星術に対して、東洋の占星術と呼ばれることもあります。

　ヘレニズム期の最盛期には、地中海文明とインド文明との交流があり、思想やテクニックも確実に相互に行き来していました。ヴェーダ占星術は数千年にわたる脈々とした伝統を持っていますが、西洋ではヘレニズム文化との根源的なつながりの多くが失われてしまいました。そのため、**ヘレニスティック占星術**[11]とヴェーダ占星術には、現代の西洋占星術には見られない共通の特徴がいくつかあります。

※10　西洋占星術に対して、東洋占星術と呼ぶこともあります。インドで発達した占星術のことを、ヴェーダ占星術と呼んでいます。

※11　ヘレニスティック占星術（Hellenistic Astrology）。紀元前2世紀ごろに、サインのルーラーとセクト、そしてトリプリシティーのルーラーが決められてできた最初の占星術です。アセンダントをしっかりと確立した後に、チャートが作られてリーディングがなされました。その他の理論も含めて、ヘルメス・トリスメギストスを語る人物、あるいはグループによって後の世に伝えられていきました。原書は残されていません。

主な伝承経路

　ヘレニスティック占星術が花開いていたのは、紀元前1世紀から6世紀ごろまでです。

　ローマ帝国の崩壊と、西洋でキリスト教が台頭したころ、キリスト教国では占星術が廃れていきました。その際、西洋のヘレニスティック占星術の多くは、ペルシャ帝国（ササーン朝226 – 651）や後のアラブ帝国（ウマイア朝661 – 750、アッバース朝750 – 1258）で生きのび発展していきました。このペルシャとアラブ時代は、およそ10世紀ごろまで続きます。

　西洋における**中世の占星術（Medievalメディーバル）**[※12]の時代は、1100年代に始まりました。この時期には、アラビア語の占星術のテクストがラテン語に翻訳されヨーロッパに紹介され、プラトン（Plato 紀元前427 – 紀元前347）やアリストテレス（Aristotle 紀元前384 – 紀元前322）といったギリシャ時代の著作が、西洋に再び紹介された時代でもあったのです。私たちが、いわゆる**カバラ**[※13]と呼ぶものが登場した時代でもありました。

　伝統的な占星術の系譜はルネサンス時代初期、おおよそ1400年代から1600年代まで続いていきます。この時代の後半は、占星術の大家であるウィリアム・リリー、ジョン・ガドバリー、ウィリアム・ラムゼイ（William Ramesey 1626または1627 – 1676）[※14]、ニコラス・カルペパーなど、偉大な伝統的な占星術師たちが活躍した最後の時代です。

※12　ヨーロッパの中世占星術（Medieval）の時代。ヨーロッパの中世と呼ばれる時代は、ローマ帝国の崩壊（476年頃）から、15世紀後半までとされています。1000年近くもあるので、それを、中世初期、中期、後期と3区分しています。西洋占星術の研究がヨーロッパの多くの地域で行われたのは中世中期ということになります。文化的・技術的発展が高まり、ルネサンスの機運が出てきてヨーロッパの中世後期を終わらせます。

※13　カバラ（Kabbalah）はユダヤ神秘主義思想で、規律や難解な思想を持つものです。カバラの定義は、それを信奉する人々の伝承と目的によって異なっています。クリスチャン・カバラといったものまであります。カバラの基礎テクストである『Zohar』は、13世紀に書かれたもののようです。

※14　ウィリアム・ラムゼイは研究だけをし続け、実際の占いをしなかったようです。

ヘレニズム時代の西洋占星術の誕生からルネサンス初期まで1000年をはるかに超える全期間において明確な連続性があります。多少の変化や発展はありましたが、それらの時代を通して考え方やテクニックには一貫性がありました。

　ルネサンス期は、ある意味、世界観が大きく転換した時代です。[※15]ルネサンス期の新しい世界観は、客観的で物質的な宇宙のモデルを基盤としており、価値や目的を排除していました。そして、これが近代科学的な世界観として確立していきます。この世界観では、占星術はもはや首尾一貫した整合性を保てなくなっていったのです。

　ルネサンス後期以降の科学的世界観の台頭に伴い、占星術の知識と実践は衰退していきます。この間、**完全な伝統の継承が途絶え、多くの技法が失われてしまいました。**[※16]

占星術の復興

　20世紀に入ってからの占星術の復興は、ある意味、新しい発明でした。20世紀の占星術の多くは、私たちの世界の変化を反映して作られたものです。伝統的な西洋占星術のテクニックは失われ、システムとして機能するためにも何か新しいものが必要とされたからです。

　今日のモダンな占星術の多くは、世界の他の多くの分野と同様に、過去の伝統に対する敬意とその伝統との連続性の感覚を失っています。**新しいシステムやテクニックが生み出され、占星術は心理学、神智学、インド哲学など、**

※15　西洋占星術の世界を変えたルネサンス期の大きな出来事は、コペルニクスの太陽中心説でした。それまでの天動説から地動説への転換は宇宙モデルを一新する事件だったのでしょう。占星術師を揶揄した人もいたでしょう。

※16　宇宙モデルを一新した後、最近まで、西洋占星術に携わる人たちは、この問題から目を反らしていたようです。しかし、最近、コペルニクス的な天球は現実を見るものであり、プトレマイオス的な天球は真実や真理を見るものであるとの反論がなされ、一息ついているところです。現実は、真実ではないということです。

他のシステムの概念やテクニックと組み合わされるようになりました。^{※17}

❖ 伝統的な占星術の復興

　ここ十数年来、西洋占星術の古い文献の復刻や翻訳が相次いでいます。また、失われた伝統的な占星術の技法を復元し、応用しようとする動きも相次いでいます。これは単なる理論的な探求にとどまらず、研究者たちは伝統的な手法の多くが並外れてうまく機能し、チャートのリーディングに新たな次元の意味を付加できることを見つけ出したからです。

　このような回復の機運は、ウィリアム・リリーの名著『*Christian Astrology*』の再発見と復刻から始まりました。リリーは主にホラリー占星術を実践していたので、伝統的な占星術の技法に関する現代の資料の多くは、ホラリー占星術が中心となっています。伝統的な技法の復興に取り組んでいるモダンな占星家たちの中には、注目すべき人がたくさんいます。ここでは紹介しきれないほどですが、私自身の占星術や本書に影響を与えた重要な人たちの何人かを紹介しておきたいと思います。

　リー・リーマン氏（Lee Lehman）は、伝統的な占星術の実践者であり、彼女はディグニティーやルーラーシップなど、複数のレベルについて研究を行った最初のモダンな占星術家の一人とされています。モダンな占星家のケビン・バーク（Kevin Burk）は、リー・リーマンのディグニティーに関する研究の一部を取り入れた伝統的な要素とモダンなアプローチを結び付けた、初めての興味深い現代的な入門テクストを出版しています。

　1990年以降、プロジェクト・ハインドサイト（Project Hindsight）という、ヘレニズム期の原典の翻訳を主とする活動が行われていました。プロジェクト・ハインドサイトには、ロバート・ハンド（Robert Hand）、ロバート・シ

※17　おそらく、ラテン語やアラビア語を読めずに過去を振り返られず、拠り所を見つけられなくなった西洋占星家たちが、バックグラウンドに哲学や思想、科学や心理学を求めた結果、様々な占星術が生まれたのでしょう。例えば、アラン・レオは神智学に思想を求めました。リズ・グリーンは最近、ユング心理学と占星術を結び付けた本を書いています。

ュミット（Robert Schmidt）、ロバート・ゾラー（Robert Zoller 1947 － 2020）が参加していました。ただ、この翻訳シリーズのほとんどが絶版となっており、入手が難しい状況です。

　ヨーゼフ・クレイン（Joseph Crane）は、プロジェクト・ハインドサイトの資料を基に、貴重な作品を発表しています。伝統的な文献類の重要な翻訳は、2013年に亡くなったジェームズ・H・ホールデン（James H. Holden）が行ってきました。最近では、中世占星術の現代の研究者であるベンジャミン・ダイクス博士が、ラテン語からの翻訳、そしてごく最近では、アラビア語からの翻訳も大規模に行っています。クリス・ブレナンとデマトラ・ジョージ（Demetra George）は、ヘレニスティック占星術で重要な仕事をしていますし、デボラ・ホールディング（Deborah Houlding）はハウスの意味やホラリー占星術で優れた仕事をしています。また、クリストファー・ウォーノック（Christopher Warnock）はルネサンス占星術の研究をしています。

　私は、20世紀の占星術の中でも時代を超えて価値があるとされているものと、伝統的な占星術のベストな技法を融合し続けるトレンドが、21世紀も続くことを望んでいます。本書が、より多くの新しい占星術家に、伝統的な占星術の技法への扉を開く一助になればと願っています。

哲学的背景

　伝統的な占星術を探求する人々の多くは、技法を学ぶと同時に、**ギリシャ・ローマ文明で最初に占星術が栄えた時代の哲学的・精神的な世界観について学び、それを復興させることにも関心を抱いています**[18]。伝統的な占星術の持つ技法や占星術の意味の多くは、そのような時代背景を理解することによって、より大きな意味を持つようになります。

　ヘレニスティック占星術は、ピタゴラス（Pythagoras 紀元前582 －紀元前

---

[18]　歴史を通して西洋占星術を見返すことで、新たな考え方・捉え方が見えてくる可能性にかけているようにも思われます。当時の占星術を捉えるには、当時の考え方が必要であるといった学問的な態度に共感を覚える人もいるようです。

496）、アリストテレス、プラトン、ストア派、後の新プラトン派など、ギリシャの偉大な哲学者たちが活躍していたのと同じような時期に生まれたものです。この世界観には、いくつかの主要な構成要素があり、ここではそれを紹介したいと思います。

　当時は、ギリシャ神話、そして後のローマの神話の神々の世界がまだ存在感を持ち、神々は彼らの思想や宗教生活にそった一部分であったと認識することが極めて肝要です。彼らの哲学のさまざまな教義を考えるときに、その生きている神話の背景を念頭におくことがすごく大切になります。これは、曖昧で抽象的な概念的世界観ではなく、命を持ち、呼吸をしていて、相互作用し、波乱に満ちた霊的知性の一部であり、地上の生命の秩序がどのように演じられているかについての重要な役割を果たしています。

　次に、ピタゴラス学派ですが、彼の組織団体とその教えは、その後の全てのギリシャ哲学に強い影響を与えました。ここから、占星術の根底にある数学的神秘主義のようなものが見えてきます。**数学の秩序と幾何学は、神が定めた宇宙の秩序を理解するための重要な手段であると考えられていたのです。**[19]

　後期ギリシャ哲学では、占星術がどのように機能するのか、なぜ惑星の位置と地球上の人間の生活における出来事の間に対応関係があるのかを説明するために、主に2つのアプローチがありました。

　一つは、アリストテレスや、後に**プトレマイオス（Ptolemy、83頃－168頃）**[20]が、惑星は人間の行動に直接的な因果関係を及ぼすと説明してきました。

　他方、ストア学派の人々は、惑星は因果関係ではなく、意味を示すもの、伝えるものであると説きました。惑星の位置やパターンは、世界の秩序における神の意志を示すものだと考えたのです。その意味では、占星術は神々の意

※19　ここで語られるピタゴラスの思想ですが、あくまでも、数学的神秘主義のようなものであり、数学的神秘主義そのものでありません。数学的秩序と呼んだほうがよく、それを第二章第七節で、どのように数学的な秩序が重要視されたかを考えていきます。

※20　プトレマイオス、Ptolemy（トレミー）。たびたび本書でも登場します。『テトラビブロス』と呼ばれる四部作の西洋占星術の本を書いているので、アラビア時代には偉大な占星術師であったと錯覚されていました。しかし、現代の時代考証によって、プトレマイオスは、地学者か天文学者であったことが分かっています。また、『テトラビブロス』の内容は、当時行われていたネイタル占星術と異なっています。

志を人類に伝えるものといえるでしょう。

　どちらの考え方にせよ、占星術は生き生きとした全一統体としての宇宙の表現であり、人間と地球社会が、宇宙の神聖な秩序に則って定められた位置にあることを表しているのです。

　その世界観は、現代の行動の自由意志を高度に想定している社会では、想像もつかないほど甚だしく宿命的なものとなります。

その後の展開

　イスラム教やキリスト教の時代は、天地万物を支配する全能の神と、神にしたがうか、抗う（あらがう）かを選択できる自由意志を持つ人間に対応するために、占星術へのアプローチを変える必要がありました。[21]

　神の恩恵の作用の外にある、神にしたがうか神に逆らうかの選択能力を除いて、人間は占星術で扱われる"力によって"左右されるとしたのです。つまり、神の恩恵によって、人間は惑星の働きを超越することができるとしたのです。惑星や占星術の力は、大天使や天使のような補助的な存在として、神の支配と摂理のもとに作用し、それでも最終的に、万物は神の意志にしたがうとみなされました。その時代には、占星術はある事柄に対する神の意志を知るための方法と捉えられ、多くの思考と瞑想的な準備のもとに、真剣に祈るように取り扱われていたのです。

　その名残が、現代的な信仰、「惑星は自覚のない者を支配しているが、［運命は］自覚と霊的な働きによって超越することができる」として残っているのです。これは、中世キリスト教の神の恩恵によって世界を超越する人間のモデルの現代版で、まさにキリスト教的な態度です。

※21　キリスト教が西洋占星術の他、占い全般を禁止したのは4世紀のことですが、その時点から西洋占星術や占いは、キリスト教社会から異端と見なされるようになりました。占いに対する考え方を変えざるをえなかったのです。それまでは、イエス・キリストが東方の三賢人（ヘロデ王にキリストを探せと命じられた三人で、占星術師と訳された聖書もあります）によってヘロデ王（ある年に生まれた子供の中に、やがて王になると予言されたキリストがいたので、子供たちを全て殺そうとしました）に告げることなく助けられたので、ある種の敬意を払われていました。

まとめ

伝統的な全期間[※22]で西洋占星術は、安定した秩序ある宇宙のモデルを前提としていました。占星術の力の源泉である惑星や神々は、ヘレニスティック占星術の最盛期には非常に生き生きと存在していて、西洋にイスラム教が伝播した時代も、そして中世キリスト教の時代にも、補助的な位置づけではありながらも生き続けていたのです。

ルネサンス期（現在のような近代科学的世界観が生まれて以降）には、占星術は新しく生まれた世界観の中で、その実証的な考え方に合った位置を占められなくなったために衰退していきました。

一方、伝統的な占星術の世界観は一貫して生命力にあふれ、神話的であると同時に、理性によって秩序立てられ、数学的で幾何学的でもありました。[※23]

宇宙は生命体として息づき、人間が理解できるように秩序づけられていました。数学と幾何学はその秩序の主要な部分だったのです。惑星と神々が生きていることも、その秩序の重要な一部であると考えられていました。

そのため、占星術はいくつかの異なる観点から捉えることができました。

1) **占星術は、宇宙の神聖な秩序を理解する手段**
2) **占星術は、人間社会に対する神の意志、あるいは神々の意志を確かめるためのもの**
3) **占星術は、神々が人間とコミュニケーションをとるための手段**

そこには、主観的な現実と客観的な現実、あるいは、客観的な不変の科学的な現実と、内面的で主観的な意味のある秩序といった要素を、明確に区別する境界線は存在しませんでした。

また、人間が社会や宇宙の秩序から切り離されて存在するといった感覚がない以上、人間の生活は大きな流れの中にあり、人間が何らかの形で自分だ

※22　ヘレニスティックな占星術が誕生した紀元前2世紀ごろから、西洋のルネサンス1600年代までを大雑把に指します。

※23　第二章第七節〜第十節を参照してください。

けの現実を持ち、外部の秩序から切り離されているとの考え方はありえない
ものでした。人間が、社会や宇宙といった大きな秩序から独立した存在とい
った考え方がないために、内面的な、あるいは性格分析に焦点を当てる考え
方は、占星術にも生じようがなかったのです。社会の秩序と宇宙の秩序は一
体とされており、占星術の技術は、社会や世界の中でのその人の位置づけや、
その中での運勢の善し悪しを判断することを目的としていたのです。

　西洋の世界観が何世紀にもわたってどのように変化してきたかを振り返え
ると、神々や神話的な宇宙観から離れ、世界観の転換が進み、神聖な秩序を
理解する方法として、抽象的な理性が強調される動きが増していきました。
そのことが、後の歴史において、人間の精神の中で完全に分裂する、最も初
期の原因であると私は考えています。
　伝統的な占星術は数学と理性の世界と、神話と神々の世界がまだ生活の中
に溶け込み統合されていた時代に開花していたものなのです。

モダンな占星術の背景

　モダンな占星術の多くは東洋哲学から借用した文脈の中に位置づけられて
います。これは、性格分析を強調する形で、20世紀初頭の占星術を形成する
上で大きな役割を果たしたアラン・レオにさかのぼります。アラン・レオは
神智学協会の会員であり、彼の形而上学の多くが、ヘレナ・ペトロヴナ・ブ
ラヴァツキー（Helena Petrovna Blavatsky 1831 − 1891）のヒンドゥー宇宙論に
基づきます。
　近年では、進化占星術のジェフ・グリーン（Jeff Green）ら占星家が、イン
ドの導師であるパラマハンサ・ヨーガナンダ（Paramahansa Yogananda 1893
− 1952）に、精神的な背景を求めるようにもなりました。
　伝統的な占星術の胎動は、西洋で発展した占星術の哲学的・精神的ルーツ
を回復しようとする動きの一環です。伝統的な技法の復活とともに、その根
底にあるギリシャ・ローマ時代の哲学的なルーツを再発見させることにも新
たな関心が集まっているのです。

そのため、20世紀の占星術家の多くが、その精神的なルーツを東洋に求めていることに対しても違いがあります。伝統的な西洋占星術の実践者は、その背景やルーツとして、再びギリシャやローマの伝統的な哲学的思考方法を振り返る傾向が強くなっているのです。

第四節　伝統的占星術の世界観

　この節では、伝統的な占星術の世界観に触れていただきたいと思います。伝統的な占星術師が惑星をどのように見ていたのか、そして、惑星が私たちの世界の中でどのように作用しているかを感じてもらいたいのです。

　これは思考実験のようなものだと考えてください。私たちの現代的な世界観は、ここで説明するものとは全く異なっています。ですから、少し時間をかけて、想像を駆使（くし）しながらこの古い世界観に浸（ひた）ってみると、占星術を生み出した世界を理解するのに役立つでしょう。

図1：伝統的な世界のモデル

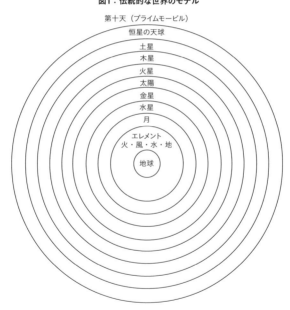

　伝統的な占星術の世界観は天動説です。地球が宇宙の中心にあり、その周りには聖書の創世記の冒頭で大空と呼ばれる大きなお椀、広大な閉鎖空間・ドーム・洞窟、あるいは、球体が広がっているとされます。

　このドームの一番外側の円環（サークル）は全ての源であり永遠であり、最

高の神の領域である原動力（プライム・モービル）で、全ての源であり、永遠であり、最高の神の領域となっています。そのすぐ真下には、恒星（fixed stars）の天球が広がります。これらの星々は、お椀の中で互いに相対的な位置を変えないと考えられていたため、固定された星、恒星と呼ばれました。それゆえ、彼らはお椀に貼り付けられたライトのように位置を固定されているのです。その恒星の天球の内側に、時間とともに位置を変える天体がありました。これが惑星で、ギリシャ語で「さまよう星」を意味する *aster planetes*（アステラ・プラネタス）に由来します。**太陽と月の2つのライツ**[※24]を含む伝統的な"7つの惑星"は、それぞれ独自の天球を持ち、地球の周りを公転しています。惑星は神々の意志を、原初の原動力から私たちの地球に伝える小さな神々や媒介者のような存在です。**それぞれの惑星は、独自の責任領域と行動様式を持っています。**それぞれの惑星は、地球から数えた外側の輪や天球に場所を占めていて、土星は最も外側の第七の天界で、固定された恒星の領域の直前に位置しています。

　星々や惑星の領域では全てが永遠です。その動きは秩序正しく規則的で、予測可能なものとなります。

　地球に最も近い惑星は月です。月の軌道の内側には、誕生、成長、衰退、死といった変化の領域である月下の世界が広がります。ここは、古代の4つのエレメント、火、風、水、地の領域です。月の軌道の内側にはエレメントが4つの輪を形成していて、最も外側には火、次に風、水、そしてエレメントとして密度の最も高い地が中心をなしています。地上に変化をもたらすのは、エレメントの相互作用と変容です。惑星はエレメントの領域に作用し影響を及ぼし、それぞれの惑星は各エレメントとの相性を持っています。

　恒星のお椀のような物が地球を中心に回転する中、動く惑星は自分たちの独自に回る軌道を持ち、毎日動きながら、時間の経過とともに恒星に対して位置が変化します。惑星が移動する軌道を黄道（こうどう）と呼び、それは12等分された部分で区切られており、これらを黄道帯12サインと呼びます。

※24　太陽と月のことです。用語解説も参照してください。

人が生まれ出たとき、その人の誕生の瞬間に黄道のどの部分が地平線より上に現れていたかによってネイタルのチャートが定義されます。単語“ホロスコープ”は、ギリシャ語の*horoscopos*（ホロスコポス・時間の目印）に由来し、もともとは現在、私たちがアセンダントと呼ぶ黄道帯の上昇点を指していました。

　太陽が一日のうちで最も高く到達する位置をミッドヘブン（Midheaven）と呼びます。ネイタル・チャートでは、アセンダントとミッドヘブンが特定され、その他の黄道の部分はサインとは別の方法で12に分割されます。それがチャートのハウスと呼ぶものです。黄道帯とサインは世界共通です。アセンダント、ミッドヘブン、そしてハウスは個人的なものとなり、その人が生まれた時と場所で、黄道帯と惑星が特別な配置になります。天のドーム全体のスナップショットは、恒星と惑星で形成され、宇宙の秩序に沿ったその人だけの位置を示しています。

　惑星や恒星の領域は永遠であるため、地球を取り巻く星々の位置は、予測可能な秩序のある彼らの動きが反映されます。それは、惑星や恒星たちの位置、相互の関係、そして星々の位置関係が、この地球上で起こるある種の出来事をどのように意味するかを記述する、複雑な幾何学的なシステムとなっています。

　それは、惑星や星々の位置や動きと地上の状況との相関関係であり、それが伝統的な占星術なのです。

　この宇宙は、私たちを含む全てのものに居場所がある、惑星が最高永遠の天の意志を地上に媒介する、幾何学的に整然とした緊密な空間です。所属していない概念自体が考えられません。問題は、「私に居場所があるか」ではなく、「私に定められた居場所はどこで、どうするか」なのです。過去、人は、世界を自分の意志に沿うように曲げようとしたのではありません。その代わり、人々は秩序の中で自分の居場所を見つけ、それを満たすために努力したのです。アレクサンドロス大王（Alexander the Great）のような征服者も、神々の好意によって、神々が彼に微笑み、あのようなことを成し遂げたのです。

　ときどき変則的なことも起こります。楽しくないこともあるでしょうけれ

ども、［それもこれも］宇宙の摂理の一部なのです。

現代社会における占星術

　私たちはもはや［形而上学的に］、不動の地球を特別な場所として、創造の中心に人類を置き、全ての創造物が展開される固定された宇宙に住んでいるわけではありません。

　重要なことは、私たちが、宇宙の（織りなす）物質的な外側の秩序と、意義や価値といった（私たちの）内側がつながっている感覚を失ったことです。私たちは、太陽（大きな太陽系システムの中でそれ自体が動いています）の周りを高速で移動する、小さな惑星に住む、孤立したあまり意味のない存在になったのです。

　創造が、全体的な統一体である感覚を失っているのです。

　それでも私たちは、まだ、秩序ある世界観の中で生活しています。この地球上から見た惑星やその他の星々の動きは、完全に秩序だったもので予測可能なもの、何千年にも渡って惑星の位置を（角度の）数分以内で正確に記された天体の運行表を持つことができるほどです。

　しかし私たちは、その外的な秩序と内的な秩序と、人生の間の意味に何のつながりも感じられなくなってしまいました。

　占星術を学ぶと、外側の出来事と内側の意義の対応関係、つまり（大宇宙との相関関係のある）つながりの感覚を取り戻せます。

　地球は、［もはや］宇宙の固定された中心ではありません。しかし、他のどの点もそうではありません。全ては動いているのです。どの一点も、唯一固定された定点にはなりません。

　私たち人間はこの地球上に住んでいます。私たちは自分の特定の視点から惑星や星々を眺めていますが、それこそが、地球中心説の占星術で観てきたものです。占星術は、私たちの特定の位置から、私の視点から、宇宙の意義

を解釈するものです。

　伝統的な占星術は、私たちに、惑星が能動的な仲介者（**神々**ともいえる）として、さまざまな側面に支配権を及ぼしたり、責任を負ったりすることを思い出させ、私たちの外側の出来事や、内側の意義を秩序立てて、全てを含む存在である感覚を取り戻すのに役立ちます。この感覚は、私たちが惑星をあまりにも簡単に、抽象的な視点で見たり、浅はかな、簡略化された観点でその影響を見たりするのを避ける助けとなります。

　私は、惑星を「**神々**」と呼ぶことにしています。それは、惑星たちが生きていて、意識があり、自律しているように思える存在であり、私が対話し、折り合いをつける必要性を自覚させるためです。この文脈では、単数形の名詞である「**神**」と同じレベルの敬意を示すために、あえて「**神々**」と単語を太字で表記しています。占星術全般、特に惑星を扱う際には、ある種の聖なる畏敬（いけい）の念を持つことが適切だと考えています。その視点は、現実的かつ実用的であるとも思います。

　惑星を大きな秩序の中で生きている「**神々**」と捉えることは、全体的な秩序の感覚と、その中に住む自分自身の意味と、大きな宇宙の中にいることを取り戻すのに有効な暗喩です。

　神々としての惑星に真剣に向き合い、人生の中で働いているのを観察して、自分の人生の中でより大きな生きている力として感じることができるならば、何かとても力強いことになるでしょう。

　占星術は明らかに神聖なものであり、より大きな秩序の一端を垣間見せてくれます。私たちが活動している世界は、私が惑星を神々と呼ぶ大いなる神聖な力とともにあり、その一部である感覚を得させてくれます。私は伝統的な占星術の世界観である秩序を提示して、私たちもその一部であるより大きな宇宙の秩序を感じさせ、惑星が生き生きとしているのを感じさせるためにこれを説明しています。

　私はまた、惑星がとても生き生きとしていて、私たちとコミュニケーションを取りたがっているように感じています。私には、チャートが私に伝えようとしているメッセージ、あるいは占星家としての私を使って、クライアントに必要なメッセージを伝えようとしていることがしっかりと異なる感覚と

して感じられるのです。惑星を、私たちと意思の疎通を図り、私たちの世界に作用しようとする知性として、敬虔な態度で接することがコミュニケーションの質を高めてくれるようです。

　占星術には予言的な側面もありますが、惑星と連絡を取り合うといったプロセスや、私たちの生活における惑星の働きによって、出来事を形作るのに役立つ双方向での意思の疎通が設けられる側面もあるのです。この世は、私たちに作用するだけでなく、私たちが世界を形成し、創造するだけでもありません。そこには、相互作用、相互意思疎通、参加型のダンスが踊られていて、私たちの人生は、そのダンスにどう参加するかによって形作られるようなものです。

　伝統的な占星術もモダンな占星術も、私たちの知る世界よりもより大きく作用し、私たちを通じて惑星が表す力は、私たちの存在のあらゆる側面、内面と外面に作用しているのです。マーサ・リン＝ウェスコット（Martha Lynn-Wescott）[25]の言葉を借りれば、惑星はありとあらゆるレベルで影響を及ぼす傾向があります。

　あなたが占星家としてチャートを読むことに集中するとき、特に理解力のあるクライアントと向き合う場合、「あなたは聖なる場所にいるのですから、注意深く、そして軽やかに歩みを進めなさい」と敬虔な気持ちを持ち、慎重に扱うようにしてください。

※25　小惑星を使った占星術の研究をしているアメリカ人女性。

第五節　伝統的な西洋占星術の文体

古文書を読むときのアプローチ

　占星術の古文書を読み始めると、白か黒か、善か悪かなど、極端な幸運と不運といった、かなり宿命的なことが書かれていることがよくあります。**ドロセウス（Dorotheus、紀元75年前後に生きた人）**[26]、プトレマイオス、そして、アレクサンドリアの**パウロ（Paul of Alexandria、4世紀に生きた人）**[27] が著した古いテクストは、一種の思索のための示唆に富む格言や種明かしとして読むのが一番です。その文体様式はイメージに富み、具体的で、現代の占星術の文章に比べると曖昧さや抽象的なものがありません。

　ドロセウスのようなテクストを、現代的な散文のようにストレートに読もうとすると、退屈になったり混乱したりすることがあります。しかし、ゆっくりと個々の思索や肖像として思い浮かべながら読むと、とても豊かで実りあるものとなっていきます。

　モダンな占星術の惑星に関する本を読めば、［惑星の］定義を知ることができます。伝統的なテクストを読むならば、［惑星にまつわる］逸話や物語、場所、出来事などが次々と出てきます。これは、その人を描き出す場合に、何をしていたか、どんな表情をしていたか、どんな癖なのかなどを持ち出してその人を説明するようなものです。

---

[26]　ドロセウスは、『*Carmen Astrologicum*』と呼ばれる西洋占星術にとって貴重な本を残しています。全11巻か全16巻あったとされますが、私たちには全部で5巻しか残されていないので、聖書のモーセ五書にちなんで、『*Pentateuch*』と呼ばれることもあります。何人かの人によって英訳されています。

[27]　アレクサンドリアのパウロは『*Introduction*（序論）』と呼ばれる本を書いています。"プロフェクション"や"ロット"という技術が詳しく語られています。

（下記は、アブラハム・イブン・エズラ（Avraham Ivn Ezra1089頃－1164）11世紀、『*The Book of Reasons*』pp.29－30より引用）

「木星は知恵と神への崇拝を示し温和であるため…… 彼は、血液の源であり、温かくモイストなせいで肝臓であり……彼は、忠実であるため、王の相談役を意味する。火星と共にあると木星がお金持ちを意味するのは、木星がお金を意味し火星は徴税人を意味するからである。木星が金星と共にあれば、歌である。水星が木星に影響力を移すなら、または、太陽と共にあるならば、太陽は惑星の主権者であるから、木星は法律の知識と正義に仕えることを示す。」

（下記は、ドロセウス（著しく影響力のある初期ギリシャの占星術師）の土星とのコンジャンクションに関するもの、*p.221 II-18, 1* からの引用）

「土星が木星と共にあれば、土地財産に富み、王や貴族の執事となり、自分の財産以外の財産を託され、火星がアスペクトしていなければ高貴な人物となる。土星が火星と共にあるならば、彼の性格に良いものがあることを示すが、財産に関しては良いことがなく、理性が彼を行動させず、結婚すると彼の体は弱り、胆汁と黒胆汁が彼に対して興奮させ、彼の父は彼の母よりも先に死ぬであろう……木星がアスペクトしていれば、この惨めさを散らして楽にし、彼はその境遇を耐え抜く。」

　その言葉を理解するためにイメージを解きほぐし、なぜその出来事がその惑星とその状態や、ハウスとどう関連しているのかを考えようとするのです。すると、惑星、サイン、ハウス、アスペクト、ディグニティーなどの占星術のシンボルは、分類の試みができないほど具体的な豊かさを帯びてきます。惑星は、抽象的なキーワードを表す便利な記号ではありません。多面的で、生きた象徴であり、生き物であり、古い言葉でいえば神々であり、私たちが言葉にできるどんなものよりも豊かな意味を持っているものです。具体的な事柄の肖像は、その象徴をより個性豊かなものにします。

古い言葉と、現代の私たちの抽象的な言葉との違いの例として、ルカによるマリアのマニフィカト（聖母マリアの祈り）の1章51節の後半の現代語訳を考えてみましょう。

主は高慢な者を、その驕りから散らされた。
He has scattered the proud in their conceit.

次に、1611年の欽定訳聖書から、同じ一節を引用してみます。

主は高慢な者たちを、その心の思いのままに散らされた。
He hath scattered the proud in the imagination of their hearts.

（注 - scattered は3音節で、次のような発音です。sca-te-red - 舌の上で転がるような感じです）

　どちらもほぼ同じ意味ですが、現代語訳のほうがより弱くて漠然とした抽象的な表現となり、2つ目の古い訳のほうがより豊かで具体的な表現になっています。

　古い伝統的な占星術のテクストを研究するためには、その古くて豊かな言語と折り合いをつける必要があります。
　注意すべきは、古い文章における惑星の記述が、極めて良い状態か、極めて悪い状態かの両極端であることが多いことです。惑星の「影響」は、たいていの場合、両極端の間のどこかにあるものです。極端な例がそのまま鑑定結果になることはずいぶんと稀なのですが、（その記述方法は）惑星の意味や働きを極めて鮮明に伝えるために、そう表現されているだけです。

第二章
ビルディングブロック

第六節　ビルディングブロック［占星術の構成要素］

　惑星、サイン、ハウスを分析する前に、伝統的な占星術の世界観の根幹となる概念をいくつか調べておく必要があります。私はそれらを「ビルディングブロック［占星術の構成要素］」と呼んでいます。

　まず、ヘレニズム時代の考え方と文化的な世界観は、現代の考え方と全く違っていることを明確にしておかなければなりません。現代の科学的世界観では、宇宙は物質から成り立っており、それが形を成し、複雑に絡み合って作られています。科学者たちは、物質的な脳が私たちの意識を生み出すことから、心も物質的なものであると考えています。

　古代ギリシャ哲学者のプラトンの哲学では、物質（肉体）の象徴である私たちの目で見えるものは真実ではなく、私たちは洞窟の壁に光で真実の影が投影されている形でしか見ることができないと考えられていました。プラトンの哲学では真実は**イデア**界[※1]にあると考えられ、イデアが物質の形を取って現実にあらわれるとしたのです。イデアは神が作った完璧な世界なので、数学的な法則によって秩序立てられています。このことから、古代ギリシャ人は世界を知るための道具として、数学や幾何学をとても重んじ、神聖視しました。また、言葉もイデアから生まれると考えられたので、［神の］「言葉」が形となって私たちの間に生じるとされました。

　さらに現実世界のものは、「座れるもの」→「イス」のように、その用途に

※1　イデアとは、プラトンの哲学に由来する「心の目」や「魂の目」で認識できる「ものごとの真実」とか「ものごとの原型」といった概念です。

合わせて、イデアから生まれ、単純なものから複雑なものに変化していくという過程をたどると古代ギリシャ哲学者たちは考えました。つまり、イデアが単純であればあるほど、それは神のパターンの核心に近いものなのです。

　古代ギリシャ人にとって、これらの構成概念を学び熟考することは、神々の工房を覗<ruby>覗<rt>のぞ</rt></ruby>くようなものであり、カーテンの裏側を垣間見ながら、宇宙が創造されていく様子を考察するものだったのです。

　数を重んじたピタゴラス派の神秘主義者にとって、数字の3について考えることは、カトリック教徒が聖母像を前にして抱く畏敬の念と同じように、神聖なものとして扱われていたのでしょう。(現代の物理学者の多くも、数式に対して同じような気持ちを抱いているのではないでしょうか)。

　数式や幾何学、エレメントなどのパターンは、整備された概念であると同時に、その概念を現実の物へと昇華させるパターン化された活きた力でもあったのです。私たちは、古代の人々が考えていた人類への贈り物である、もともと存在している「聖なる科学とみなしていたもの」を学んでいるのです。

　ゆったりと座り心を落ち着けてください。これから聖なる神殿への第一歩を踏み出します。

第七節　占星術と神聖幾何学

　現在の占星術は、バビロニア文化とエジプト文化が、ヘレニズム文化の最盛期に、新たに融合されて統合体となったものの1つです。

　その融合に欠かせないものが幾何学でした。この時期はピタゴラス学派の影響が残っていた時代で、彼らが聖なるものへのアプローチに、数字と幾何学の象徴的な要素を使っていたからです。

　数学や幾何学の持つ優美な対称性や組織性の発見は、宇宙の神聖な秩序を覗く窓だと考えられ、私たちが信仰から連想するような、畏敬と崇敬の念が与えられたのです。

　つまり、占星術の神聖な学問の一部は、体系を総合的に結びつける幾何学的な秩序であり、それ自体に意味があるとしたのです。

　モダンな占星術では、その意味を神話的にとらえがちですが、伝統的な占星術では、数学的な計算や幾何学的な構造も、神話を理解するためにも必要なものとしてとらえられていました。実際には、数学と［神話の］意味は完全に絡み合っていたのです。数学と幾何学を理解すればするほど、システム全体にさらなる重みが加わります。

　数字と幾何学はとても根源的で、非常に純粋で基本的な性質であるために、特に神聖視されたのです。それが根源的であるとは、最も源流に近いものであり、核心といった意味でまさしく基本的なものだからです。

　ここでは、その神聖な秩序を知るための窓として、関連する3つの図（次ページの図2、図3と、第二章第八節の図4に描かれます）を紹介したいと思います。これらの図は、これから調べていくシステム全体の枠組みのようなものを提供する感があります。

　本書の初期の段階で提示したいのは、残りの考え方に幾何学的な形や入れ物を与え、あなたの頭の中で伝統的な占星術の体系を整理するのに使える、視覚的なイメージを提供するものです。

　幾何学的な図を見ながら、これらの図を神聖な曼荼羅として、または、瞑想の際の集中点として捉えてみてください。

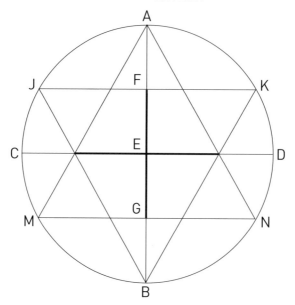

図2：アスペクトの幾何学的配列

　この図は、黄道帯を12に分割し、アスペクトをどのように定義したのか、その背景となる幾何学的構造の考え方を示しています。

　この図を作成するには、まず円を描いてから、それを十字形（線分ABとCD）に4分割します。

　次に、円の直径に相当する十字の垂直線［AB］を、上下それぞれを2回、半分に分割すると（F点とG点）、垂直線が4等分されます。

　最後に、2つの分割点を用いて、直径に相当する水平線（線分CD）に対して2本の平行線を引きます（線分JKとMN）。この平行線は、正三角形の3つの辺のうち、上向き（AMN）か、下向き（BJK）かのどちらかになるはずです。

　円の直径を4等分すると、円周に接する2つの正三角形の辺が定義され、直径の両端AとBに収束します。**数字の4から、2つの三角形の図形ができます。**数字を神聖視していた人々にとって、この2、3、4の数字の絡み合いは、神の精神の秩序の啓示と映ったことでしょう。この図式は瞑想の対象としても有効なのです。

[図3]：円と数字の4（4つの三角形）から派生する、2種類の三角形

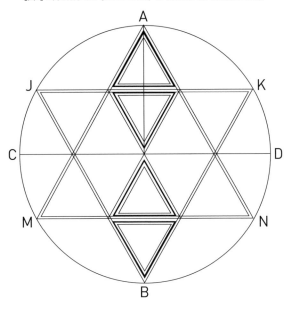

　十字と2つの三角形が円に接する点が、プトレマイオスのアスペクトを定義することになります。三角形は60度（角度AK）でセクスタイル、120度（角度AN）でトライン、十字形は90度（角度AD）でスクエア、180度（角度AB）でオポジションとなります。30度刻みの30度と150度（モダンな占星家は、セミセクスタイルとインコンジャンクトと呼びます）は、互いにアスペクトしていないか、あるいはアバースであると考えられる角度であり、従って伝統的な意味でのアスペクトとは見なされなかったのです（この点については、アスペクトの節、第四章第十九節で詳しく説明します）。

　三角形のポイントは数字の3に関連していて、ベネフィックでスムーズか肯定的なアスペクトを定義しています。十字の点は数字の4に関係していて、マレフィックでストレスを伴わせるか否定的なアスペクトを定義しています。

　図にある大きな正三角形をもう2つ横にも並べると、30度刻みの12ハウス（12サイン）になります。

注：モダンなアスペクトのシステムは、ケプラー（Kepler）[2]にさかのぼる全く別
　　の幾何学的なモデルに基づいています。これは、モダンなアスペクトの理論
　　が機能しないわけではなく、伝統的な占星術とは全く異なる幾何学的なモデ
　　ルに基づいていることを示します。私自身は、伝統的なアスペクトとモダン
　　なアスペクトの両方を用いていますが、多少異なる概念を持たせています。

アングルとステイク（支柱、Stake[3]）

　アングルとステイクは、伝統的なテクストで繰り返し述べられている主要
な解釈の構成要因です。これは、数字の4の表現であり、他の多くが構築さ
れている円内の基本的な十字形に関連しています。数字の4は形状、顕現化、
物質、そして緊張、不安定さ、ストレスを生じさせる数字です。

　ステイク（支柱）とは、あるサインとその反対側のサインと直角のサイン
によって形成される90度の角度、十字形のことです。惑星やハウスの意味を
解釈するときには、まず、その惑星と相対する他の惑星がどのような支柱に
あるかを見ます。主要なアスペクトについて説明すると、ある惑星のステイ
クにある他の惑星たちは、［ネイタルでは特に］ホール・サインでのスクエア
かオポジションになり、どちらも強力で重要であることが分かります。つま
り、ステイクとしての十字形の構造が、その地点に影響を与える最大の活動

※2　ヨハネス・ケプラー（Johannes Kepler）（1571-1630）。ドイツの天文学者、数学者、自然哲
　　学者、占星術師。デンマークの天文学者であり、占星術師であったティコ・ブラーエの助手
　　になり、火星の観測データから惑星の逆行運動を説明する「ケプラーの法則」を発見しまし
　　た。ケプラーはピタゴラス派の幾何学の宇宙観を持っており、惑星は三角形や四角形の頂点
　　で等比数列していると考えていました。また、数学者だったので数学的な美しさに囚われ、
　　360度を12以下の整数で割って整数の商を得られる角度数を全てアスペクトだと考えました。
　　それらが、モダンな西洋占星術に取り入れられました。例えば360度を5で割ると、72度が
　　得られます。これをクインタイルと呼んだりします。
※3　ステイクとなるサイン。蟹のサインであれば、天秤、山羊、牡羊のサインがステイクに当た
　　ります。つまり、カーディナルであれば全てのカーディナル・サイン、フィクストであれ
　　ば全てのフィクスト・サイン、ミュータブルであれば全てのミュータブル・サインが、そ
　　れぞれステイクに当たります。

領域であることを表します。

　黄道帯12サインでは、黄道上の（黄経）の度数による、向かい合うサインも定義します。

　個々のネイタルのチャートでは、アセンダント／ディセンダントの線と、ミッドヘブン（MC；Medium Coeli、ミディアム・コエリー）／イーマム・コエリー（ＩＣ；Immum Coeli）の線が、チャートの軸となる支柱を定義し、それらの場所が惑星たちのチャート上での最も大きな力を発揮する活動のポイントになります。

第八節　テーマ・ムンディ（世界の誕生のチャート）

　3、4、そして6の数字に基づく基本構造から、私たちに関わる黄道帯の12サインを連想する12の区分ができあがります。次の図は、その幾何学的構造を、惑星と星々の象徴とを組み合わせたものです。これはテーマ・ムンディ（世界の誕生のチャート）と呼ばれ、ある意味、システム全体の統合図ともいえます。これは、継続的な熟考のための、とても実りある源泉であり、時間の経過とともにますます豊かな意味をもたらすはずです。

図4：世界の誕生のチャート（テーマ・ムンディ）と支配星

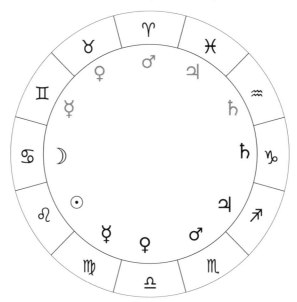

　テーマ・ムンディは一種の曼荼羅であり、基礎となるパターンや教具であり、思索や瞑想のための実りある源泉になっています。
　これは、神話的な世界の始まりの図であると説明されていますが、おそらく、最初から教材として作られたもので、たぶん文字通りの意味（世界の誕生のチャート）とは受け取られていなかったのでしょう。

なお、**世界の誕生のチャート**[※4]は1ハウス、アセンダントに蟹のサインを置いています。蟹のサインの始まりは夏至で、一年で最も昼の時間の長い時であり、光の勝利の時です。**2つのライト、太陽と月は、アセンダントからの最初の2つのサイン、蟹と獅子の支配者です。**その周りを、左右を取り囲むように、太陽からの距離が近い順に、他の惑星たちが2つずつサインを担当していきます。

　太陽と月があり、その両脇に水星、次に金星、そして火星、更に木星があり、最後に土星があります。この対称性は、全ての惑星のサインの支配星を表しています。太陽と月はそれぞれ1つのサインを支配し、他の惑星たちは2つずつサインを支配しています。

　つまり、月と太陽の2つのライトを中心に、惑星がシンメトリーになっているのが分かります。ライツ（太陽・月）は夏の最初の2つのサイン、光が最高に輝く期間である蟹と獅子を支配しています。

　暗闇のロード（主）である土星は、2つのライトの反対側にあります。ライツは夏の2ヶ月を支配する一方で、土星は最大の暗闇と寒さの冬のサインとなる、山羊と水瓶の2ヶ月を支配します。

世界の誕生のチャートとアスペクト

　世界の誕生のチャートは、サインの支配星を示すだけでなく、2つのライトに対する惑星の位置によって、それぞれのアスペクトの性質をも示しています。アスペクトの意味が、太陽の位置から世界の誕生のチャートの惑星の順番に導き出される様子を、次のページの図にまとめましたのでご覧ください。

※4　世界の誕生のチャートは、名前がそう付けられているだけで、西洋占星術を考案した人も、世界が誕生した時に惑星がこのような配置になっていたとは考えていなかったでしょう。支配星を配すると、この図になるといった教示的なものです。

図5：世界の誕生のチャートとアスペクト

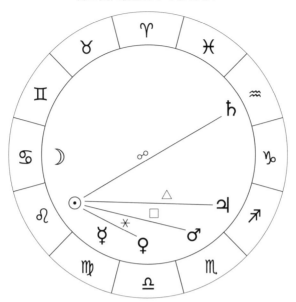

　天秤のサインの金星は、獅子のサインの太陽とセクスタイルなので、セクスタイルは金星の性質になります。

　蠍のサインの火星は、獅子のサインの太陽とスクエアなので、スクエアは火星の性質になります。

　木星は射手のサインにあり、それは獅子のサインの太陽とトラインとなるので、トラインは木星の性質になります。[※5]最後に、水瓶のサインの土星は、獅子のサインの太陽とオポジットになるので、そのオポジションは土星の性質になります。

※5　これらのアスペクトの説明は、伝統的な占星術でも初歩的なもので、実際には必ずしもそうはならないことになります。第十九節と第二十節でくわしく後述されます。

第九節　コンセプトの整理

　これまで「空間」について考えてきましたが、次に「時間」について考えてみます。幾何学やテーマ・ムンディでは、秩序を感じることはできますが、それは静的なものであるため動きません。宇宙を理解するためには秩序が動き、その運動する秩序を理解するための概念を得ることが必要です。

　伝統的な占星術には、主に2つの組織化された概念があり、それらが連動しています。このシステムを理解するための概念的な枠組みを提供するために、それらを一緒に見ていきたいと思います。

❖ **伝統では、誕生、成長、繁栄、衰退、腐敗、そして死のサイクルが繰り返されていきます。**

　占星術は循環型です。現代の世界観とはかなり違っていますから、この点を強調する必要があります。現代の世界観は一直線に進む進歩に対する、深い宗教的とも思える信念に基づいています。これはいまや、西洋文化に広く浸透している信念で、モダンな占星家の多くも、チャートの時間的な進展は、個人の進化の途上で成長し続ける進歩に関係するとの暗黙の前提を持っています。私たちは空気を吸うように"進歩の信念"を、目に見えない形で吸い込んでいます。

❖ **2つ目は、相反するものを補い合う、対立して現れる要素があることです。**

　占星術では、昼と夜、男性と女性、寒さと暑さ、乾燥と湿潤など、相反するものを交互に並べることを基本にしています。数字の2の象徴性を探る際にも、そのうちのいくつかを検証することになります。

❖ **相反しながら共に循環するもの**

　対立するペアは、交互に現れるサイクルです － 昼は夜に続きます。成長は衰退の後に続きます。若さの後には老いが来ます。誕生には死が付きものです。

占星術では、昼と夜があり、夏と冬があります。昼は長くなったり、短くなったりします。植物が芽を出し、花を咲かせ、成長し、枯れていくように、月も毎月生まれ変わり、満月まで成長した後、再び衰えて小さくなっていきます。

　現代の発展的なことをよしとする世界観では、私たちの世界の多くが循環的な性質を持っていることを理解できない傾向があります。

　成長は認めますが、衰退は認められません。あなたは、経済を永久に成長させ続けようとする必死の努力を見たことがありませんか。経済は常に自然に拡大し、成長していくと思い込んでいませんか。その成長が中断されると、異常や後退だと見なされると思い込んでいるだけなのです。

　自然界では、どんな生き物や生態系であっても、永久に成長し続け、存続し続けることは怪物的であり、不可能なのです。

　私たちは若さを認めますが、老化は認めたくありません。ですから、成長の自然なプロセスを奨励し、同じく自然なプロセスである老化と戦うか否定するために、できる限りのことをしてしまいます。私たちは生を認めますが、死を認めません。ですから、誕生は歓迎され祝福されますが、死は否定され、挑まれ、隠されます。

　占星術では、動きは円形であり、周期的であり、直線的ではありません。直線的な成長はありえません。誕生もあれば死もあります。若さがあれば老いもあります。

　このような生命のサイクルは、惑星のサイクルに反映されています。例えば、誕生があるなら、成長、衰退、そして、死があるように、月には新月の誕生と満月までの上弦の月の成長、下弦の月の衰退、新月の死と再生と満ち欠けがあるのです。他の惑星にも同じようなサイクルがあります。

[図6]：月の満ち欠け

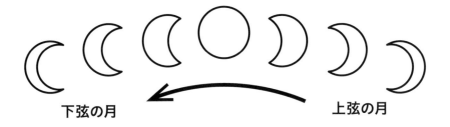

下弦の月　　　　　　　　　　　　　上弦の月

　惑星には積み上げるものがあり、私たちはそれをベネフィックと呼んでいます。惑星には妨害するもの、挫折させる惑星があり、私たちはそれをマレフィックと呼んでいます。そのどれもが、サイクルに必要な要素です。

　チャートを見るときに重要なのは、成長する可能性だけを**見ているのではない**ことです。衰退の可能性も見ているのです。成功する可能性もあれば、失敗する可能性もあります。幸運と不運の両方の可能性です。

　ディーン・ルディヤー（Dane Rudhyar 1895 − 1985）にさかのぼる、実占の流れの中で活躍する人文主義的な占星家たちは、そのサイクルについて、常に上昇し続ける進化の過程の文脈で語る傾向があります。それらは、成長と衰退ではなく、成長がさらなる成長をもたらし、それが際限なく続くとするのです。スパイラルでありながらも、直線的な進化を装わせているので、私にとってそれは、本当の意味での循環型ではありません。

　確かに、2つのサイクルは全く同じではありませんし、あるサイクルの出来事が次のサイクルの出来事に影響を与えることも事実です。また、私たち人間は、サイクルを通して学習するプロセスを持つことができることも事実です。しかしながら、その学習過程も、より大きな心の成長と、衰退の過程の一部にもなり得るのです。その衰退が、私たちが死と考えるものの後に、新たな生命や成長となる糧の一部であることは考えられますが、だからといって、成長、衰退、死といった人間の肉体的現実を飛び越えて［考慮をしても］

いいわけではありません。

　伝統的な占星術をモダンな占星術と区別する一つの視点があるとすれば、それは、成長と衰退、生と死、ベネフィックとマレフィック、その間の全ての条件と段階の、完全に**バランスの取れたサイクルを受け入れること**に思い至ります。

第十節　数字の象徴体系

占星術と数字の象徴体系

　私たちは、伝統的な占星術が、幾何学と数字の構造化された世界の上に成り立っている事実を立証してきました。

　その世界観では、数字は単に測定や計算、数える手段だけのものではありません。数には意味と質が宿り、それぞれの数字は比類のないものです。また数字は神の精神にそって生まれる霊魂を伴わせた生きた存在です。

　数字の2は、1＋1や3－1よりも、より2なのです。2は、それ自体で独自の個性を持ち、独自の資質にあり、独自の特徴のある意味と趣を持つ存在として生きています。

　数字はシンプルで根源的なイデアですが、それらの存在と意味は、その上に構築される精緻な占星術の構造を貫き決定していきます。占星術のシステム全体はかなり複雑なものですが、核となるいくつかの数字の意味を理解することで、システム全体の理解が容易になっていきます。

　そのため、私たちが多くを探求する前に、一度、数字と向き合ってみる必要があります。

　キーナンバーは2、3、4。それ以外は、これらから構成されます。

数字の2

　数字の2は、分割、二元性、分離の数字です。表裏のない顕現はあり得ません。未分化したままでの統合体が考えられないのは、その中に概念化するための違いがないからです。

　2は、他者を認識することを意味します。私たちが通常認識する意識は、意識する他者なしには、意識はあり得ません。

相手はパートナーである場合もあれば、敵対者である場合もあります。

　これは単に、「私自身が他者に映し出される」というだけではなく、「私とは異なる存在の他者がいる」認識が、非常に重要であることを示しています。ある面で、「私自身が他者に映し出される」は、確かに真実かもしれませんが、それは他者との交流がある場合にしか起こり得ません。

　数字の2は、ペアとなってバランスをとる意味もあります。そして、動き出すと、2は反対のものが交互に現れるサイクルを意味します。それらは、補完的であったり、対照的であったり、対立していたり、バランスを取る性質であったりします。

　2は、相反するもので緊張やストレスにもなります。

　2は、対称的な品質や、バランスを保つ品質のこともあります。

　2は、昼と夜、ベネフィックとマレフィック、男性格と女性格、能動的と受動的、積極性と消極性など、さまざまな対極のペアとして現れます。

数字の3

　占星術において数字の3は、静的なものと動的なものの2つの異なる方法で使用されます。
　静的な構造の数字の3は、三角形として、2つの対立するもののバランスを、中央の3点目がそれらを結合して調和させたものです。
　多様性の中で対立するものが結合して統合体となります。3の幾何学的構造は三角形であり、安定した構造です。数字の3は、安定性、滑らかさ、容易さを示します。

　顕現化の過程で、3はイデアで、物質としての4と対比されます。

しかし、3は1と2の後、つまり分離の後に来るので、分離の後の統一をも意味します。

　静的な感覚での数字3を、トラインと呼ばれるアスペクトに見ますが、中でもこれは、最も滑らかで、最も安定し、最も好ましいとされています。

　数字の3をプロセスの一部に見立てると、3つの段階、すなわち始まりと最初の成長、それに続く持続と成熟、そして最後の衰退、揺らぎ、変化、不安定な時期があり、それは終わりであると同時に、成長、成熟、衰退、移行ともなり、新しいサイクルの始まる転換点にもなっています。

　占星術における数字の3は、モードとアンギュラリティー（Angularity）の2つの主要な3部構成のサイクルに反映されています。サインについては、カーディナル（Cardinal）、フィクスト（fixed）、ミュータブル（Mutable）のモードです。ハウスについては、サクシダント（Succedent）、アンギュラー（Angular）、ケーダント（Cadent）のアンギュラリティーです。

[表1]：モードと、アンギュラリティー

サインにおける モード	カーディナル （活動宮）	フィクスト （固定宮）	ミュータブル （柔軟宮）
ハウスにおける アンギュラリティー	サクシダント	アンギュラー	ケーダント

　3つの周期的な区分に注意すると − モードとアンギュラリティーは − 時間の動きとともに変化する、繰り返されるサイクルを意味します。3は安定性に関連する数字ですが、私たちはその安定性を、予測可能な変化のサイクルの中で、動的な意味で捉えることができます。

数字の4

　数字の4は2×2であり、顕現化、物質化、不安定性を表す数字です。強調したいのは、「物質の数4」は不安定で緊張感があることです！

　長方形や正方形は本質的に不安定であるため、それが、4が物質である理由です。つまり、安定性や信頼性がなく、不安定さによって物質と認識されるのです。

　数字3と、数字4の安定性の違いを見るために、ストローにひもや糸を通して、三角形や四角形を作ることを考えてみてください。三角形は安定していて、形を保つことができます。それに対して、4本のストローと麻ひもで四角形を作ると形を保てず、乱雑に壊れてしまいます。

❖ 思想は安定性を持ち、物質は不安定である

　数字の4には、ストレス、不安定、緊張、移動の意味があります。数字4の象徴は、4つのエレメント、それに関連する1年の4つの季節、4種類の気質などに見られます。また、ハウスの区分には4つの**象限**[※6]があり、4つのサインが対立、または正方形で十字を形成している場所が「ステイク」です。数字4に関連するアスペクトは、ストレスが多く不安定なものとなります。

　さて、数字に目を通したところで、数字で構築される世界について考える準備ができたことになります。まず、数字に肉付けをし、形にすることにします。まずは、4つのエレメントを身に着けることから始めなければなりません。

※6　ハウスのまとまりを"象限"と表記することがあります。第一象限は、1ハウス・カスプ（ハウスの境界線のこと）～4ハウス・カスプまで。第二象限は、4ハウス・カスプ～7ハウス・カスプまで、第三象限は、7ハウス・カスプ～10ハウス・カスプまで、第四象限は、10ハウス・カスプ～1ハウス・カスプまでとなります。

第十一節　4つのエレメント

導入部

　エレメントは、数字2と4から構築されています。2は、相反するものを補完するペアに分化する最初の活動であり、関わり、対立、バランス、また交替を意味します。

　物質的な事柄の数である4は、物質的な構造を与えますが、不安定で緊張感があり、変化し続け、移り変わるものです。

　私たちがエレメントについて語る場合、月の軌道の中にある月下の世界と呼ばれる領域にいることになります。月の軌道の外側では全てが秩序正しく安定しています。その秩序の内側では全てが不安定で変化しています。私たちの故郷である地球は、変化しやすい世界なのです。

　占星術における4つのエレメントは、4つの元品質からなり、2つの組み合わせ、ホットとコールド、モイストとドライで構成されています。まず元品質を調べ、それを組み合わせたエレメントを見ていきましょう。

　ホットとコールドは能動的な品質であり、モイストとドライは付随的な元品質だと考えられています。

表2：ホットとコールドの元品質表

ホット	コールド
上昇する	下降する
膨張する	収縮する
能動的	受動的
前進する	後退する
加速する	遅速になる
進展する	撤回する
冒険的	用心深い
楽観的	悲観的
昼行性	夜行性

ホットとコールドは、息を吐く、息を吸うリズムのような正反対の2種類の運動です。ホットは、上に向かって、前に向かって、外に向かう動きであり、コールドは、撤退する、制止する、退去する、内に向かう動きです。夏と冬の違いのように、私たちの体は暑さに向かって緩まり、薄着になり、寒さから守るために縮こまり、厚着になります。

表3：モイストとドライの元品質表

モイスト	ドライ
結び付ける	離れさせる
しなやか	曲がらない
柔軟	厳格
和らげる	硬くする
受容・受け入れ	拒絶・はね付け
違いを不鮮明にする	違いを際立たせる

　モイストとドライは、別の種類のペアです。これらは、集まる動きと、散り散りになる動きに関係しています。私たちは、物事を正確に伝えたいときに、必要最小限の、簡潔な（乾いた）事実で物事を話します。情緒（潤い）が加わることで話は広がりますが、ぼやけます。物事が乾いてしまうと、活気がなくなります。新しい活力や既存の活力を維持するために私たちは水分を加える必要があります。この2つの（元品質の）ペアを組み合わせると、4つのエレメント（元素）になります。

表4：元品質の組み合わせによるエレメント

	ドライ	モイスト
ホット	火	風
コールド	地	水

このような基本的な性質を踏まえた上で、4つのエレメントを順番に見ていくことにしましょう。

火のエレメント － ホット＆ドライ － 活動的、楽観的、移動する、上昇する。物事を成し遂げるための良い要素であり、少なくとも物事を始めるのに適したエレメントです。同時に、火のドライな品質は、硬直したものにし、常に柔軟性に欠け、境界線を引いて区別することになります。火は昼行性であると考えられています。

火は活動的ですが、それは風を必要とし、最も受動的なエレメントである地を必要とします。火のサインはエネルギーを提供することができますが、周囲の人を食い物にし、焼き尽くしてしまうこともあります。

火は光ですから、見ること、視覚と関係があります。

火は活動的ですが、反射的ではなく自己認識がありません。また、火は素早く動きます。

水のエレメント － コールド＆モイスト － 受動的、受容的、慎重、下降する。水は四方八方に流れ、どんな容器であれ、その形をとります。それは、スローダウンし、一時停止し、瞑想し、内側に引き込み、物事をつなげ、困難な相手をなだめるのに適したエレメントです。水に属する惑星は、より敏感で、感情的、内向的、受容的、そして内面的です。水は夜行性であると考えられています。また、水も反射をします。

火が上向きに昇るのに対して、水は下向きに流れます。つまり、火はより楽観的で、水はより悲観的、またはより慎重な傾向があります。

風のエレメント － ホット＆モイスト － 火の活動性の一部と、水の連結性を兼ね備える。風もまた「流れる」のですが、上下の向きにではなく、外向きに流れ、入れ物の外に逃げ出す傾向があります。風は横に移動し、好きなところに吹き付けてつながります。風は知性、コミュニケーション、考え方を結び付けることと関連しています。風は暖かく活動的であるため、昼行性と考えられます。風は、社交的で精神的な要素です。

地のエレメント － コールド＆ドライ － 硬質、安定性、受動的、不屈、支援する。形や入れ物を提供します － 地がなければ、他のエレメントは形を保つことができません。完全に乾燥すると、大地は硬くなります。大地に水を与えると、土は柔らかくなり、緩まり、しなやかになります。水を与え過ぎると、地は乾燥した質感と形を一気に失い、洗い流されてしまいます。地は物質的な実在、現実性に関連しています。地は肉体的感覚、体に触れることです。地はまた、その中にある全ての惑星の速度を遅くします。地は受動的であるため、夜行性であると考えられます。

これらの4つの品質は、対極にあるペアとして捉えられています。

- 火は水を沸騰させ、水は火を消します。
- 地は風を含んでいるか遮断していて、風は地の周りを流れているか、まき散らしているかしています。

エレメントは、安定した静的な状態のものではありません。それらは絶えず混ざり合い溶け合い変化していきます。四季の移り変わりは、この4つのエレメントを循環に取り込み、一方を他方に変化させるイメージで、エレメントを時間の経過に結び付けたものです。

エレメントと季節

❖4つの季節

　2つの暖かい季節は昼行性で、昼が夜より長くなっています。2つの寒い季節は夜行性で、夜が昼より長い季節です。

　各季節には、支配的な性質と強さを増していく性質があり、それが順に次の季節へと伝わっていきます。各季節は、規則正しく1つの品質が移り変わります。

図7：四季のサイクル

　風のエレメントである春は、ホット＆モイストです。春にはホットが徐々に増えていき、ドライな傾向になっていきます。

　夏はホット＆ドライですが、秋になるにつれ乾燥が季節をコールドに落ち着かせます。

　秋はコールド＆ドライですが、寒くなるにつれてコールドがモイストを呼

び込みます。

　冬はコールド＆モイストですが、春になるには、モイストが増してホット
に導いていくといった具合に、季節は変化していきます。

　4つのエレメントは、季節の移り変わりを繰り返しながら、それぞれがバ
ランスを崩すことで次のエレメントに変化していきます。これは、太極図の
シンボルである陰と陽が互いに変化して現れるのとかなりよく似ています。

[図8]：陰陽マーク

エレメントと惑星

　惑星の基本的な定義は、その一部をエレメントの構造から導き出せます。
惑星のエレメントの構成は、その機能を説明するのに役立ちます。惑星はそ
のエレメントの性質だけでは説明できませんが、その性質は惑星の識別の重
要な要因です。その惑星がエレメントの領域でどのように機能するのか、ど
のような親和性を持つかについて多くのことを語ります。

　惑星へのエレメントの配属には、いくつかの不一致や矛盾があります。こ
こで使っているのはプトレマイオスまでさかのぼったものです。

　惑星についてはもう少し後に詳しく調べますが、ここでは簡単に、ホット、
コールド、モイスト、ドライの4つの性質だけで調べていきたいと思います。

表5：エレメント別の惑星

惑星	エレメント別構成
太陽	程良いホット＆ドライ
月	極めてコールド＆モイスト
水星	その位置によって異なる
金星	程良いコールド＆モイスト
火星	極めてホット＆ドライ
木星	程良いホット＆モイスト
土星	極めてコールド＆ドライ

　太陽は適度にホット＆ドライ － 生命を与えるものですが、有害になること
もあります。惑星が太陽に近づき過ぎると、コンバスト（Combust）される、
あるいは焼き尽くされると考えられ、これは惑星が最も衰弱する状態の1つ
です。

　月はコールド＆モイスト、受動的で受容的です。最も湿潤な惑星と考えら
れています。

　木星と金星はともに適度にモイストです。木星はモイストで適度にホット、
金星はモイストで通常はコールドとか、クールだと表現されます。木星は膨
張性があり、外向的な意味でモイストです。金星は落ち着きのあるモイスト
で、包容力があります。

　ある伝統的な資料では、木星はクールでモイストであり、金星の方がホッ
ト＆モイストとされているものもあります。どちらも、どのみち中庸とされ
ています。木星は広がりに通じるので暖かく、金星は受動的な包容力に通じ
るのでコールドである方が理に適っていると思います。また、木星は暖かい
昼の星、金星は涼しい夜の星です。

　火星と土星は、両者とも極端なものです － 火星は極端なホット＆ドライな
もの、土星は極端なコールド＆ドライな存在です。そのどちらも、そのバラ
ンスの悪さと極端さゆえに脅威となります。

　水星は、やはり両性具足と考えられています。それは時に、出生図の持ち
主にクールでドライな印象を与えます。伝えられたものには、太陽の前に昇

るか、後に昇るかで、変化する説もあります。

　また － 重要なことに － 水星は最も密接にアスペクトしている惑星の性質を帯びます。水星はその位置するサインではなく、アスペクトする惑星の性質を帯びるのです。これは、伝統的な占星術が、サインよりも惑星が重要なことを示す実例です。現実的に私の経験では、水星の意味は、サインとアスペクトする惑星の両方を考慮する必要があります。

エレメントと黄道帯12サイン

　12のサインは、4つのグループに分けられ、3つずつのサインが4つのエレメントにそれぞれ与えられています。これは、円環を三角形と十字形で12分割した幾何学図形に、エレメントの領域を関連付けたものです。

　黄道帯12サインについては、後の章で詳しく見ていくことにします

表6：エレメント別、サイン早見表

火のエレメント	牡羊、獅子、射手のサイン
地のエレメント	山羊、牡牛、乙女のサイン
風のエレメント	天秤、水瓶、双子のサイン
水のエレメント	蟹、蠍、魚のサイン

第十二節　ベネフィック［吉星］とマレフィック［凶星］

　ここまでで私たちは、占星術の多くが単純な相補い合う対となるものと、相対する対となるものから構築されていることを見てきました。

　もう一つ、チャートの鑑定で極めて重要な対となる組があります。それはベネフィックとマレフィックです。ベネフィックの意味は有益で、マレフィックの意味は有害です。これは善悪とは関係がなく、また物事が最終的にベストな状態になるかどうかでもありません。

　ベネフィックは［状況のバランスの］積み上げに、マレフィックは［状況のバランスの］取り崩しに関係します。これらは、チャート全体を補足するために、どうしても必要な部分です。

　西洋占星術には2つのベネフィックな惑星、木星と金星があります。2つのマレフィックな惑星は、土星と火星です。

　私たちは通常、ベネフィックな惑星を、楽しい、快適、成長する、人生を豊かにするものとして経験します。マレフィックな惑星を、極端、不快、挑戦的で、危険な脅威として経験します。

　後に述べるように、特定の惑星のディグニティーや状態によって、多くのことが左右されます。土星が良い状態であればベネフィックな効果をもたらし、木星が悪い状態であればマレフィックな結果をもたらすこともあります。

　大きなベネフィックの木星と、小さなベネフィックの金星は、ともに穏やかなエレメントで構成されています。その効果は、積み重ねる、拡げる、結合する、関連する、相互に接し合う、成長するなどの傾向があります。私たちは通常 － 普通の意味での良いものとして － それらの効果を心地よい、楽しいものとして経験します。

　大きなマレフィックの土星と、小さなマレフィックの火星は － 土星は極端

なコールドとドライによって、火星は極端なホットとドライによって－いずれも、その一部が極端なエレメントで構成されています。

　ベネフィックは両方ともモイストであり、マレフィックは両方ともドライであることに注意してください。モイストは接合と調和であり、ドライは離散や区別です。

　火星と土星のマレフィックな影響は、邪魔をする、ブロックする、離別、縮小する、または切断、腐敗、崩壊、死などをもたらす傾向があります。私たちは通常、その影響を不快なもの－つまり普通の感覚では悪いものとして経験します。あらゆる種類の楽しみがないのです。

　私はこの一節を寒い冬の1月のカナダに近いミネソタで書いていますが、外の気温は氷点下（華氏）20度（摂氏－6.6度）、強い風が吹いています。まるで、コールド＆ドライな土星を極限まで冷やしたようです。天候を邪悪と呼ぶのは愚かですが、楽しくないことは確かです。ところがミネソタでも7月下旬になると湿度が高くなり、気温が（華氏）100度（摂氏37.7度）くらいになるのが楽しみです。これは太陽がマレフィックだといっていいほど極端なホットとなります。再び、それは悪ではありませんが、楽しくもありません。それがマレフィックです。

　だからといって、この2つの星がなければ、もっといい暮らしができるわけではありません。土星のない木星は、無制限の成長を意味します。私たちは成長と拡大を必要としますが、同時に衰退、収縮、制限のバランスも必要で、誕生を必要としますが、それと同時に死のバランスも必要になります。

　尊敬に値する伝統的な占星家であるロバート・ゾラーは、私たち占星家がチャートを評価するときに、ベネフィックとマレフィックのカテゴリーが必要だと重要な指摘をしています。だからといって、これらの用語やその意味をクライアントに聞かせることではありません。クライアントにネガティブな状況を提示することは、クライアントの役に立つと思いますが、それは、私たちがチャートをどう評価するかということと、全く別の問題です。

肯定的査定／否定的査定

　ベネフィックとマレフィックの対となった概念とともに、伝統的な占星術では、肯定的またはベネフィックと見なされる条件のリストと、否定的またはマレフィックと見なされる条件のリストで、チャートを査定する方法が一般的でした。(注：このようなリストについては、後の章で検討します。) チャートの査定とは、それらの条件を通して、惑星やポイントのバランスに注目してチャートを見ることです。もし、全ての条件がネガティブであれば、その惑星の作用は極めてマレフィックと見なされ、全ての条件がポジティブであれば、その逆になります。通常、実際の状態はその中間に位置することが多いので、そのバランスを見ながら最終的に判断することにします。

バランスとアンバランス

　伝統的な占星術では、ベネフィックの状態はバランスがとれていて、穏やかであり、マレフィックな状態は極端でバランスが崩れているとされます。極端な善と悪の極性はなく、相反する2つの極端さの中間で、バランスのとれた位置にある状態がベストである感覚です。

　私が本当に強調したく思うのは、このバランスが肯定的であり、アンバランスが否定的であるとする考え方が、我々の現代の肯定的と否定的の両極端な概念とは全く違うからです。このことを具体的に説明するために、いくつかの例を挙げましょう。

　私たちの近代的な考え方では、千ドルあればいいのなら、1万ドルあればもっといい、10万ドルあればなおさらいい、といった具合です。このモデルでは、十分に豊かであることはなく、より豊かであることが常に良いのです。(私たちの文化圏では、ほとんどの人が、「まあ、当然だろう！」と、何気なしに思ってしまうのです)。

　時速50マイルで走れる車を作ればいい、60マイルならもっといい、70マイルならよりいい－と、速ければ速いほどいい車になるわけです。

このように一方向のみへの極端な考え方をしていると、極端な方向に進んだ場合の別の結果は、通常考慮されないアンバランスな思考になってしまうものです。

　私たちの文化は、極端さが悪いものであり、バランスや平均の方が良いものである感覚を失ってしまっています。単語の**凡庸**は、かつて大いにポジティブな意味を持っていて、極端なものの中程にあるバランスが中庸といった安定した場所を意味していました。現在、私たちは凡庸を生ぬるいもの、劣ったものと考え、良いものは極端なものであると考えています。私たちは自然なバランス感覚を失っていますが、伝統的な占星術のベネフィックとマレフィックを理解することで、それを取り戻すことができるのではないでしょうか。

第十三節　セクト

　占星術上で探し求めてきたことの多くが、実に基本的な、対立するものを分割してペアとした、数字の2に関連しています。

　セクトとは、人間の経験の中でも最も基本的な区分の1つである、昼と夜、光と闇に分けることを表現したものです。昼のものは昼行性、夜のものは夜行性と呼びます。

　この2つは、対立する2つのチーム、あるいは、超党派の政府における対立する政党のようなものだと考えてください。事実、昨今のように、あちこちに外灯が普及する以前は、昼と夜の世界は全く別のものでした。それら2つを異なる領域と考えると、太陽は昼の支配者で、月が夜の貴婦人です。一方は、明るく社交的で、人目につき、活動的であり、もう一方は暗く、内面を描いていて、人目につかず、受動的で静寂です。

　私たちの時間が昼と夜の2つの領域に分かれているように、惑星も昼と夜の惑星として、2つのグループに分けられました。

　昼の惑星は、昼により幸福感を持ちより効果的で、夜の惑星は、夜により適しています。

表7：セクトの惑星の一覧表

	ライト	ベネフィック	マレフィック
昼行性	太陽	木星	土星
夜行性	月	金星	火星

水星は、太陽よりも前に昇るか後に昇るかによって、どちらにもなることができます。太陽より前に昇る水星は、太陽よりも早いサインだと昼行性と見なされます。太陽より後に昇る水星は、太陽に遅れて黄道を上昇し、夜行性となります。

　昼のチャートでは、昼の惑星が最も快適に過ごすことができます。夜の惑星は「本領を発揮できない」ので、バランスも効果も取れなさそうです。夜のチャートではこれらの条件が逆になります。

　ベネフィックな惑星たちは、そのエレメントの構成と調和するセクトにグループ化されていることに注目してください。木星はホットなので昼とされ、金星はクールなので夜とされます。

　それに対して、2つの凶作用を持つ惑星は、そのエレメントの構成と対照的なセクトにグループ化されることでバランスを保っています。土星はコールド＆ドライなため、その寒さを和らげるために昼とされます。同様に、火星はホット＆ドライなため、その熱さを和らげるために涼しい夜のものに分類されています。

　チャートを解釈するときも、他の条件が同じであれば、ベネフィックな惑星がチャートのセクトに属していれば最も有益で、マレフィックな惑星が反対側のセクトにあれば、最大の課題を引き起こす可能性があるのです。

　惑星がセクトに属するかどうかは、その惑星の作用の質を示す尺度であり、強さや視認性、作用する力を示すものではありません。セクトに属する惑星は、より快適で、よりリラックスし、よりくつろぎ、よりバランスが取れているため、より積極的に行動する可能性が高いでしょう。対して、セクトを外れた惑星（アウト・オブ・セクト）は、場違い、本領を発揮できない、アンバランス、緊張、怒りっぽく、問題を引き起こすような行動を取りやすいのです。

　惑星がセクトに属するかどうかは、強さや見えかた、作用する力などを示すものではなく、その惑星の作用の質を示すものです。セクトに属する惑星は、より快適で、よりリラックスし、よりくつろぎ、よりバランスが取れているため、より積極的に行動する可能性が高いでしょう。対して、セクトを外れた惑星（アウト・オブ・セクト）は、場違い、本領を発揮できない、ア

ンバランス、緊張、怒りっぽいなどのゆえに、問題を引き起こすような行動
を取りやすいのです。

セクトは力ではなく、品質を測る

　ヘレニズム期の占星術ではセクトがとても重要であり、主要なものでさえ
ありましたが、占星術の発展とともに重視されなくなっていきました。ウィ
リアム・リリーやルネサンス初期になるとセクトは重要ではなくなり、もは
や主要な組織的文脈にもなくなっていきます。20世紀には、セクトの概念は
ほとんど消滅してしまいました。

　私の経験では、チャートのリーディングで、セクトは確かに重要であり、惑
星がどれだけ効果的に作用するか、影響を左右するものですが、初期のテク
ストほどには主要で重要な役割を果たすわけではないように思います。他の
要因が大きな影響を持ち、修正されることもあります。

　占星術のチャートの象徴体系の他の要素を見始めると、それらがしばしば
セクトに関連した、昼行性／夜行性の線で分かれていることを経験するでし
ょう。

その他のセクト関連の条件

　いくつかの伝統的なテクストに見られる、2つのマイナーなセクトに関す
る条件があります。

　まず、惑星は、そのセクトのライト（月か太陽）と同じチャートの地平線
上、または地平線下にあるときに、最も幸運となります。昼の惑星は太陽と
同じ側に、夜の惑星は月と同じ側にあるのが、最も幸運な状態です。

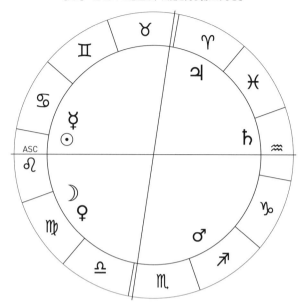

[図9]：昼セクトの惑星が、太陽と同じ側にあるとき

　次に、昼の惑星は男性格のサインで昼行性のサイン、夜の惑星は女性格の
サインで夜行性のサインにあるのが、最も幸せになるとされています。

　マイナーな条件は、セクトが殊の外重要視されたヘレニスティック占星術
では些細なことでしたが、アラビア時代にはより重要視されるようになりま
した。

　本書では、一義的なセクトのみを強調して考察し、上述のマイナーな条件
は省くことにします。

第十四節　エッセンシャル・ディグニティー[※7]

導入部

　ここまでで築いてきた秩序ある宇宙のイメージを思い浮かべてください－慎重に組み立てられた階層的な宇宙－各恒星と惑星には、それぞれ割り当てられた場所があり、その中で7つの天球にある7つの惑星は、至上なる天の意志を媒介する存在です。惑星はそれぞれ「世界の誕生のチャート」で割り当てられた、サイン（天のハウス）を持っていることも考慮してください。

　このモデルにおける各惑星は、惑星が通過する黄道帯の異なる領域を支配し、責任を負うレベルを割り当てられています。惑星について話を進める前に、これまで探求してきた秩序ある数と幾何学の世界の中で、惑星がどのような位置付けにあるかを探る必要があります。

　黄道帯12サインは、セクト、季節、エレメント、3つのモード（活動宮、固定宮、柔軟宮）によって12サインに分割されます。同様に、惑星は宇宙における位置によって、それぞれのサインに責任と支配権が割り当てられています。大宇宙生命体の中で、それぞれの惑星には果たすべき役割、果たすべき義務や責任があります。宇宙の秩序に複数のレベルがあるように、惑星にも複数のレベルの責任が存在します。

　これは、惑星のエッセンシャル・ディグニティーと呼ぶ、支配権のレベルに違いがあるとする概念です。

[※7]　エッセンシャル・ディグニティー（Essential Dignity）。惑星は、それぞれのサインで本質的な美徳にあるかないかを査定されます。それを調べるディグニティーの表があります。高いディグニティーの惑星は、当該のサインを運用する責任を負います。

❖ エッセンシャル・ディグニティーは、親和性を意味するのではなく、責任の所在や、所有権を意味するものです。

　チャートにおいて、あるハウスのサインを支配している惑星は、そのハウスの事柄が可能な限り、最善の方法で実行されることを確認する責任を負っています。

　惑星が持つエッセンシャル・ディグニティーは、惑星の作用の一般的な状態や品質を決定します。

　惑星がエッセンシャル・ディグニティーを持つサインにあるとき、その行動や事柄は、バランスを保ちコントロールされ、うまくいく傾向があります。

　惑星がディグニティーを持ち、うまく機能するサインがあるように、惑星がうまく機能しないサインもあり、それらを「デビリティー（Debility、衰弱した状態にある）」と呼びます。

　ある領域で惑星にディグニティーがない、あるいはデビリティーにあると、その行動が思わしくいかなかったり、バランスが悪かったり、崩れやすかったり、うまくいかないことが多々あります。その場合、デビリティーにある惑星は、出生図の持ち主にとってアンバランスを修正し、うまくいくようにするためのヒントや動機の源になる可能性があります。そのため、デビリティーにある惑星は、調べるべき重要なポイントになるわけです。

　これはチャート上で状態の悪い惑星が、必ずしも不運の原因になるとは限らないことを意味します。ネイタルのチャートに現れたデビリティーとなった惑星は、アンバランスや弱さに対処するために、本人が至って熱心に取り組む分野となるのはよくあることです。課題の源泉が、強さの源泉になるのです。

　チャートを解釈するときに、私はしばしば大きなディグニティーを持つ惑星か、甚大なデビリティーにある惑星のどちらかが、チャート全体で支配的な影響力を持つことに気付きます。

　モダンな占星術では、ルーラーシップとイグザルテーションの2つのディグニティーだけが残されていますが、どちらもそれほど広く使われているわけではなく、一部の占星家だけが真剣に気にとめているようです。しかし、ほ

とんどの現代の占星術家は、惑星があるサインを支配し、他のサインでイグ
ザルトになる概念を知っています。

　モダンな占星家の多くが、それらを調べるかどうかは別として、惑星の状
態を重視して解釈していません。しかし、惑星の状態の評価こそが伝統的な
アプローチの土台となっています。

　伝統的な占星術は、モダンな占星術と同様に、そのドミサイル（Domicile・
本籍地）やホームとも呼ばれるルーラーと、イグザルテーションの二段階の
主要なディグニティーを認めています。これらはメジャーなディグニティー
と呼ばれ、最も重視されるものです。実際、この2つのディグニティーだけ
でもかなり効果的な解釈が可能です。システムをマスターする間は、この2
つのディグニティーに集中的に取り組む価値があります。本書の解釈例では、
メジャーなディグニティーに大きく集中しています。

　伝統的な占星術には、他にも「トリプリシティー」「ターム、あるいはバウ
ンド」「フェイス」といった三段階のマイナーなディグニティーが存在します。
メジャーなディグニティーを調べた後に、マイナーなディグニティーを順番
に見ていきましょう。

ディグニティーに関する異なるシステムについて

　メジャーなディグニティーのルーラーとイグザルテーション、マイナーな
ディグニティーのフェイスの帰属については、大筋の合意が得られています。
しかし、トリプリシティーとタームのマイナーなディグニティーについては、
複数のバージョンが存在します。

　トリプリシティーもタームも、最も古いものはヘレニズム時代の占星術の
シドンのドロセウスにさかのぼります。これらは現存する最古のバージョン
であり、本書で使用されているバージョンです。私たちが知る限り、これら
は最古の実践を反映しています。『Tetrabiblos（テトラビブロス）』の著者であ
るプトレマイオスは、独自のタームを設定していて、これは彼が修正したも
のだと述べます。しかし、プトレマイオス自身が占星術を実践していたわけ

ではなく、当時の典型的な実践を反映していないのは、今ではかなり認識されています。プトレマイオスの『テトラビブロス』は、西洋で大きな影響力を持ち、ウィリアム・リリー、ジョン・ガドバリー、ウィリアム・ラムゼイなど、ルネサンス後期の占星術師たちが彼のトリプリシティーとタームの支配星システムを使用しています。現代のリリーの信奉者たちも、彼のシステムを利用しています。そのため、ウィリアム・リリーや、彼の影響を受けた占星術師の作品を見ると、トリプリシティーやタームの帰属が、ここで私が使っているものと多少異なることに注意してください。

図10：サインの支配星を示す、世界の誕生のチャート

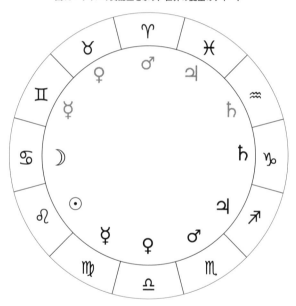

❖世界の誕生のチャート（テーマ・ムンディ）と支配星

　惑星の位置と責任のうち、最も重要なレベルである「ルーラー」は、ここに示した世界の誕生のチャート（テーマ・ムンディ）に示される論理的かつ対称的な順序で決定されます。太陽と月の2つのライツは、夏の最初の2ヶ月間、つまり最も光の強い時期に支配権を得ています。他の惑星は2つのライツから一定の距離を隔てて、順に配置されています。

惑星	ルーラー	デトリメント	イグザルテーション	フォール
太陽	♌	♒	♈	♎
月	♋	♑	♉	♏
水星	♊・♍	♐・♓	♍	♓
金星	♉・♎	♏・♈	♓	♍
火星	♈・♏	♎・♉	♑	♋
木星	♐・♓	♊・♍	♋	♑
土星	♑・♒	♋・♌	♎	♈

ドミサイル／ルーラー vs. デトリメント

　サインのルーラー、またはドミサイルのロードは、そのハウスが属するサインを支配する事柄について、主要な権限と管理責任を持っています。

　　注：伝統的なテクストでは、「ハウス」の使われ方に曖昧な部分があります。モダンな占星術でいうところのハウスを指すこともあれば、ハウスの配置に関係なくサインを指すこともあります。ドミサイルも「家・ハウス」や「ホーム（本籍地）」を意味する言葉ですから、牡羊のサインは火星のハウスだともいわれます。ここでは、混乱を避けるために、現代的な用法で説明していきます。

　ルーラーシップは同化作用 ─ それは頑丈にし、ゆったりとしたバランスの取れた方法で働きます。ルーラーシップにある惑星は、自分の家の中で安全で、どこに何があるのかを知っている人のようなものです。そのルーラーシップにある惑星は、物事をまとまりのあるようにして、うまくいかせる傾向があります。そこには、自信、統制、統一、そして、有能さを感じさせるものがあります。

　惑星が支配するサインの反対側のサインは、その惑星がデトリメント（不利）になる位置です。デトリメントは異化作用であり、物事はバランスを崩し、神経質になり、安らかでなくなり、違和感を抱えていることがあります。

その惑星の行動には、統一感の欠如、無秩序、腐敗、常時には行わない行為、正常に機能していない感覚があるはずです。

図11：惑星がイグザルテーションになるサイン

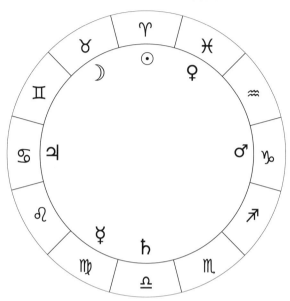

❖ イグザルテーション vs. フォール

　イグザルテーションのディグニティーは、別のルーラーシップの体系に由来するのではないかと考える学者もいます。私たちの通常のルーラーシップはバビロニア文化に由来し、イグザルテーションの体系はエジプト文化に起源を持つ可能性もあります。しかしその起源が何であれ、惑星のイグザルテーションは、私たちがルーラーシップで見たような単純な対称的な秩序を持っていません。

　この図は、テーマ・ムンディと同じ位置にサインを配置し、夏至のサインである蟹のサインを東の1ハウスに置いてみたものです。

　イグザルテーションのディグニティーは、尊敬、認識、名誉、注目の尺度です。イグザルトした惑星は、耳を傾けられ、注意を引き、高い価値を持つとされます。

これに対して、その支配するサインと反対側のサインに位置する惑星は、フォールになります。これは、ディグニティーの中の芽の出ないコメディアンのようなものであり、その惑星は、耳を傾けられず、注目されず、「私は尊敬されない」と軽蔑され、価値が低いとされます。フォールにあることは、12ハウスにあることと似ているところがあります。

　フォールにある惑星は、誰も注目してくれないとの感覚を持つため、自分の意見を聞いてもらったり、見てもらったりしようと努力することが多く、それを補うためにアンバランスな行動が多くなります。

　最古のテクストでは、フォールはデトリメント^{※8}よりもはるかに重要であることが強く強調されていました。

マイナーなディグニティー

　注：3つのディグニティーが加わると、かなり複雑なシステムになります。それはあなたがマイナーなディグニティーに取り組む前に、2つのメジャーなディグニティーとデビリティーをしっかりと理解して軽快に使いこなせると良い結果になります。本書の後半のほとんどの例は、ルーラー、デトリメント、イグザルテーション、フォールに大きく焦点を当てています。

　モダンな占星家のほとんどは、これまで取り上げた2つの大きなディグニティー、すなわちルーラーとイグザルテーションに慣れています。伝統的な占星術で用いられるディグニティーには、さらに3つのレベルがあり、これをマイナーなディグニティーと呼びます。

　この後の章で、マイナーなディグニティーの使用方法について説明しますが、もし、これが暫定的なものに聞こえるとしたら、それは正しい印象です。私たちは、これらの他のディグニティーの意味をほとんど失い、実践の中で

※8　フォールは、ときにリセプションを打ち消してしまうことがあります。それはとても重要なことなのですが、本書では、その詳しい説明をしていません。

やっと回復し始めたところだからです。ヘレニズム時代やアラビア時代には、トリプリシティーとタームのルーラーの方が広く使われていて、それぞれが明確な機能を持っていました。しかし、ウィリアム・リリーの時代には、これらのディグニティーはその固有の味を失い、単なる強さの尺度として点数化されるようになりました。例えば、3ポイントのトリプリシティーは、4ポイントのイグザルテーションより弱いけれども、2ポイントのタームより強いと定義されたのです。

　私は、トリプリシティーとタームを十分に検討し、その独特の味わいを感じられるようになってきたので、ここでそれを共有しようと思っています。私はフェイスの使用方法について、ペレグリン（Peregrine）[9]にならない程度の切り札としての機能以外に、まだ十分な理解がありません。以下のセクションは、これらのマイナーなディグニティーをどのように使うことができるか、その回復作業への招待状であると考えてください。

トリプリシティー、またはトリゴン

　まず、マイナー・ディグニティーの中で最も重要だと思うのは、トリプリシティー、またはトリゴンと呼ばれるものです。トリゴンはトラインの意味を指し、4つのエレメントからなる各トリプリシティーのメンバーは、互いにトラインの関係にあります。

　各トリプリシティーはチームです。それぞれのトリプリシティーには、昼のチャートのルーラー、夜のチャートのルーラー、そして関与するルーラーと呼ばれる第3の惑星の、3種類のルーラーが割り当てられています。

　伝統的なトリプリシティーの帰属を理解するためには、惑星のセクトによる分け方を思い出す必要があります。

　昼の惑星は、太陽、木星、土星、そして時には水星を指します。
　夜の惑星は、月、金星、火星、そして時には水星です。

※9　エッセンシャル・ディグニティーを全く持たない惑星を指します。

能動的なエレメントである火と風は、昼行性だとされるため、昼行性の惑星がトリプリシティーのルーラーを得ています。

　受動的なエレメントである水と地は、夜行性だとされるため、夜行性の惑星がトリプリシティーのルーラーを得ています。

　トリプリシティーのルーラーは、昼と夜、2つのうちのどちらかの運営メンバーのようなものだと考えています。その影響力は具体的なものではなく、一般的な運勢の良し悪しを示しているような気がします。これは直接的な権威ではありませんが、惑星の機能を高めるものです。これは、特定の幸運ではなく、大まかな幸運を意味します。

　ネイタル・チャートにおけるトリプリシティーは、普段通りでありながら、より機能的でよりポジティブに作用する可能性があります。それは、ルーラーやイグザルテーションのような直接的な権威はありませんが、快適でありその本領を発揮します。

表9：トリプリシティーのルーラー

	昼	夜	関与星
火	太陽	木星	土星
地	金星	月	火星
風	土星	水星	木星
水	金星	火星	月

　ヘレニスティック占星術では、セクトのライト（昼のチャートでは太陽、夜のチャートでは月）に属するトリプリシティーの3つのルーラーは、その出生図の持ち主の一生を通じた総合的な運・不運を示す指標として用いられます。特定のサインや惑星のトリプリシティーは、そのサインや惑星にだけ、同じような意味を持つようです。

　ヘレニズム期やアラビア語版のテクストでは、トリプリシティーのルーラー

にウェイトが置かれていましたが、ルネサンス以降にはあまり使われなくなりました。初期のテクストでは3つ全てのルーラーが使われていましたが、後の時代になると、昼か夜のどちらかのルーラーだけが使われ、第3の関与星はすっかり忘れ去られたようになりました。3つのルーラー全てを使う初期の実占方法は失われたのです。

　ネイタルの解釈では、トリプリシティーのディグニティーを持つ惑星は、その影響を有益にする高い可能性があります。サインやイグザルテーションのルーラーのような直接的な効果はありませんが、より確かな効果が期待できます。

　ネイタルのリーディングを行うときは、先に説明した方法に従い、トリプリシティーの3つのルーラーを全て使用し、ほぼ同じ比重で考慮します。

バウンド、またはターム

　次のマイナーなディグニティーは、ルネサンス時代の多くのテクストでタームと呼ばれたものです。バウンドは別訳であり、限定された、割り当てられた期間といった意味になり、より原意に近いものです。また、タームは、誰かの在任期間を語るときにも言外の意味として、その始まりから終わりまでの限定された期間を指しています。

　タームは、各サインを5つの小区画に分け、2つのライツ以外の惑星に、それぞれ1か所ずつを割り当てたものです。その幅は、2度から8度までと不規則です。一般的に、最初のタームとなる惑星は、そのサインで他の確かな支配権を持つもので、最後のタームは、常にマレフィックの火星か土星のいずれかに割り当てられます。

　タームの表では、一番左の列がサインを表しています。次と次の列は、そのタームの開始度数とそのタームを支配している惑星を、ペアにしながら示しています。

♈	0	♃	6	♀	12	☿	20	♂	25	♄	30
♉	0	♀	8	☿	14	♃	22	♄	27	♂	30
♊	0	☿	6	♃	12	♀	17	♂	24	♄	30
♋	0	♂	7	♀	13	☿	18	♃	26	♄	30
♌	0	♃	6	♀	11	♄	18	☿	24	♂	30
♍	0	☿	7	♀	17	♃	21	♂	28	♄	30
♎	0	♄	6	☿	14	♃	21	♀	28	♂	30
♏	0	♂	7	♀	11	☿	19	♃	24	♄	30
♐	0	♃	12	♀	17	☿	21	♄	26	♂	30
♑	0	☿	7	♃	14	♀	22	♄	26	♂	30
♒	0	☿	7	♀	13	♃	20	♂	25	♄	30
♓	0	♀	12	♃	16	☿	19	♂	28	♄	30

注：「なぜタームはこのように分かれているのですか？」と、尋ねられることがありますが、そのロジックは － 不明です － しかし、これが伝統なのです！

　各小区画の始まりと終わりには、私の知る限り明確な根拠はありません。加えるなら、各惑星の度数を合計したものが、その惑星の周期に関連する数字となります。これらのタームの区分は説明もなく、私たちが持つ最古の資料にまでさかのぼることができます。それらは、明らかに機能するように思えます。

　バウンド、またはタームの支配権のレベルは、低レベルまたは局所的な責任のようです。イグザルトした惑星がオーナーで、ルーラーがマネージャーだとすると、トリプリシティーは経営陣の一員で、タームのロードは直属の上司になります。これは、実際に物事をどのように遂行するかを決定するレベルです。

　タームのディグニティーは、物事の最終的な遂行や、顕在化に影響するように思えます。あるタームに、ある具体的な成果をもたらすはずの惑星は、

タームの惑星を通してその最終的な表現に至ります。

　ターム（バウンド）の支配権は、予言的なテクニックでも最も多用されてきたように思われます。例えば、**プライマリー・ディレクション**[※10]にはバウンドによる配分もあり、特定の期間のタイムロード（時間のロード）や支配星を見つけるために使われます。

　私は、タームの支配権にある惑星が最終的な表現に影響を与えるように思われるため、解釈を微調整するためにタームも使っています。タームは、トリプリシティーよりも、より具体的な意味があるように思います。その人のことをよく知れば知るほど特定の惑星の表現に、タームの支配権にある惑星の影響をより多く見ることができます。

フェイス

　フェイスは、ディグニティーの中で最もマイナーな存在です。30度ある各サインを10度ずつに分割した、モダンな占星家がデーカン、あるいはデカネートと呼ぶ区域と同じ所です。ヴェーダやインドのシステムから西洋に移入されたものです。フェイスのルーラーシップは、土星から月に向かう惑星順で割り当てられ、それが繰り返されます。この順番は、牡羊のサインの第一フェイスを火星が支配することから始まり、第二フェイスを太陽、第三フェイスを金星、そして、牡牛のサインの第一フェイスを水星としながら順々に支配していきます。そして、火星が魚のサインの最後の第三フェイスを支配することで、シーケンス［順繰り］全体が終わります。

※10　プライマリー・ディレクション（Primary Direction）：誕生のチャートから約400分前後までで、象徴的に一生の主な事柄が描き出されるとする、非常に古典的なタイムロード・システムの一種です。タイムロード・システムとは、いつごろ、どのような物事が起きるかを、時間にそって表されるとした占星術特有の考え方です。タイムロード・システムには幾つかのものがあり、組み合わされて使われます。

表11：フェイスのルーラー

サイン	0°〜9°59'	10°〜19°59'	20°〜29°59'
♈	火星	太陽	金星
♉	水星	月	土星
♊	木星	火星	太陽
♋	金星	水星	月
♌	土星	木星	火星
♍	太陽	金星	水星
♎	月	土星	木星
♏	火星	太陽	金星
♐	水星	月	土星
♑	木星	火星	太陽
♒	金星	水星	月
♓	土星	木星	火星

［※カルディアン・オーダーの並びです］

カルディアン・オーダー（Chaldean Order）。図1の「伝統的な世界のモデル」で、惑星の遅い順に、土星、木星、火星、太陽、金星、水星、月となっている並び方。

　フェイスによる支配権のシステムは、初期のエジプトのシステムにまでさかのぼることができます。現存する伝統的な占星術では、その意味はほとんど失われてしまい、あまり使われていません。古典占星家のリー・リーマンは、リリーに倣って、恐怖や神経質、バランスを崩すこと、ホームレスになって路頭に迷う一歩手前であることと結びつけています。フェイスは、惑星がペレグリンにならない、最後のギリギリのディグニティーです。私は、それ以外の明確な機能について認識していません。

　　注：最近、オースチン・コパック（Austin Coppock）によって出版されたフェイスに関する本があり、その歴史と意味を詳しく調べています。私はその著作をよく知りませんが、出版されたことだけをここで触れておきます。

その他の、ディグニティーに関連する条件

❖ **ペレグリン**

　惑星が5段階のどのレベルにおいてもエッセンシャル・ディグニティーを持たないサインと度数にあるならば、文字通り流浪者を意味するペレグリンと見なされます。この場合、ペレグリンの惑星は、自身のディグニティーを持たないので、機能を果たすためには、その支配星の場所と状態に完全に依存することになります。それはホームレスであり、ホストの善意と能力に影響されます。

❖ **アルムーテン（Almuten）**

　ディグニティーは5段階のレベルがあるので、特定の度数で異なる惑星が異なるディグニティーを持ち、時には単一の惑星が複数のディグニティーを持つこともあります。

　ある特定の度数で最も高いディグニティーの合計を持つ惑星を、アルムーテンと呼びます。これはアラビア語で勝利者を意味する言葉に由来します。

　アラビア占星術やその後の伝統的な占星術では、アルムーテンは通常、ルーラー＝5点、イグザルト＝4点、トリプリシティー＝3点、ターム＝2点、フェイス＝1点の、5つの加点方式を使用していました。任意の度数にある惑星の各ルーラーシップのポイントを、5段階のディグニティー全て合計し、最も多くのポイントを得た惑星がアルムーテンとなります。アルムーテンは必ずしもサイン・ルーラーと同じとは限りません。ルーラーがそのハウスの惑星に強い影響を与えるのは当然ですが、ある度数でアルムーテンとなった惑星もまた、そこで強い影響を与えます。

❖ **バックアップの仕組み（Backup plan）**

　この用語は、私が伝統的なテクストで繰り返し見てきた手順から、私が名付けた造語です。ある惑星がどの程度にパフォーマンスを発揮するかの考察において、私は次のような構造を繰り返し目にしてきました。ハウスのルーラーや状態の悪い惑星が不調なら、イグザルテーションにあるルーラーをチ

エックします。それが不調なら、トリプリシティーのルーラーをチェックしていくといった具合に、段々下に降りていきます。

　この考え方では、上位レベルのルーラーが不調でも、下位のディグニティーで良好な惑星が、積極的に貢献できるようです。下位レベルのルーラーが、バックアップできるようです。お父さんが病気やケガをしたならば、長男が助けてあげればいいのです。もし、マネージャーが活動できないなら、スーパーバイザーが介入することができます。

　私はこのバックアップの仕組みのテクニックを使っていて、実際にとても効果的です。ネイタル・チャートの解釈で、問題のあるポイントにどう対処するのか、有効な選択肢を探すのに使えます。例えば惑星があって、そのルーラーが不調ならば、イグザルテーションのルーラーが役に立つかどうかをチェックするのです。そのルーラーも悪い状態であれば、3つのトリプリシティーのルーラーを調べ、さらにその下へと、その場所に良い影響を与えられる良い状態の惑星を探します。

　本書の解釈編のバックアップの仕組みから、衰弱した惑星が他の惑星によってどこで援助を期待できるか、チャートのどこにあるかを見つける方法が示されます。

　注：次ページに、5段階の「エッセンシャル・ディグニティー」の全てをまとめた、一組の表があります。

ディグニティーの表

サイン	ルーラー	デトリメント	イクザルテーション	フォール	トリプリシティー			フェイス		
					昼	夜	パートナー	0°~9°59'	10°~19°59'	20°~29°59'
♈	♂	♀	⊙	♄	⊙	♃	♄	♂	⊙	♀
♉	♀	♂	☽		♀	☽	♂	☿	☽	♄
♊	☿	♃			♄	☿	♃	♃	♂	⊙
♋	☽	♄	♃	♂	♀	♂	☽	♀	☿	☽
♌	⊙	♄			⊙	♃	♄	♄	♃	♂
♍	☿	♃	☿	♀	♀	☽	♂	⊙	♀	☿
♎	♀	♂	♄	⊙	♄	☿	♃	☽	♄	♃
♏	♂	♀		☽	♀	♂	☽	♂	⊙	♀
♐	♃	☿			⊙	♃	♄	☿	☽	♄
♑	♄	☽	♂	♃	♀	☽	♂	♃	♂	⊙
♒	♄	⊙			♄	☿	♃	♀	☿	☽
♓	♃	☿	♀	☿	♀	♂	☽	♄	♃	♂

ターム、または、バウンドのルーラー

♈	0	♃	6	♀	12	☿	20	♂	25	♄	30
♉	0	♀	8	☿	14	♃	22	♄	27	♂	30
♊	0	☿	6	♃	12	♀	17	♂	24	♄	30
♋	0	♂	7	♀	13	☿	18	♃	26	♄	30
♌	0	♃	6	♀	11	♄	18	☿	24	♂	30
♍	0	☿	7	♀	17	♃	21	♂	28	♄	30
♎	0	♄	6	☿	14	♃	21	♀	28	♂	30
♏	0	♂	7	♀	11	☿	19	♃	24	♄	30
♐	0	♃	12	♀	17	☿	21	♄	26	♂	30
♑	0	☿	7	♃	14	♀	22	♄	26	♂	30
♒	0	☿	7	♀	13	♃	20	♂	25	♄	30
♓	0	♀	12	♃	16	☿	19	♂	28	♄	30

第十五節　モードとアンギュラリティー

　惑星、サイン、ハウスの話をする前に、もう1つ重要な概念を説明します。それは「モード」と「アンギュラリティー」です。

　モードとアンギュラリティーを一緒に取り上げたのは、この2つが並行していて、どちらも数字の「3」の象徴と関係があるからです。数字の3が時間の中を移動することで、能動的な始まり、持続的な中間-変化と、変容の終わりの3段階のプロセスが見えてくるからです。

　占星術の周期は、時間の経過を通して、サインではカーディナル（活動宮）/フィクスト（固定宮）/ミュータブル（柔軟宮）、ハウスではアンギュラー/サクシダント/ケーダントの、2つの異なる3段階のプロセスが見られます。

　この3つのステージと4つのエレメントを組み合わせると、黄道帯12サインになります。これは、エレメントをより大きなプロセスの一部となすものです。

表 13：モード別の黄道帯 12 サイン

	カーディナル 活動宮	フィクスト 固定宮	ミュータブル 柔軟宮
火のサイン	牡羊　♈	獅子　♌	射手　♐
地のサイン	山羊　♑	牡牛　♉	乙女　♍
風のサイン	天秤　♎	水瓶　♒	双子　♊
水のサイン	蟹　♋	蠍　♏	魚　♓

　モードは全て時間を通して計測されます。それらは、成長と衰退を繰り返す人生のプロセスにもなっています。

3つのモードは、カーディナル、フィクスト、ミュータブルであり、ムーバブル（movables・可動）、フィクスト（fixed・固定）、コモン（common・中間）とも呼ばれます。

4つの各季節に3つの変化、または月々に対応しているため – 4つの大きなサイクルの中に3つのサイクルがあることになります。

カーディナル・フィクスト・ミュータブル

カーディナル（活動宮）は、**ムーバブル**とも呼ばれ、新規、開始、変化です。

フィクスト（固定宮）は、– 継続、安定、形を附与します。

ミュータブル（柔軟宮）は、**ダブルボディッド**（double-bodied 双体）とも呼ばれ、– 他の2つの属性を合わせ持っています – 柔軟性があり、行ったり来たり、不安定、変化に備えているが新しいことは着手しない、反応しやすい特徴があります。

伝統的な解釈では、モードはエレメントよりも重要性が高いようです。

例えば、チャートを解釈する際に最初に見るべきものの1つは、チャートの2つの主要なアングルとなっているアセンダントとミッドヘブンであり、それらのモードを観察することです。– それらのモードは、おそらくその人が世の中で行う主な行動様式を示しています。私は、それを効果的な解釈の原則であるのを認めています。

作用の強さでは、カーディナル・サインが最も強く影響を及ぼします。フィクスト・サインは即効性の強さはありませんが持続性があります。周りへの作用に関していえば、ミュータブル・サインが最も弱く、精神的な作業や内向的な処理にも関連しています。

❖アンギュラリティー

占星術チャートの主なアングルは、アセンダント／ディセンダントの軸と、M.C／I.Cの2つの軸です。惑星のアンギュラリティーとか強さは、惑星がこれらのアングルのいずれかに、どれだけ近い位置にあるかで測られます。

アンギュラリティーの3つの品質

アンギュラー（Angular）、**アングル**（angle）に近い、あるいは、1ハウスのアングルに近いなどです。1ハウス、4ハウス、7ハウス、10ハウスです。

サクシダント（Succedent）、家の中にいる、あるいは、アングルの後ろに続く区域で、2ハウス、5ハウス、8ハウス、11ハウスです。

ケーダント（Cadent）は、文字通り落ちる意味で、前のアングルから落ちていて、次のアングルにはまだ遠い、3、6、9、12ハウスです。[※11]

太陽や惑星の日周運動は、チャートを時計回りに進み、ハウスとは逆の順番で進むことを覚えておいてください。あるアングルに近づいた惑星は、徐々に強くなり、そのアングルに達したときにピークに達し、その後、そのアングルを越えて進むにつれて、効果やパワーが急速に低下すると考えてください。日周運動では、太陽は11ハウスを通過するときに強くなり、10ハウスでピークに達し、9ハウスで急速に衰えると同時に下降を始めます。

アンギュラーは、力強さ、新規、開始、急成長、世の中での目立つ行動などを暗示します。

サクシダントは、維持、繁栄、持続、保存、しがみつくなどの傾向があります。サクシダントは、3種類のアンギュラリティーの中で最も安定したものです。

ケーダントは、移行、衰退、不安定さ、または収穫を暗示します。ケーダントは、果実が殻を捨てる前のような精神的なプロセス、気付きにも関連しています。

惑星のアンギュラリティーは、惑星の、この現実世界における強さや活動性を示す指標です。

アングルに近い惑星は最も活動的で、最も目につきやすく、この現実世界と密接に関わることになります。

※11　12ハウスは、アセンダントから右回りで落ちて（ラテン語でケーダント）います。ハウスは、右回りの構成も持つからです。

サクシダントにある惑星は、アンギュラーにある惑星ほど強くはなく、目につきませんが、それでも効果的であると考えられています。

　ケーダント・ハウスにある惑星は、活動的ではなく、外への影響が少なく、弱く、隠れた存在になります。しかし、ケーダント・ハウスにある惑星は、内面的、あるいは意識的な面で最大の効果を発揮すると理解することもできます。

　アングルにある活動的な惑星は物事を成し遂げ、ケーダントの惑星は引きこもり、瞑想し、考え、教訓を学び、より意識を高めます。ケーダント・ハウスは、ある意味、現実世界の狭間にあるのです。

　アンギュラリティーは、惑星がどのように働くかの品質を測るものではありません。それは、惑星の視認性、力、現実世界での行動能力を測るものです。後の章で説明するディグニティーによって、惑星がアングルにちょうど乗っていて大層強くても、調子が悪いことがあることが分かります。つまり、惑星が持つネガティブな影響も、強く、目立つことを意味します。

四元素と古代ギリシャ哲学

　火、風、地、水の四元素の考え方は、古代ギリシャ時代に完成したと言われています。

　現在のトルコの西側に位置するミレトスという都市国家で、紀元前6世紀頃、「万物の根源は何か？」という哲学的な問いが考察されました。万物の根元は「水」であるとした最初の哲学者とされるタレス（紀元前625頃－紀元前545頃）が登場したのもミレトスです。タレスは、「人間も動植物も生命は水がなければ生きていけない」、「あらゆる物体は気体・液体・固体でできていて、水はその全てに姿を変えることができる」などと唱えました。

　ここで生まれた自然を対象とする哲学（自然哲学）を発展させた派閥をミレトス派といいます。

　一方、タレスの弟子であるアナクシメネス（紀元前585－紀元前525）は、万物を「空気」であると唱えました。彼は死人は息をしないことから、空気に生命が宿っていると考えたのです。そこから空気が世界を作ると考えました。一方、ヘラクレイトス（紀元前540頃－紀元前480頃）は、変化と闘争を万物の根源としました。それを「火」と表現したのです。

　これらの考え方を四元素という形にまとめたのが、エンペドクレス（紀元前490年頃－紀元前430年頃）だといわれています。

　プラトンは四元素の考えを受け継ぎましたが、それを幾何学で表現しました。すべての面が形も大きさも、すべて同一である立方体を完全立体といいますが、完全立体は5つしか存在しないということを発見した哲学者です。ゆえに、この完全立体はプラトン立体とも呼ばれています。

完全立体とは、三角錐、立方体、8面体、12面体、20面体の5つです。この5という数字を重要視したプラトンは著作の『ティマイオス』で四元素と5種類の完全立体のうちの4つの立体を対応させています。三角錐は火と対応させ、立方体を地と対応させました。さらに8面体は空気を表しており、20面体は水を表ているとされました。残りの12面体は世界を表ている、と考えたのです。さらに、四元素は互いに分解して転化すると考えられていました。

この考え方をさらに進化させたのが、アリストテレスです。彼は全ての自然現象には原因があり、その原因がイデアから作られる純粋な質料(プリマ・マテリア／第一質料)に作用して、形などが生み出されると考えていました。

さらに、四元素は「熱・冷」「湿・乾」の性質が加わることで、四元素が生まれると考えたのです。

火は熱と乾、空気は熱と湿、水は冷と湿、土は冷と乾の性質から成り立っており、性質の一つが他の一つと入れ替わることで、相互に転換すると考えられました。

また、アリストテレスは、宇宙を2つに分けていました。一つは、地球から月までの全てのものからなる世界を「月下界」(地上界)、月とそれよりも彼方の全てのものからなる世界を「天上界」としました。

月下界は四元素で構成されています。月下界は、四元素が絶え間なく生成を繰り返します。しかし、天上界は規則正しく円運動を行っていると考えられていました。そこで、アリストテレスは、天上界には何も変化することがない単一の物質から作られていると考えたのです。それが第五元素、エーテル(アイテール)です。天上界はエーテルによって満たされると考えられていました。そして、天上界の外側には全ての運動の原因である「第一動者」、すなわち神のようなものが存在すると考えていました。

ちなみに、宇宙にはエーテルが存在し、光が音のようにエーテルを伝

わって、地球に注いでくるという考え方が誤りだと実証されたのは、19世紀になってからなのです。

　ところで、プラトンは天上界にはエーテルが満たされ、規則正しい運動がなされているという宇宙観を生み出しました。この考えを受け継いだのが、ストア哲学です。グローバル社会が一気に広がったヘレニズム時代、自らに降りかかる苦難や運命をいかに克服するかを考えていたストア哲学は、哲学者のゼノン（前334頃－前262頃）によって、始められました。

　ちなみに、彼らはアテナイのアゴラという広場の彩色柱廊（ストア）に集い、議論を交わし合っていたので、ストア派、ストア哲学と呼ばれています。
　彼らはプネウマ（気息）が一なる連続体として宇宙を満たしていると考えていました。プネウマは宇宙を統一する力であり、その力が伝わるためには、宇宙空間に空虚は存在しないと考えていました。
　このため、宇宙全体が因果的な法則や運命、神の摂理としてプネウマで満たされている必要があったのです。
　ここから、神の摂理を見究めることで、人間の幸福は実現できると考えるようになりました。古典占星術もこの考え方に大きな影響を受けています。

◎ コ ラ ム ◎
円運動で惑星の動きを説明する

　惑星はその名の通り、惑う星、不規則な動きをする星です。しかし、古代ギリシャの哲学者や天文学者たちは、惑星の動きをさまざまな方法で説明しようとしました。その中で哲学者のピタゴラス（紀元前582－紀元前496）は、数や幾何学的な形状などが、宇宙を構成している正しい基盤だと考えました。

　そしてプラトンはピタゴラスの影響も受けて、数学的な宇宙観を作り上げます。彼は円運動は最も完全な規則正しい図形であり、円運動は始めも終わりもない永遠なものとして考えました。惑星は数学的に説明できない不規則な動きをしていますが、最終的に円運動の組み合わせの規則性によって、いずれ説明できると考えていました。

　プラトンはその著書『ティマイオス』のなかで、恒星の運動といえる「同」と黄道に沿って動く星の運動を「異」として設定しました。これによって、四季の変化や逆行や留などの不規則な動きを説明しようとしたのです。

　古典占星術の世界観に大きな影響を与えたのが、プラトンの弟子の一人であったエウドクソス（前408頃－前355頃）という哲学者、天文学者です。彼はエジプトで長く暮らしており、その後、アテネに移住しています。

　彼が唱えたのが「天動説」です。彼は地球を中心として、回転する天球を27個考えて、惑星運動の不規則な現象が天球の円運動によってなされていると説明しようとしました。天球の半径の大きさによって、それぞれの惑星のスピードが変化します。つまり、地球から天球が離れれば離れるほど、スピードが遅くなる、というわけです。

　しかし、古代ギリシャ時代には天体観測はある程度、正確になってい

ましたから、惑星の動きを調べれば調べるほど、惑星の動きが非常に複雑であることがわかってきたのです。これを天球の円運動だけで証明するためには、天球がさらに必要になってきます。

　こうしてアリストテレスは、惑星の運動を証明するために、約50個ほどの天球を想定したともいわれています。

　アリストテレスは、エウドクソスが考えた天球のアイデアをさらに発展させ、宇宙には固体の天球が存在して、その固体の天球が惑星を運んでいるという考え方を用いました。これによって、天球が歯車のように作用し、調和する宇宙の体系を作り上げることができたのです。地球を中心として、その周りを固体の天球が取り巻いて、完全な円運動を行う、これがアリストテレスが作った「天動説」の宇宙観です。第四節の伝統的占星術の世界観で表現されている図1伝統的な世界のモデル、そのものなのです。

　ところが、アリストテレスが作った宇宙観で観測を進めていくと、うまく説明できないところが多く出てきました。

　地球を中心として惑星が円運動をしていると考えると、天球の数をいくら増やしても、惑星が明るさを変えることや冬至や春分、夏至、秋分で区切られている四つの季節の長さにズレが生じることを説明することができないのです。

　そこで、この矛盾をうまく説明したのが、アポロニウス（前220頃－前190頃）です。彼は天球の中心は、それぞれの天球が独自の中心を持っており、天体はその中心を回っているとしました。このため、地球から見ると、惑星が近づいたり、遠ざかったりして見えるのです。このような考え方を「離心円」モデルといいます。このようにして、彼は季節の長さの理由を説明しました。

　さらに、惑星の「留」と「逆行」には、「周転円」モデルで説明しました。このモデルは、各惑星は離心円に沿って円運動を行っていますが、さらに離心円上で、小さな円運動も行っていると考えたのです。こうすれ

ば、惑星が「留」の状態になったり、「逆行」の状態になったりしても、説明ができるとしました。このようにして、彼は惑星の運動を「離心円」と「周転円」の二つの円の組み合わせによって説明したのです。

このモデルを観察データを用いて、体系化したのがプトレマイオス（83頃－168頃）です。

彼はギリシャの天文学をまとめるだけでなく、幾何学的な原理の上に天文学を位置付けました。

彼が確立した宇宙観はプトレマイオス体系（Ptolemaic system）と呼ばれ、非常に完成度の高いものになりました。このため、彼がプトレマイオス体系を創始してから、約1300年間は彼の説が天文学を支配していたのです。

彼の説が覆されるようになるのは、観測技術が発達した中世以降の話になります。

第三章

惑星・サイン・ハウス

第十六節　惑星

　ここでは、惑星、および、サインに入っている惑星の基本的な解釈の多く
を、ビルディングブロックから構築しようと思っています。その目的は、基
本的な品質からどのように考えたらいいのか、その方法を学ぶためです。例
えば、火星が極めてホット＆ドライと表現された場合、チャート解釈の文脈
ではどのような意味になるのでしょうか？

　しかしながら、惑星は一種の分解不可能な出発点であり、エレメントの特
性だけでは説明しきれない象徴的な表現を持つことを考慮しなければなりま
せん。

　惑星を理解するために、次のような比喩を考えてみましょう。

　惑星は生きている存在と考えることができ － 神々と呼ぶのは近いですがち
ょっと違います － キリスト教圏でいう大天使に近く、絶対的ではない下位レ
ベルの神々です。惑星は、第十天（最高神域、プライム・モービル）の、あ
るいは、至上の領域の最高神の意志を、エレメントの世界である月下の世界
に伝える媒体なのです。

　つまり、惑星には個性、力、権威があり、単に「私たちの中にある」、「私
たちのコントロール下にある」のではなく、自律した存在として行動してい
るとします。惑星はそれぞれ責任と影響力の範囲を持っていて、限られた、あ
るいは区切られた力を持っています。そして惑星たちは、他の生命体と同じ
ように、調子が良いときも悪いときも、強いときも弱いときも、機嫌が良い
ときも悪いときもあります。

　魔術師アレイスター・クロウリー（Aleister Crowley1875 － 1947）の言葉を

借りると、

　　「惑星が神か生き物かなんてのは実はどうでもいいことなんだよ。大
　　事なのは、宇宙があたかも神であるかのように振る舞っていること
　　なんだ！」

となります。これは、占星術で惑星を考えるうえでの有益な示唆（しさ）です。

　常に念頭に置くべきことは、**惑星たちは、経験のさまざまな側面に責任や
支配力を持つという基本的な概念**です。

　惑星たちは、宇宙の秩序を遂行するために、私たちが住む月下のエレメン
トの領域でその役割をそれぞれ担っています。

　伝統的な占星術の描写の言葉の多くは、相当に具体的で、特定の人、場所、
性質について語っています。土星は年齢や恐怖、限界を表すと同時に、老人、
墓地、骸骨、廃墟、暗い穴蔵、関節炎などを支配しているといいます。これ
らは抽象的ではなく、豊かで具体的な言葉であり、それらのイメージから惑
星全体の雰囲気や性質を把握することができます。

一般的な注意事項

　昼行性の惑星である太陽、木星、土星は、より意識的で目に見え、より周
知された存在です。これに対して夜行性の惑星、月、金星、火星は、より感
情に基づく性質が強く、意識的な思考ではアクセスしづらく、より個人的な
存在です。

　基本的な構成の観点では、2つのマレフィックはドライ、2つのベネフィッ
クはモイストです。2つのマレフィックは極端さがありバランスを欠き、2つ
のベネフィックは穏やかでバランスが取れています。

　暖かな木星はホットな昼行性で、涼しい金星はコールドな夜行性の惑星で
す。ベネフィックたちは、その性質に合ったセクトにいます。

　2つの凶作用を持つ惑星はその逆になっていて、ホット＆ドライな火星は、

涼しい夜行性のセクトにいることでバランスがとれます。コールド＆ドライな土星は、暖かい昼行性のセクトにあることでバランスが保たれます。

　占星術における惑星は、単一で単純な意味を持っているわけではありません。惑星やサインやその他の占星術の要素は、そのチャートに問われている質問の文脈から、その意味を汲み取ることを覚えておくとよいでしょう。例えば、質問によっては、月はあなたの感性、身体と健康、胃、母親、牛乳と白い食べ物、選挙における庶民などを意味することもあります。

　伝統的なテクストでの惑星に関する記述は、その惑星が支配するとされる物事、場所、状況、出来事などのリストです。惑星の意味をキーワードや概念に還元する現代的な考え方は、古代の占星術の発想とは全く違うものなのです。

惑星に関する注意書き

　注：惑星のメジャーなディグニティーとデビリティーについては、サインの章で
　　　述べるので、ここでは簡単にしか触れません。

　太陽…適度なホットでドライ、昼行性、男性格で生命力を与えます。太陽はマレフィックな過度なホットとなることがあります。惑星が太陽に近づき過ぎるとコンバストと呼ばれ、文字通り、焦がす、焼く意味となります。

　太陽はバイタリティ、生命エネルギーです。

　太陽は、卓越性、目立つこと、権限を意味することがあります。場所によって、その人が有する卓越性と目立つ度合い、自分の上にどのように権限を有する人（物）がいるか、また、その両方を異なる領域で意味することもあります。

　もちろん、太陽は君主です。

　太陽は男性格であり、一般的な男性、父親、夫を表します。

　モダンな占星術では、太陽はその人の鍵を握っていますが、伝統的な占星

術では、それほど強調されておらず、太陽はその人の本当の姿を示す鍵とは見なされていません。ですから、伝統的な占星家は太陽の位置から、その人が双子座であるとか、魚座であるとかいいません。

　伝統的な占星術では、太陽は活力と卓越性を示し、あなたがこれらの資質で、輝きたい気持ちになる場所を示すこともあれば、人生の中で人々があなたに権威を与える分野を示すこともあります。場所によっては、太陽はあなたとは限りません － それはあなたの父、あなたの夫、あなたの上司であったりもします。

　太陽の状態は、全般的な健康、活力、エネルギーの指標となります。

　太陽は獅子のサインを支配し、水瓶のサインでデトリメントとなり、牡羊ではイグザルトし、天秤のサインではフォールです。

　太陽はホット＆ドライなため、3つの火のサインとエレメントによるバランスの類似性を持っていて、その中で太陽はトリプリシティーによるディグニティーも持っています。太陽は、デトリメントとフォールのサイン以外では、相反するエレメントを持つコールド＆モイストな水のサインで、最も幸運となれないようです。

　月…クールで最もモイストな惑星。最も夜行性で、女性格の惑星です。

　月は反射をするものであり、依存性があります。月は夜を支配し、最も内なるものに集中し、最も外から見えにくい時間帯となります。これは、太陽の外に向かって輝く活動とは正反対です。

　また、最も女性的な惑星であり、一般的な女性、母親、妻を支配しており、このことから、養育、看護、介護、世話、保護などとなります。

　月は変化しやすい不安定な存在とされていて、他のどの惑星よりも速く動き、その姿・外観を極端に変えます。

　マンデーン占星術では、月は庶民を意味します。

　月は蟹のサインを支配し、山羊のサインでデトリメント、牡牛でイグザルテーション、蠍のサインでフォールになります。

月は、水と地のサインの全てでトリプリシティーのディグニティーを持っています。コールド＆モイストな月は、フォールである蠍のサインを除き、コールド＆モイストな水のサインが最も過ごしやすいのです。蠍のサインで幸せを見いだせないのは、1つはこのサインがフィクストであることと、ホット＆ドライな火星が支配していることが一因かと思われます。地のサインでは、月はイグザルテーションになる牡牛のサイン（雨季に湿潤になる）が最も幸運で、土星に支配されたドライな山羊のサインが最も不運となります。

　月はホット＆ドライなエレメントに反感を持ち、そこでは感受性や受容性が低下するようです。

　水星…水星のエレメントは、入っているサインと、密接にアスペクトしている惑星により変化すると考えられています。

　水星は思考と関連しており、－架け橋、分配者、仲介者、メッセンジャー、連絡係り、異なるものが出会う場所です。

　水星は通常、－分析、解明、説明するといった、－いわゆる理解をする思考力と関連しています。

　水星は、奇術師、'悪魔の代弁者'、あら捜しをする人、詐欺師、曲芸師にもなりうるものです。

　水星は交流をするため、彼（女）は、商業と交換手段としての貨幣を支配しています。

　水星は、私たちの内的なコミュニケーションのあり方、知性と感情の相互作用の状況を示します。多面的であるため、水星は夢の世界に向かって内向きになることも、客観的な世界に向かって外向きになるときもあります。

　水星は、意味を捉えるのが最も困難な惑星です。－つかみどころのなさが、水星の特徴の1つです！　しかし、内面と外面、夜と昼、昼行性と夜行性など、相反するものの間を意識的に仲介するため、チャートの解釈には最も重要なものの1つです。

　水星は双子のサインを支配し、乙女のサインを支配すると同時にイグザルトにもなる存在です。水星は射手のサインでデトリメントになり、魚のサインでデトリメントとフォールです。

水星は、全ての風のサインでトリプリシティーのディグニティーを持ち、また思考やコミュニケーションとよく似ているため、風のサインに当たり前のように馴染みます。現代の占星家の中には、水星を水瓶のサインでイグザルトさせる人もいます。

　金星…小さなベネフィックで、適度にコールド＆モイスト、女性格で夜行性の惑星です。金星は、物事を関連づけたり、結びつけたりします。
　彼女は美、美学、芸術、見目の良さ、そして良いプロポーションです。
　金星は、装飾品としての衣服、化粧品、宝石、－女優、モデル、クルティザンヌ、芸術家、エンターテイナー、ダンサーを支配しています。金星は、いわゆる芸術としてのバランスのとれた美的感覚と、楽しみとしての料理です、－滋養のための料理は月となります。
　金星は月と並んで女性的な存在で、全ての女性を支配しています。
　彼女は、友情、愛、善意、魅力、美と結実をもたらす力です。水星が真実であるかのように、金星は美のようです。

　金星は牡牛と天秤のサインを支配し、蠍と牡羊のサインでデトリメントとなり、魚のサインでイグザルテーション、乙女のサインでフォールです。金星は、夜行性と受容的な性質を持つ水と地のサインでトリプリシティーのディグニティーを持ちます。金星は、圧倒的なコールド＆モイストであるため、ホット＆ドライなエレメントの火のサインでは、彼女のクールな感受性が最も適合しないようで、要素的にも最も幸福とはなりにくいとされます。

　火星…小さなマレフィックです。過度にホット＆ドライな夜行性の惑星ですが、唯一の男性格の夜行性です。マレフィックな火星は、クールでモイストな夜行性の惑星と同じグループであることを思い出してください。彼女たちは、極端な彼のホットとドライな［火星の］品質を和らげています。
　火星は、切る、焼く、裂く、突き刺す、それは熱い（ホットな）極端なエネルギーです。
　火星は、怒り、敵意、積極性、主張、衝動です。

肯定的な意味では、彼は快活さ、自己主張、勇気、勤勉さになります。

火星は、兵士、紛争、軍隊を司ります。

火星は、吹き出物、発熱、外傷、発疹などによる熱病を支配します。

火星は切断を支配するので、剣、ナイフ、肉屋、彫刻家、外科医などを表わします。

火星はまた、鍛冶屋、薪ストーブ、溶接工など、火に関係するものです。植物のタバコは、火星にとってとても神聖なものであり、燃やしたり煙らせたりする植物です。

前述したように、夜行性の惑星は、感情に基づく傾向が強く、意識で操るのが難しいので注意してください。昼の惑星は、より目につきやすく、私たちの目覚めている意識に直接訴えかけてきます。

マレフィックである火星はホットで、夜はクールであることにも注意です。火星が夜行性なのは、夜のクールさが、彼の過剰なホットと釣り合っているからです。

私の経験では、火星がコントロールの難しいエネルギーである理由は、彼が意識的ではなく、思慮深くもなく、受容的でもなく、自己認識もできないからです。この獣には何か原始的で、何らかの古代から続く力が宿っているようなのです。

火星は牡羊と蠍のサインを支配し、天秤と牡牛のサインでデトリメントとなり、山羊のサインでイグザルトし、蟹のサインでフォールになります。

ホット＆ドライな火星は、ホット＆ドライな火のサインと親和性があるので、ディグニティーのない火のサインでも、火星の影響を強くする可能性があります。

夜行性の火星は、水と地のサインでトリプリシティーのディグニティーを持ちます。しかし、ホット＆ドライな火星は、コールド＆モイストな水のサインでエレメントの違いによる反感を持つので、火星の支配する蠍のサインでも、そこでの行動にはやや問題があるものになります。トリプリシティーのディグニティーがあっても、蟹のサインで火星はフォールですし、コールドな水のサインでもあるので、火星はそこで思い切り不幸な状態になります。トリプリシティーによるディグニティーの効果は、フォールやエレメントの

ミスマッチによるマイナス効果を上回りません。

　木星… 大きなベネフィック。適度なホット、そしてモイストな惑星です。彼は、拡大、成長、強化、生命を与える太陽と酷似しているところがあります。
　木星は宗教、霊的精神性、および願望、理想、哲学、法律、権威を支配します。
　職業では、木星は司祭、弁護士、教授、哲学者、天文学者を支配しています。
　バランスのとれた木星は豊かな成長をもたらしますが、バランスを崩していると、過剰なものの問題が生じることがあります。

　木星は射手と魚のサインを支配し、双子と乙女のサインではデトリメントになり、蟹のサインでイグザルトし、山羊のサインでフォールです。
　木星は、夜行性の火と風のサインでトリプリシティーのディグニティーを持ちます。これらのサインの暖かさは、ホットな木星の昼行性の性質に合っているからです。ホット＆モイストな木星は、風のサインともエレメントで一体感がありますが、だからといって木星がデトリメントになる双子のサインでは、彼らしさを保てず不運になります。

　土星… 大きなマレフィック。過剰なコールド＆ドライ。土星は、障害物、区分線、終端位置、縮小、寒冷化、邪魔物、困難、恐怖、嫌悪と関連しています。別の意味で土星は、時間に関係するものと提携しています－形、成長、衰えと死、時間が尽きるときの死に神などです。土星は、具体化し、最終的な形を与え、定義し、制限し、分割し、識別します。土星のエネルギーは（コールド）冷たく、客観的で近寄りがたいものです。
　時間とともに歩む土星は、老年、そして年の効（知恵）、古いテーマの研究を含む一般的な古い事柄を意味します。従って、伝統的な占星術は、古いテーマの研究であることから、土星に支配されていると考えることができ、伝統的な占星術は土星のようにストイックで厳しい傾向があります。
　土星は、老人、墓地、地下室や洞窟などのコールドで（冷たくて）暗い場所、古い家、古い権力者、古くて厳格な規則と関連しています。

土星は、山羊と水瓶のサインを支配し、蟹と獅子のサインでデトリメント、天秤のサインでイグザルトし、牡羊のサインでフォールです。

　土星はトリプリシティーのディグニティーを、昼行性の火と風のエレメントのサインで持ちます。しかし、コールド＆ドライな土星は、ホット＆ドライな火のサインでエレメントの不一致を起こし、3つのうち2つ、牡羊のサインと獅子のサインでデビリティーになります。コールド＆ドライな土星は、コールド＆ドライな地のサインでエレメントでの親和性はありますが、土星はマレフィックでバランスを欠くので、必ずしも良い状態にはなりません。

月のノード（月節）

　月の南北の2つの軌道交差点を、伝統的に北の交差点をCaput Draconis（竜の頭）ドラゴン・ヘッド、南の交差点をCauda Draconis（竜の尻尾）ドラゴン・テイルと呼んでいます。これらは、月の軌道が太陽の軌道である黄道と交差する2点です。満月や新月がノードの近くで起きると、日蝕/月蝕になります。

　ノードは、ラテン語で結び目を意味する言葉から来ていて、太陽と月の軌道が交差して結び目になる場所がノードです。

　ノース・ノードは、月の軌道が黄道の北の方角に進むために交差する場所です。サウス・ノードは、逆に、この交差点を過ぎると、月が黄道の南の方角に傾く場所です。

　この2つの点はドラゴンの頭と尻尾に見立てられ、日/月蝕点であることから、太陽か月がドラゴンに飲み込まれる場所とされています。

　伝統的な占星術では、ノース・ノードは木星の性質を持つと考えられていて、近くにある惑星の力や活動を増大、拡大させます。ノース・ノードは、エネルギーが増大し、注ぎ込まれる場所と考えてください。

　サウス・ノードは土星の性質を持ち、近くにきた惑星の力を低下させ、弱体化させます。サウス・ノードは、エネルギーが減少し、放出する場所と考えてください。

ノードの効果を見るときは、コンジャンクションだけに気をつけますが、ノードと同じハウスに惑星がある場合は、オーブに関係なく注意します。ノードがサイン全体に影響を及ぼしているように思えるからです。ノードが8度以下のコンジャンクションにあるなら、ノードによる影響をより重視します。

外惑星

　現代の外惑星である天王星、海王星、冥王星の意味については、ここでは詳しく触れません。伝統的な占星術に初めて取り組むときは、肉眼で見える伝統的な惑星、聖なる7つの惑星だけに焦点を当てることが重要であり、役に立ちます。外側の三大惑星が加わってから、主要な7つの意味が分配されて、新しい惑星に与えられることが多くなりました。例えば、「霊的精神性」は木星ではなく海王星に、「死」は土星ではなく冥王星にといったように。

　そのため、主要な7つの惑星が持つ複雑な意味が薄れ、失われてしまっています。7つだけに焦点を当てて律することで、その意味の多面的な豊かさを再発見することができます。

　自分の仕事でも外惑星を使いますが、チャートの解釈は必ず伝統的な聖なる7つだけで生成することから始めています。それらのパーツを使って、最初の一巡目の解釈を行います。そうすることで、チャートの構造、骨格、主要なアウトライン、そして主要な意味の多くを把握できます。

　2回目の手順では、外側の3つのモダンな惑星を追加します。ただし、これらの惑星が神聖な7つの1つとタイトな角度のアスペクトをとっている場合のみ強調します。その場合、内面的な個人的な内惑星である太陽、月、水星、金星の1つとタイトなアスペクトをとっている場合は、特に重要であると思われます。外惑星を加えた方が、加えないよりもはるかに意味のある、豊かな意味を持つチャートをよく見かけます。解釈のコーナーでは、哲学者フリードリヒ・ニーチェのチャートに外惑星を加えてみることにします。

私は、トランシットにおける外惑星に常に一貫して注意を払っています。長い時間をかけて多くの人々に影響を与えるマンデーン占星術においても、外惑星は大きな重要性を持っているように思います。

第十七節　サイン

導入部

　太陽、月、その他の遊星（wandering planets［惑星］）は、地球を1日1回周期で回り、そして、恒星を背景にして1年の軌道を通過しています。太陽の軌道は、地球を周る黄道と呼ばれる円環として定義されます。

　黄道360度の円環を、30度ずつの12の部分に分割したものが黄道帯12サインです。

伝統的な占星術におけるサイン

　伝統的な占星術では、モダンな占星術で取り上げるほどサインは強調されません。

　モダンな占星術は、生まれたときの太陽の位置だけで、魚座「は」こうだ、牡牛座「は」こうだというほど、サインをベースにしています。

　伝統的な占星術では、サインよりも惑星やハウスが重要視されます。サインは基本的に、惑星がどのように機能するかを決定づける、環境、背景の役割を果たします。これは、惑星があるサインで持つディグニティーの機能や状態に大きく左右されます。

> 　サインそれ自体は何もしません。サインは、惑星たちが作用するための環境です。

　惑星が第一義のもので、全ての活動の源となるものです。惑星が入っているサインは、惑星がどのように表現されるかの環境の役割を果たします。ハウスは、惑星が活動する人生の領域です。そのため、伝統的な解釈は、サインではなく惑星から始めます。

サインと基本的なビルディングブロック

　以下のサインの基本的な性質の説明では、基本概念の章で述べたビルディングブロック - 昼と夜の2つのセクト、2つの性［ジェンダー］の格、4つのエレメント、4つの季節、3つのモードを使って、サインそれぞれの意味を一から構築していきます。以下の、モードの意味を思い起してください。

カーディナル 　- 行動、開始、変換、素早く動く

フィクスト 　- 持続性、堅牢性、形がある

ミュータブル 　- 柔軟性、揺れ動く、より自己内省的

そしてエレメントの意味 も

火（Fire） 　- 行動、情熱、外部からの指示

地（Earth） 　- 構成物、安定性、実用性

風（Air） 　- 分散させる、知性、接続、コミュニケーション

水（Water） 　- 感情、反射、受動性、感受性、内面的

❖ その他、関連するもの

　サインの多くの意味は、そのサインで大きなディグニティー（ルーラーとイグザルテーション）を持つ惑星の意味から導き出されます。そこで、各サインでディグニティーを持つ惑星と、それがサインの意味とどのように関連しているかについて話します。

　伝統的なテクストを読むと、エレメントやモードの構成要素とともに、サインは人体の一部、さまざまな地形、さまざまな動物など、他の属性を持っていることがわかるでしょう。サインは、一般的な概念ではなく、具体的で明確なものとして記述されます。

サインの説明

♈ 牡羊のサイン

　カーディナル（活動宮）、火のサイン、男性格、季節の春の始め。－ ホット＆ドライな一年の新しい季節の始まり。カーディナルとは、即効性はありながら、持続性がないことを意味します。始めるのは得意ですが、続けるのは苦手です。牡羊は火のサインなので、ここに入った惑星は活動的であり、必ずしも思慮深く内省的とはいえません。牡羊のサインは、一般的に他人に気を遣うサインではありません。

　牡羊の支配星は熱く（ホット）燃えるような火星であり、又、熱く燃えるような太陽がここでイグザルトします。牡羊のサインの全てのエネルギーは、動きが速く、外向きで、活動的で、物事を開始するものです。これは、このサインが受容性を持たず、内省的でもなく、自己を意識していないことを意味します。一年のうちの暖かい（火の）季節の始まり（カーディナル）です。

　繊細で包容力のある、しっとりと湿った金星はここでデトリメントとなります。このサインには、金星が働きかけるような受容的なものは何もありません。

　コールド＆ドライな土星はここでフォールです。土星のコールドな静止状態と、牡羊のホットな動きは相反しているため、このサインに入った土星は機嫌が悪くなります。

　シンボルマークは牡羊の頭です。

♉ 牡牛のサイン

　フィクスト（固定宮）、地、女性格、春の中程。－ ホット＆モイストな季節の中の、コールド＆ドライなエレメント－私はこれを、季節が暖かくなって植物が実際に成長し始める時期の、春のしっとりとした肥沃な土壌のよう

なものだと考えています。持続的で安定した大地と、フィクストのモードを加えると、その重厚さ、安定性、信頼性、受容性、頑固さを強調します。

　温かくモイストで包容力のある金星が、ここで支配権を持ち、大地を肥沃にするために潤いをプラスします。コールド＆モイストな月がここでイグザルトします。

　ホットで燃えるような火星は、ここでデトリメントになりますが、春の粘度の高い土壌を切り裂く、剣のような効果があります。

　牡牛のサインのシンボルマークは、真正面から見たねまり牛です。

Ⅱ 双子のサイン

　ミュータブル（柔軟宮）、風、男性格、春の終わり。－ 春の変わりやすい風（ホット＆モイスト）の季節なので、風は全ての方向に散らばります。風としては、これ以上ないくらいに軽快な風です。

　水星がルーラーです。とても力強くても、「自分のエレメントにいる」ことが、必ずしも最も有用で実用的とは限りません。水星は、この風のエレメントで他とつながることを好みますが、そこでは変幻自在で、あらゆる方向に飛んで行ってしまいます。

　木星がデトリメントになります － 木星は作り上げた物を拡大することで最も効果を発揮しますが、［※ 同じエレメントでありながら］木星はここで拡大するよりも、むしろ散乱します。

　双子のサインのシンボルマークは、双児です。

注：全てのミュータブル・サインはダブルボディッド（双体）と表現されますが、これはサインの前と後、不安定さ、サインの揺れ動く性質と一致します。全てのミュータブル・サインには、自己反省、内向性など、精神的な性質があるように思われます。

♋ 蟹のサイン

カーディナル（活動宮）、水、女性格、夏の始め － ここでの水は、夏の温かく、動く、出て行く水なので、活動的、育成的な性質があります。成長が本格化する夏の季節の最初のサインです。

このサインは、夏のホット＆ドライな季節の中の、コールドでウェットなエレメントなので、幾らか矛盾した性質が働いています。蟹のサインは、外向きで育成的であると同時に、内向きで保護的でもあります。蟹のサインのカーディナルな性質は、この季節のホットな性質と相まって、水のサインの中でも、最初に動き出すところとなっています。蟹のサインは早瀬であり、全力で素早く移動する勢いのある流れです。

月、母なる惑星が支配するこのサインは、－ 育児、母性、保護、家族愛など、私たちが連想するほとんどの意味が、月によってもたらされています。この時期は、一年のうちでもっとも多くの生命が育まれる時期です。

なお、太陽と月の2つのライツは、夏の最初の2ヶ月間、最も光の多い時期に贈られています。

木星は蟹のサインでイグザルトします － 木星の広がりのある大らかな性質が、流れる水から、繊細で育むような性質を与えられます。

土星は蟹のサインでデトリメントになります － 土星は夏のサインで、コールド＆ドライであることが水の流れを妨げます。月は（太陽と並んで）健康や活力を司る惑星であるため、土星が蟹のサインにあれば、健康や活力の妨げや制限を意味します。

火星がフォールになります － ホット＆ドライな火星と水は、思うように混ざり合いません。一般的に、フォールにある惑星は無視され、耳を傾けられず、尊敬されません。自己主張の強い怒りっぽい火星が、他者を育てることを目指すサインにいるため、火星はここで不機嫌になりやすくなります。

蟹のサインのシンボルマークは、蟹です。

♌ 獅子のサイン

フィクスト（固定宮）、火、男性格、夏の中程。ー ホット＆ドライな季節の、ホット＆ドライなサインなので、それがとても強く出ています。獅子のサインは牡羊のサインよりも持続する固定サインですから、とても強く留まります。ここは夏のピークになり、固定した、ドライな、容赦のない、安定した、終わりのない暑さを示します。

太陽がこのサインのルーラーであり、太陽がここにあれば他のどこよりも熱く強くなります。太陽があると、最も目立ち、ひときわ人目を引きます。

土星がデトリメントになります。最も熱くて明るいサインに、最も冷たくて暗い惑星があるとしましょう。すると、土星は火と同じように乾燥していますし、獅子のサインは固定されているので、ネガティブな類の硬直性を得ることになります。そこには柔軟性や受容性は一切なく、相反するものがぶつかり合うだけの膠着した状態になります。

シンボルマークは、獣の王であるライオンです。

♍ 乙女のサイン

ミュータブル（柔軟宮）、地、女性格、夏の終わり。ー 乙女のサインは収穫の季節の始まりにあたります。柔軟なサインであり、移行期であり、夏が崩れ去り、近づく秋の気配を感じるときです。変化が漂い、物事は安定しません。他のミュータブルなサインと同様、乙女のサインは内省的な性質を持っています。それは、収穫の際に麦ともみ殻を分けるのと同じだと考えることができます。

水星が、ルーラーとイグザルテーションの両方になります。これは、水星がドライな地のサインにあることで、この惑星がある種の構築物と実態を示し合わせて与えるからです。水星は、散漫になりがちな水星が働き過ぎる双子のサインにあるよりも、こちらのほうがより詳細で実用的、かつ有用であり役立ちます。

ホット＆モイストな木星が、ここでデトリメントになります。木星を植物に例えると、成長できる場所で広がり、生い茂りますが、コールド＆ドライなここでは、形になった姿を維持できず、解体され、摘み取られ、ばらばらにされます。この2つのエネルギーは、目的を異にして働きます。木星が信仰と関連しているならば、乙女のサインは重大な自己不信です。

乙女のサインのシンボルマークは聖母で、収穫を思い起こさせる小麦の束を持つ女性の姿で描かれることが多くあります。

♎ 天秤のサイン

カーディナル（活動宮）、風、男性格、秋の始め。－ 寒さが支配する2つの季節のうち、夜が昼より長くなり始め、太陽の衰えの始まるところです。収穫のピークであり、穏やかな気候帯で樹木の紅葉が始まり、葉は木から落ちる前に最も鮮やかに輝く季節です。

金星がこのサインのルーラーです。これは、繊細で受容性のある金星が、暖かくモイストな風のサインにあることになります。天秤のサインの意味のほとんどは、人間関係、コミュニケーション、他の人々の必要とするものへの気配りと関係しているのだと私は思います。それが、金星と風のエレメントの組み合わせです。天秤のサインはカーディナル（活動宮）なので、金星はより積極的に人間関係を築き始めることができます。

土星がここで、イグザルトします。土星は判断と区別に関連しており、これが天秤のサインの他者への公正さとの関連性を得ます。昼のサインにある暖かさと、モイストを伴わせた風のエレメントが、土星のコールド＆ドライな性質をいくらか和らげ、この星の最善の面を引き出しています。

金星と土星の組み合わせは、天秤のサインから連想されるほとんどのものを与えてくれます－土星は、客観的で公平な判断を、金星は他者への共感を与えてくれます。

火星が、ここでデトリメントになります。火星はホットで外に向かう惑星で、それがコールド＆ドライな季節のモイストな受容性のサインにあること

になります。火星はもともと利己的なエネルギーですから、このサインの環境とは相性が悪くなります。天秤のサインの火星は、シルベスター・スタローンが「メリー・ポピンズ」の主役に抜擢されたようなもので – これ以上にないまずい配役で、イライラしてうまく演じられません。

　太陽がここでフォールを迎えるのは、一年のうちで光と熱の力が衰え始め、昼よりも夜が長くなる時期だからです。太陽は輝くこと（私を見て！）ですが、天秤のサインは人間関係や他人を大切にするところだからです。

　天秤のサインのシンボルマークは「はかり（秤）」であり、重さを量ること、受容と拒絶のバランスをとることを示唆しています。

♏ 蠍のサイン

　フィクスト（固定宮）、水、女性格、秋の中程。– コールド＆ドライな季節の中の、コールド＆モイストなサインです。蠍のサインは水のサインの中で「最も粘着性」を持ちますが、1つには固定されていること、1つにはコールド＆ドライな地のエレメントの季節にあることが要因です。

　季節はコールド＆ドライ、サインはコールドでウェット、そしてフィクストです。この時節は一年のなかで樹々の葉が茶色く色づき、やがて樹々が裸になり、夜が長くなっていきます。そのようなコールドと定着するエネルギーが強調されるこのサインは、より内面的で、外に向かっては出ていきません。また、植物からは生命力が失われる季節で、葉が枯れ、しおれて茶色になり、朽ちて腐り始めていくような、内側に引き込まれて地のエレメントに入って行く動きが示されます。

　そのルーラーはホットで燃えるような火星ですが、ここでは強くても、特に活動的ではありません。火星は、このサインに激しさという評判を与えています – 熱く輝く、固定された埋もれた火とは、例えば、圧力で地下に閉じ込められた火山の溶岩のような、あるいは氷の層の下にある凍った火を思い浮かべることです。

　金星がここでデトリメントになります。この季節のコールド＆ドライ、そ

してサインの固着する性質が、金星と彼女の包容力に対して影響を及ぼしてしまいます。水のエレメントは金星に感受性を与えますが、火星が支配するこの場所では、なかなか表現しにくいものになります。金星は外に向かっているときに最も表現力を豊かにしますが、このサインのエネルギーは常に強く内向きなのです。

蠍のサインのシンボルマークはもちろん蠍です。それは、火星の攻撃的なエネルギーが、内側に向かっている考え方を強調したものです。

↗ 射手のサイン

ミュータブル（柔軟宮）、火、男性格、秋の終わり － 火のサインの中でも最も柔軟で思慮深く、知的なサインです。晩秋は積極的に肉体的な努力をする時期ではありませんから、ここでの火のエレメントは、願望、理想、そしてその理想を達成するための努力として表現されます。

射手のサインの意味は、このサインのルーラーである木星によって大きく彩られます。法律、哲学、慈悲深い楽観主義、理想を追い求める努力と関連付けられる木星には、精神的な資質があり － 火のエレメントと木星を混ぜ合わせると、射手のサインの大部分の意味を得られます。

射手のサインのシンボルマークは半人半獣の射手のケンタウロスです。これも違ったタイプのダブルボディッドのミュータブル・サインです。そのときどきに、人か獣かによって、理想主義的であったり、官能的なわがままであったりすることが知られています。

水星がここでデトリメントになります。理想主義でシステム構築型の射手のサインは、このサインを支配する木星に彩られています。コミュニケーションにおける詳細さや、定義に重点を置くことをやってのける水星の性質でも、簡単に表現できる場所ではなくなります。ここでは、水星の否定的なイメージに関連する、ペテン師、嘘つき、信頼できない、欺瞞的といったものが表現されてしまいます。

♑ 山羊のサイン

カーディナル（活動宮）、地、女性格、冬の始まり － カーディナルと地は持続的な行動を可能にします － カーディナルはそれを開始し、地のエレメントは一度動き出したら継続することができます。

ここでは、「惑星がサインよりも優先される」と考える必要のある場面があります。

モダンな星座占いの本を見ると、しばしば「山羊座は野心的で勤勉で、世の中を征服し達成することを必要としています」と、書かれています。

山羊座の太陽は、自分自身を世の中に表現することに野心的であるとも、よく記述されます。これは山羊のサインの性質よりも、太陽の性質（野心、突出、火）であると思います。それは山羊のサイン自体ではなく、太陽がそこにあることの影響が非常に大きいので、そう書かれています。

山羊のサインがアセンダントにあると、山羊のサインにある太陽とよく似た性質を持つとの記述も見かけます。イギリスの占星家チャールズ・カーターは、山羊のサインをアセンダントに持つ人は、実際にはおとなしくプライバシーを重んじ、野心的でも活発でもない場合が多いと指摘しています。太陽を除外し、支配星である土星を強調すれば、それは完全に理にかなっています。単独で考えると、山羊のサイン自体は何もしませんが、そのサインの中の惑星の働きに色を与える意味合いを持っています。

これまで繰り返し見てきたように、**サインは、その色彩と意味を、そこでディグニティーを持つ惑星から大きく受け取っています。**

再び述べますが、サインそれ自体は何もしません。主役は惑星であり、惑星がサインの中で役割を果たします。山羊のサインの場合、このサインにある太陽の現代的な意味が、サインそのものに対する私たちの理解を見過ごすことができないほど歪めています。

土星が山羊のサインのルーラーです。土星はコールド＆ドライな冬の寒いサインで控えめな方が現実的です。このことが、恥ずかしがり屋で控えめな

特性を山羊のサインにもたらしています。土星は特に外向的でも、野心的でもないため、山羊のサインは慎重で、警戒心が強く、現実的であり、必ずしも世俗的な達成のために努力するわけではありません。

　火星が山羊のサインでイグザルトします。これもある意味、山羊のサインが野心的で勤勉、努力家であることを連想させるところでしょう。

　月はここで、彼女のデトリメントになります。一年で最も寒い季節に、コールド＆ドライな土星に支配されたコールド＆モイストな月が、コールド＆ドライなエレメントにあることになります。これでは、月が共感したり、育んだり、同情したり、成長を助けたりするのに適した場所ではなくなります。感情などは気にせずに、実用的な仕事に取り組まなければならないのです！

　木星がここでフォールになります。山羊のサインは、暖かくモイストな木星がくつろぐには、あまりにコールド＆ドライであり過ぎます。ここでの支配権をにぎる土星は、木星に耳を傾けません。

　山羊のサインに入った惑星は、しばしばドライで現実的、淡々となってしまい、表現が事実に忠実な性質になります。土星がそこを支配していることを忘れないでください。

　山羊のサインのシンボルは「山羊」です。ある古い書物はこのサインを、半分がヤギで、半分が魚の怪獣のようなものとしています。

≈ 水瓶のサイン

　フィクスト（固定宮）、風、男性格、冬の中程 － コールド＆モイストな季節の、暖かくモイストなサインですが、動かないように固定されています。風は知性ですが、固定性が加わることで扱いにくくなります。

　水瓶のサインの現代的な意味の多くは、現代の支配星である天王星との関連に由来しています。つまり、水瓶のサインは孤独な反逆者であり、変革のための十字軍であるとの考え方が生まれるのです。

　伝統的な占星術では、水瓶のサインは土星に支配されています。このサインに理想主義（風）的なものがあるとすれば、それは硬直性を伴わせ、受容

性や柔軟性に欠けたものになります。理想を追い求める人は、その理想を共有していない人に対して、時に不寛容になることがありますが、それはサインが土星に支配されていることと関係があると思います。土星はこのサインに、非個人主義で、集団主義的な趣を高めています。チャーリー・ブラウンが、「私は人類を愛している、我慢できないのは人間だ」といっているのを思い浮かべます。これは、天王星的な個人主義や理想主義というよりも、非個性的で団体指向のある土星の客観性によるものです。

　太陽はここでデトリメントに置かれます。この時期は真冬で寒く、没個性的な土星の支配するサインなので、太陽の光と熱はとても弱くなります。

　水瓶のサインは「水を運ぶ人」、なみなみと水の注がれた壷を背負う人です。

♓ 魚のサイン

　ミュータブル（柔軟宮）、水、女性格、冬の終わり － コールドでウェットな季節のコールドでウェットなサインです － ミュータブル・サインなので、固定性や構成物の要素がありません。水のサインの中で最も水っぽく － つなぎ留めておくのが難しく、柔軟であり、受容的で感情的です。これ以上に湿潤なサインはありません。蟹のサインがカーディナルな流れる川で、蠍のサインがドロッとした水 － だとすれば、魚のサインは変幻自在な海であり、あらゆる方向に向かう普遍性を持ち、水のサインに関連する境目の無さを強調します。他のミュータブル・サインと同様に、魚のサインには内省的、自意識過剰、内向的な反省の性質があります。

　魚のサインは、季節にとても彩られています － 冬が終わりそうで、春がまだ来ない不安定な時期です。この時期は一般的に雨が多く、気候によっては雪解けが進み、冬の終わりから春にかけての雨や雪が降ります。そして、雪解けとともに、冬の間、雪の下で眠っていた去年の枯れた葉やしおれた植物たちが顔を見せます。

　木星が魚のサインの伝統的な支配者です。木星の共感と思いやりは、ミュータブルで受容性のある水の性質と結び付き、ある種の普遍的で利他的な

思いやりのようなものを与えます。しかし、木星の拡張性は、魚のサインの超ウェットで境界のない柔軟さと結びついて時に過剰なものをもたらします。それは自己満足として、あるいは過度に自己を犠牲にすることとして表現されることがあります。

　魚のサインのスピリチュアル（精神的）な側面は、現代の支配星である海王星と関連付けられることが多いのですが、伝統的には、ルーラーである木星が宗教や霊的精神性と関連付けられてきました。現代の天文学上の惑星海王星の意味は、伝統的な支配惑星木星の象徴の中にすでに含まれているのです。

　水星がここでデトリメントとフォールになっています。水星が、これほど豊富な湿気の中で表現することは、水の上に文字を書こうとするようなものです。

　魚のサインのシンボルは、オスとメスの魚が反対方向に泳いでいる姿です。どこに行くのか確信のない状態です！

第十八節　ハ ウ ス

　ハウスの意味を解釈する前に、伝統的な占星術の視点で、ハウスの仕組み自体が、完全に独立したシステムとして捉えられていることを思い起こしてください。サインとハウスの意味が同じである現代的な考え方を捨てて、心にゆとりを持つことが必要です。

　サインとハウスの間に類似した意味を見つけても、異なるシステムとしてアプローチすると、それぞれ独立した意味のニュアンスをより多く見ることができます。

　私の考えでは、ハウスの意味はサインと完全に並列でもなければ、完全に別物でもありません。真実はその中間にあるようで、意味のうえで顕著な類似点がある一方、大きな相違点もあります。

　ハウスとサインの起源は異なっていて、サインはバビロニアの占星術に由来し、ハウスはエジプトに由来する可能性が高いようです。

　黄道帯の12サインは普遍的なものです。地球上のどこから見ても、いつでも、全ての惑星はサインと度数で全く同じ位置を占めています。しかし、ハウスのシステムは個人的なものです。それは、ネイティブの特定の位置である、地球上の特定の地点から観測されるからです。

　自分の周りの四方を見渡すと地平線の大円※1があり、その中に黄道の帯（太陽の通り道）が、ほぼ東西の方向に斜めになって回転しているのが想像できます。太陽の通り道である黄道で、東側の地平線上に当たる部分がアセンダントで、その西側の地平線にあたる所がディセンダントです。太陽が移動中に私の上に到達する最も高い地点がMC、またはミッドヘブンで、その地球の反対側はICです。

　アセンダントを起点に、出生図の持ち主の場所に関わりながら、黄道帯全体を12に分割すると、それらの12の区分が「ハウス」です。

※1　大円は、地球の芯を真ん中にして天空に描かれるこれ以上にない大きな円を指します。

ハウスは、普遍的な黄道帯12サインが、私独自の地球上の状況と、どのように関連しているかを見せるものです。

四分円方式のハウス（Quadrant Houses）

出生図の周りの空間を12の領域に分割するいくつかの方法があり、それらを**ハウス方式**（House System）と呼びます。

四分円方式では、アセンダントは1ハウスのカスプ、または、始まりの点としていて、は10ハウスのカスプとなります。アセンダント、ミッドヘブン、ディセンダント、ICの4つのポイントで大円を4分割することから、四分円と呼ばれています。それぞれの象限（1/4円）を3つの領域、またはハウスに分割するルールは、四分円方式の種類によって異なります。

[図12]：四分円方式のプラシーダス・ハウス

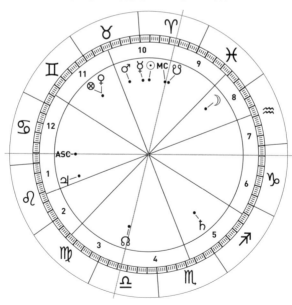

（ASC、DSC、MC、IC）の4つのポイントは、回っている地球の赤道上と

関連していて、黄道（黄道帯上で見つかる太陽の通り道）が赤道に対して傾いているため、これらの点の位置とその関係は季節によって異なります。観測者の緯度（赤道からの南北の距離）によって、アセンダントとミッドヘブンの差は、黄道経度で正確に90度ではないことが多いものです。そのため、黄道上のハウスは全て同じ大きさになりません。

　この影響は緯度が高いほど顕著になります。極端な例では、多くのサインが1つのハウスの中にあり、あるサインがどのハウスのカスプも持たない、イ

[図13]：ホール・サイン・ハウス方式のチャート

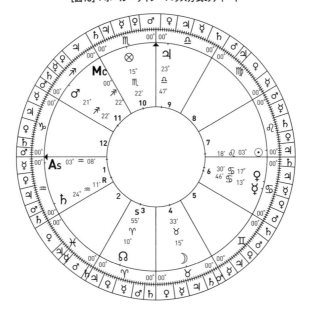

ンターセプトされたサインになることもあります。

　最も一般的に使われているハウス方式はプラシーダス（Placidus）です。これは1800年代にラファエロのエフェメリス（星の運行表）のおかげで、プラシーダスのハウスの表が広く入手でき一般的になったことが主な理由です。基本的に、プラシーダスが広く用いられていたため、今日最も一般的な方式となっています。

　多くの占星家にとって好みのハウス方式は、学んできた師や、どんな占星

術師の本を読んできたかによって変わってきます。例えば、ウィリアム・リリーの影響を強く受けている人たちは、リリーが使っていた方式であるレギオモンタヌス方式（Regiomontanus System）を使っています。レギオモンタヌスは、イギリスでとても人気があります。伝統的な占星家の中には、アルカビタス・セミ・アーク方式（Alchabitus semi-arc System）を好む人もいます。これは、最も古くから広く使われている四分円ハウス方式の1つだからです。同様に、イギリスでは多くの占星家がイコール・ハウスと呼ばれるものを使っていて、これはイギリスの著名な占星家であるチャールズ・E・カーターがこの方式を好んで用いたためです。

ホール・サイン・ハウス方式

　本書で私が使っている主なハウス方式は、ホール・サイン・ハウス方式と呼ばれるもので、少なくとも1世紀以前のヘレニスティック占星術までさかのぼれる、私たちが知る限り最も古いハウス方式です。占星術部門でのホール・サイン・ハウスはインド占星術でも使われていて、インド占星術の全歴史を通じて使用されています。

　ホール・サイン・ハウスでは、アセンダントのあるサイン全体が1ハウスになります。ハウスの境界線とサインの境界線は一致しています。つまり、アセンダントが1ハウスのどこにあってもよく、同じサインにある惑星なら、アセンダントの上でも下でも1ハウスと見なされます。

　ホール・サイン・ハウスにおけるミッドヘブンは、10ハウスのカスプではありません。実は、緯度や時間によって、9ハウス、11ハウス、時には8ハウスや12ハウスになることもあるのです。ミッドヘブンは、世間での評判や知名度に関係します。別のハウスに位置する場合は、その意味も変わってきます。例えば、ミッドヘブンがホール・サインで9番目のサインに位置するならば、教育、宗教、法律、旅行などを含むキャリアを示す可能性があります。

ホール・サイン・ハウス方式の試行

本書の占星術の解釈のルールに親しむためにも、ホール・サイン・ハウスを試してみることをお勧めします。あなたが知っているチャートもこのハウス方式で描いてみて、何か追加となる情報が得られるかどうかを見てみましょう。

もし、今まで使っていた慣れ親しんだハウス方式を、四分円方式のハウスからホール・サイン・ハウス方式に変えたなら、その移行がアイデンティティーの危機のように感じる人も出てくるので注意が必要です「土星がもう9ハウスにない！ これってどういうこと？」。人によっては、快適に切り替えるのに時間がかかり、最も慣れ親しんだハウス方式とは異なるハウス方式を検討する場合もあります。自分のチャートでは、特定のハウス方式における惑星の位置とそれが意味することを、とても快適に思っていたのに、ホール・サイン・ハウスにすると、惑星のハウス位置が変わることがよくあります。そうすると、チャートの読み方が変わってくるため、変更に馴染むのに時間がかかるかもしれません。

私自身、ホール・サイン・ハウスを使い始めてから、ホール・サインをメインのハウス方式として使うようになるまでに1年半ほどかかりました。今や私は、ホール・サインで読むことに慣れてきて、全く自然な感じがします。数年間はホール・サイン・ハウスだけを使っていましたが、現在は、ホール・サインとプラシーダスの両方を使い分けながら情報の収集をしています。

ホール・サイン・ハウスを使えば、本書で取り上げた解釈のテクニックの一部が見やすく、理解しやすくなるはずです。

本書のテクニックで四分円方式のハウスを使う場合、サインやアングルがより明確に分かるように、ハウスの大きさを均等ではなく、比例させたままチャートを印刷することをお勧めします。

複数のハウス方式を利用する

　ホール・サイン・ハウス方式は、現在使っているハウス方式と置き換えるのではなく、別の視点を提供する第二の方式として試してみる価値もあると思います。

　本書の例では、ホール・サイン・ハウスを使用していますが、完全なリーディングをするためにホール・サイン方式のチャートと、四分円ハウス方式のチャートの両方を使う必要があった経験もあります。どちらの方式も、異なる角度から見ると有効であり、異なる補完的な情報を提供することができるのです。

　本書の後半の一例では、ホール・サインとプラシーダス・ハウスの両方を使用してチャートを見ていますが、どちらのハウス方式も有効であり、その特定の状況では両方のチャートが必要であったことがわかります。

　四分円方式では発生し、ホール・サイン・ハウス方式では発生しない、インターセプトしたハウス[※2]の解釈をどう扱うかも問題であり、これもまた意味があることです。

　このように、複数のハウス方式を使う先例が、歴史上にもあります。ベン・ダイクス（ベンジャミン・ダイクスの愛称）は、アラビアの占星術師のサエル（または、サール・ビン・ビシュル Sahl B. Bishr 786 − 845）とマーシャー・アラー（マーシャー・アラー・イブン・アタリー Māshāʼallāh Ibun Atarī 740頃 − 815）が、ホール・サインと四分円の両方のハウス方式を使っていたことを指摘しています。

　私は現在、ホール・サインを主に使用していますが、同時にプラシーダス・ハウスもチェックして、惑星の配置が両者の間でどう変わるかを見ています。どちらも有効だと考え、時には隣り合わせに並べて両方を一度に見て比較することもあります。

※2　四分円方式では、サインの中にハウスの境界が出てこないハウスもできます。それをインターセプトとしたハウスと呼びます。

ハウスに関する一般的な事柄

　ハウスは、ベネフィック、または有利なハウスと、マレフィック、または不利なハウスに分けられます。[※3]

　その分け方は、主にアセンダントが見えるか見えないか、あるいはアスペクトしているかどうかで決まります。

　次の図では、6、8、12の3つのハウスが、いずれもアセンダントから見えず、不利なハウスだと考えられることに注意してください。2ハウスもアセンダントを見ていませんが、通常否定的な意味合いを持たされていません。アセンダントのすぐ後にあるハウスとして、2ハウスはアセンダントをサポー

図14：アスペクトと、アバーションを示すチャート

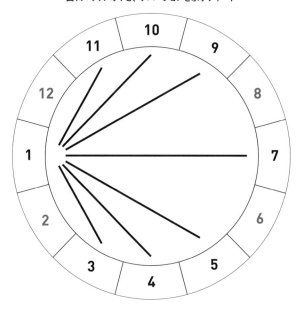

[※3]　有利なハウス（Favorable Houses）。有利なハウスは、アセンダントを筆頭に、10ハウス、4ハウス、7ハウス、5ハウス、11ハウス、9ハウスとなります。2ハウスは中途半端なハウスで、有利なハウスに入れたり入れなかったりします。残りの4つのハウスは、3ハウス（アセンダントとアスペクトを取りますが、伝統的に不利なハウスとされています）、8ハウス、6ハウス、12ハウスが不利なハウスとなります。用語解説、"有利なハウス"を参照してください。

トするからです。私たちはそこを、所有物や財産のハウスとして関連させていますが、決闘の際のセコンドや代役、あるいは助太刀やアシスタントの役割を担う人にも関連します。

　ハウスは、サインと逆時計回りの動きに従い、強さや、視認性、活発さ、そのハウスがアングルにどれだけ近いか、などの観点から分割されます。これが、サクシダント、アンギュラー、ケーダントの三区分をなし、アンギュラーのハウスは強く、ケーダントのハウスは弱いとされる理由です。

　私たちが「ステイク（杭）」と呼んでいる、互いに90度角で交差するサインの解釈構造は、「アンギュラリティー」と呼ぶ概念と関連しています。チャートのどの点から見ても、アンギュラーに入っている惑星たちが最も強く、最も活動的なのです。

　ハウスはエレベーションしている（上昇済み）かどうかによっても識別されます。地平線より上にある惑星たちは見えるために、地平線下のものよりも強いとされることがあります。多くの場合、チャートの中で最もエレベートしている惑星は10ハウス付近に位置し、チャートの頂上に近いため、特に重要な役割を果たします。それと歩調を合わせるように、4ハウスに降りている惑星は、内密であったり、私的な存在だったりします。

　惑星の強さは、その惑星がどのハウスにあるかによって異なり、特定のハウスは他のハウスよりも力が強く、外見上も効果的であると考えられています。ハウスの相対的な強さは、以下の順序になります。

　1、10、7、4　　4つのアンギュラー・ハウス

　11、5、9、3　　アセンダントとアスペクトをしても、アンギュラーではないハウス

　2、8、6、12　　アセンダントから見えない、4つのハウス

　4つのアンギュラー・ハウスの中では、1ハウスと10ハウスが先に来ます。

　次のグループの2つのハウスは、11ハウスと5ハウスで、アセンダントにホール・サインでアスペクトするサクシダントのハウスです。9ハウスと3ハ

ウスはケーダント・ハウスですが、アセンダントとアスペクトをします。

　最後の4つのハウスのグループは、アセンダントとホール・サインでアスペクトのできないハウスです。切り離されたもの、意識から外れたもの、アバース（嫌悪感を抱くところ）とされています。2ハウスはその中でも、お金や所有物に関するもので、唯一ポジティブな意味を持っています。

　残りの3つは、災厄や不運とされるハウスで、8、6、12ハウスの順に凶意が大きくなっていきます。

柔軟だったハウス方式

　古い伝統的なテクストには、ハウス方式をより柔軟に捉えているものが多いようです。ハウスは必ずしもアセンダントから始まるとは限らず、調べたい地点や惑星を最初のハウスとすることもありました。特に、一般的な運勢では、ロット・オブ・フォーチュンの位置からハウスを数えるのが一般的でしたが、特別な目的のために、太陽の位置や他の惑星の位置が1番目となるハウス方式もありました。

❖ 連動して派生するハウス［ターンズ・チャート（Turns Chart）[※4]］

　伝統的な占星術では、あるハウスの意味を、主題となる別のハウスからの距離数によって決まる、派生するハウスと呼ばれるものも使われます。例えば、伝統的な占星術では、血筋は男性によって決定されるため、4ハウス（ルーツ）が父親となり、そこから7番目（結婚相手のハウス）の10ハウスは、母親と関連することになります。同様に、8ハウスは7ハウス（パートナー）からの2番目（お金）のハウスなので、パートナーの財産を表します。

※4　派生するハウスを求める場合、チャートを回すとも呼びます。10ハウスで表される仕事からの給料は、10ハウスからの2番目、仕事からのお金となります。このように、11ハウスが給料を表すのはよく使われる例です。

❖ 伝統的なハウス VS. モダンなハウスの解釈

　モダンな占星術では、チャート全体が心理的なもの、頭の中にあるものと大きく捉えられ、チャート全体がその人自身を表しているとされています。これに対して、伝統的な占星術では、1ハウスはあなたであり、他のハウスはあなたの人生や環境の他の側面で、その多くはあなたの外側のことであり、あなたのコントロールの及ばないところです。例えば、10ハウスはあなたの職業に対する姿勢ではなく、仕事そのものであったり、あなたより権威のある立場の人であったりするわけです。7ハウスは、あなたとパートナーとの関係ではなく、パートナーとなる人を表します。

　伝統的な占星術の解釈を用いる場合、ハウスの性格分析と、対外的な描写の意味の両方が、同時に働くような気がします。この2つの次元は、互いに補完し合います。伝統的な解釈では、ハウスの意味を説明する場合、その人の外側の、検証可能な現実的な側面に近い説明にとどまります。

　あるハウスが持つさまざまな意味は、必ずしも関連性があるわけではないことに注意してください。ハウスは、異なる対象や文脈で異なる意味を持ちます。例えば、6ハウスは、小動物、病気、厄介事、使用人、そして、マンデーン占星術では軍隊に関連する意味を持っています。これは、あなたのために働く兵士が飼っている小動物が、あなたを病気にすることに関係しているわけではありません。

　私は、ハウスに関するモダンなものと伝統的なものの意味の両方を取り上げる予定です。そうすることで、モダンな意味の中には、伝統的な占星術の枠にうまくは当てはまるものもあれば、そうでないものもあることがお分かりいただけるでしょう。

　この章の続きでは、伝統的な占星術とモダンな占星術におけるハウスの意味をまとめた表が紹介されています。

❖ ペアとなったハウス

　向かい合うハウスのペアには関連した意味があり、あるハウスの惑星がオ

ポジション側のテーマに影響を与えることもよくあります。そこで、ハウスをペアとして取り上げて、つながりを示すことにします。

　まず、最も顕著で強力なハウスから説明します。なぜなら、これらのハウスにある惑星たちがチャートを支配することが多いからです。いわゆるアンギュラー・ハウスと呼ばれるものです。

◈アンギュラー・ハウス

1ハウスと7ハウス
アセンダントとディセンダント
自己と他者

1ハウス

　1ハウスは、あなた、または出生図の持ち主自身を表します。あなたの人柄、世間体、コミュニケーションのスタイル、個性、及び外見を表します。

　アセンダント、1ハウスは、あなた自身であり、チャートの残りの部分は、あなたが住み、あなたが関わる世界です。

　1ハウスの意味を解釈するには、アセンダントに位置するサインと、そのモードを見ます。1ハウスに入っている惑星は、1ハウスのルーラーの位置とモードも見てください。これらの因子は全て、人柄、発揮される個性、立ち居振る舞いの解釈に影響します。

　1ハウスは出生図の持ち主が、外側の世界とコミュニケーションを取り、つながるところですから、仲介役や調停者としての水星に関連しています。水星がこのハウスのジョイです。

7ハウス

　7ハウスは、対等者となる相手を意味します。これは、あなたのパートナーや配偶者、またはライバルや敵対者のいずれかである可能性があります。

　これらの人たちは、直接的に関わるあなたの知っている人、あなたが一対一の関係を持っている当事者です。

ビジネスでは、対等なパートナーであるか、敵対しているライバルである
かのどちらかです。スポーツ占星術では対戦相手のチームを指します。戦争
では敵国になります。

7ハウスに入っている惑星は、通常、他の人々や関係者の象徴です。心理
学的な解釈でも、その人は7ハウスの特質を自分のものだとは認識しておら
ず、他の人の中に見ていることがよくあります。

4ハウスと10ハウス
（ミッドヘブンとイーマム・コエリー、または、MCとIC）
公的な世界と、私的な世界

10ハウス

ほとんどのハウス方式において、ミッドヘブンは10ハウスの始まりを定義
しています。ミッドヘブンは、太陽の通り道である黄道が、一日の旅路の中
で最も高い位置に到達する場所です。その反対側は、イーマム・コエリーと
呼ばれます。通常、MCとICと略記されます。

10ハウスは、職業、名声、職歴に関係し、必ずしもお金をどう稼ぐかでは
なく、その人が世間からどう見られているかに関係します。ハウスの中で最
も人目につきやすく、目立つハウスです。

10ハウスは、あなたより権威が上の人 － 職場の上司や、あなたの人生にお
いて公権力を持っている人たちです。

別の見方をすれば、10ハウスはあなたの目標、理想、努力するもの、達成
したいものともいえます。

10ハウスは母親に関係があります。父親の4ハウスから数えて7番目、父
親のパートナーのハウスにあたるからです。私は、一般的に家族や祖先を探
すときは4ハウスを使いますが、特に父親の妻である母親に興味があるとき
には10ハウスを使います。

10ハウスが母親に関係することと、10ハウスが職歴や名声に関係すること
は、全くといっていいほどつながりはありません。10ハウスが公的な親、4
ハウスが家庭の親とする区分法は、極めてモダンな概念です。

10ハウスは、世間に出ている目立つ公のハウスです。

4ハウス

4ハウスは、祖先や家族に関連しています。男性の親を通して血筋を語る文化では、ここは主として父親になります。

4ハウスは、あなたの住居、所有地、あなたの出身地、過去にもなります。あなたの人生の土台となる場所です。

ホラリー占星術では、4ハウスは物事の終わりであり、人生のサイクルでは、4ハウスは人生の終わり、その人の死の状況に関係しています。

チャートの一番下になる4ハウスは、自分用のもので、世間から隠された個人のものです。

他の、アンギュラーでないハウスについては、順番にチャートの輪の中を歩いていきましょう。

2ハウスと8ハウス

2ハウス

2ハウスは、価値観よりも所有物や資産です。ですから、モダンな占星術よりも狭く具体的な意味を持っています。価値観とは曖昧であり、全てを含んでいる言葉です。その人の価値観は、チャートのあちらこちらにあります。例えば、7ハウスにある惑星は、その人が人間関係における価値観を示すことになります。伝統的な占星術の多くの値打ちは、具体的で物理的に検証可能な意義に近いものであることです。

2ハウスは自分に近い人、自分を支えてくれる人です。決闘では自分のセコンド、競争の場では自分の右腕となる人かもしれません。

8ハウス

これは3つのマレフィックなハウス、あるいは不運なハウスのうちの1つです。世界の誕生のチャートを見ると、1ハウスと8ハウスの間には、ホール・サイン・ハウスで全てのアスペクトが欠けていることが分かります。8ハウ

スの惑星は、連絡がつかず、制御ができず、時には意識から外れています。

　8ハウスは死のハウスです。変容ではなく、死そのものです。

　何人かのモダンな占星家は、ネガティブな死の意味合いを飛び越えて、ポジティブなこの世での影響や再生に一直線に進むために、変容と言葉を替えて使う人もいます。伝統的な占星術のハウスの見方は少し違っています。確かに、死に遭遇したときに再生や変容があり得ますが、だからといって死がなくなるわけではありません。

　8ハウスは7ハウスから2番目なので、パートナーの財産になります。また、他人のお金と関わることもあるので、証券会社の人は8ハウスが強いかもしれません。

　伝統的な占星術では、8ハウスはセックスと関係がありません。それは、全くもって20世紀半ばの創造的革新です。

　8ハウスは、不安、恐れ、恐怖症、パニック、行動できない受動性にも関連しています。これは、このハウスがアセンダントから嫌われていることと関係があり、このハウスの惑星は、表現を見つけるのが難しくなります。伝統的なテクストには、8ハウスを「怠惰」と表現しているものがありますが、同じく行動力のなさと関係しています。

　最後に、8ハウスはオカルト、おそらく死者に関わるものとの関連があります。これは、スピリチュアリズムや降霊術など、死者の領域を扱うことかもしれません。

3ハウスと9ハウス

　次に、これらペアとなった2つのハウスを見ていきたいと思います。伝統的な占星術では、9ハウスと3ハウスは、宗教、精神性、哲学に関連する2つのハウスです。9ハウスは神のハウスで太陽と関係があり、3ハウスは女神のハウスで月と関係があります。

　これらの2つのハウスはともに精神性と宗教をテーマとしていて、その中で9ハウスは公的なもので、3ハウスは私的で個人的な宗教を意味します。あるいは、9ハウスが好みの宗教で、3ハウスは嫌いな宗教の可能性もあります。

　9ハウスは公的な外へ向けての宗教、3ハウスはあらゆる代替的な、反逆的

な精神性や宗教を意味し－3ハウスは異端信仰のハウスにもなります。

9ハウス/3ハウスの軸は、公的/私的な精神性にもなり得ます。

この2つケーダント・ハウスは、考え方、認識、内的処理に関連しています。

つまり、この2つのハウスの意味は、モダンな占星術よりも、伝統的な占星術の方がかなり豊かに絡み合っています。

伝統的な占星術では、宗教を9ハウス、精神性を12ハウスに割り当てることには意味がありません。伝統的な社会では、この2つを分けることは無意味なことなのです。

霊的精神性とは別に、3ハウスと9ハウスには以下のような意味があります。

3ハウス

3ハウスは兄弟姉妹、親しい隣人、家族や近所の仲間に関係します。3ハウスと4ハウスを合わせると、家庭、家族、生い立ちに関係することになります。

3ハウスはコミュニケーション、手紙、商業、小旅行などにも関連しています。

教育の分野では、3ハウスは小学校のような低年層の教育を意味します。3ハウス/9ハウスの対極を考慮に入れると、代替教育や非公式なスタイルの教育である可能性もあります。

3ハウスは、ジョイとなる月のハウスです。

9ハウス

モダンな占星術のように9ハウスは宗教、法律、高等教育、規模の大きな旅行、教育、出版に関連しています。教育では、大学や大学院のレベルをカバーし、通常の継続的な教育に関連しています。

このハウスの状態は、教育、倫理、宗教に関する価値観、それらが出生図の持ち主にとってどれほど重要であるか、またそれらにどのようにアプローチするかをうまく表しています。

より幅広いレベルでは、9ハウスは宗教、教会、哲学、法律と関連しています。

5ハウスと11ハウス

　これらの2つのハウスは、いずれも一貫して利益、または肯定的な見方をされ、木星と金星に関連付けられています。

　この2つのハウス、5ハウスと11ハウスと、直角に位置する2ハウスと8ハウスを合わせて、所有物のハウスと呼ぶことがありますが、この4つのハウスを一緒にすると、その出生図の持ち主の、経済的な豊かさについて多くのことを見せてくれます。

5ハウス

　伝統的な占星術における5ハウスは、主として子供のハウスです。このハウスは、その人が子供を持つ可能性を示し、子供がどのような人か、あるいは子供との関係がどのようなものになるかを示します。

　5ハウスはレクリエーション、楽しみ、喜びであり、性的な悦楽をも含みます。

　5ハウスを、創造力を表すとしているのは現代的な意味ですが、うまく機能しているように見えますし、このハウスの他の意味とも一致しています。伝統的な意味と結びつければ、喜びやレクリエーションのために行う創造力になるかもしれません。

　5ハウスはギャンブルや賭け事に関係します。厳密にいえば、株式投資はギャンブルであり賭け事なので、5ハウスに該当します。

　また、恋をしていても最愛の人との関係がまだないような、恋の楽しみにも関係することがあります。子供のいなかったエドガー・ア・ラン・ポー（Edgar Allen Poe）は、5ハウスに随分と強い金星を持っていますが、これは彼の詩と、ある特定の女性への愛と崇拝に関係しているのでしょう。それは、5ハウスと創造力の関係が働いていると思われるケースです。

11ハウス

　11ハウスは幸運のハウス（グッド・フォーチュン）です。これは、天からのお金であったり、10ハウスからの2番目なので、権力者からのお金であったりします。希望や将来の夢を表し、そしてその夢の実現を意味します。

11ハウスは、グループや、コミュニティーでの友人と関係することが多いものです。これらのクラブは、あなたが望んで参加するグループです。11ハウスの人間関係は、7ハウスのような一対一のダイレクトで直接的な関わり合いを持つ出会いとは異なり、より親密な関係ではありません。このハウスの惑星は、あなたが付き合う人々や、あなたが属しているグループで出会う人々を意味することもあります。共通の価値観を持つ人々のコミュニティーにもなります。

6ハウスと12ハウス

この2つのハウスは、始めから終わりまでマレフィックなハウス、または、悪しざまに解釈されるハウスです。これらのハウスは火星と土星に関連し、両ハウスはアセンダントを見ていないため、出生図の持ち主のコントロールが及ばない人生の領域となります。3ハウス/9ハウスの軸ほど、考え方や意識にウェイトを置くことはありません。ここでいうケーダントは、世間からは見えにくいもの、つまり、裏で行われる行動や、気付かれない裏方の苦労をも意味します。

6ハウス

6ハウスは健康を表すハウスではなく、健康上の課題、病気、つまり健康上の問題に対して、脆弱なのかどうかです。6ハウスにある惑星が良い状態であれば、健康を維持し、病気を撃退する傾向があることを意味します。一般的な健康や肉体的な良好さは、肉体を表す1ハウスで示されます。

6ハウスは仕事と関係していますが、これは、あなたに評価をもたらすような仕事ではありません。伝統的に6ハウスは奴隷のハウスですから、ここで意味する仕事は、辛く、華やかでなく、人のために働く、厄介事のような仕事です。生き残るための仕事です。

6ハウスは奉仕に関連していますが、それは困難で感謝されない、魅力のない奉仕であり、目立たず報酬も少ないものです。カトリックの労働運動に関与し、多くの貧困者支援施設を設立したドロシー・デイ（Dorothy Day）は、6ハウスが強調された人の例です。

このハウスは、病気と奉仕の両方の意味合いを持つので、医療関係や看護の仕事と関連しています。

　「奉仕」という言葉には、モダンな占星術ではある種の精神的な華やかさが付いて回りますが、6ハウスにはその意味合いはありません。それは顧みられない、苦労を伴う奉仕です。

　そして最後に、6ハウスは小動物を表し、人が乗れるような動物よりも小さな動物を意味します。伝統的には、作業のためや食用のために育てる動物がこれにあたります。モダンな占星術ではペットをこのハウスに入れることもあり、伝統的な意味とは相反していますが、そのような意味でも確かに機能します。

12ハウス

　12ハウスは最悪中の最悪、ハウスの中で最もマレフィックです。ほとんどの伝統的なテクストにも、12ハウスについて肯定的なことはほとんど描かれていません。

　12ハウスは監禁、隔離、牢獄、留置所であり、6ハウスとともに病気にも関係します。

　このハウスは舞台裏であり、隠れた敵や自己破壊的な行動、自分自身が最大の敵であることに気付かないことを意味することがあります。

　12ハウスを霊的精神性に結び付けた解釈は、かなり近代に開発されたものです。12ハウスを精神性と結び付けた例として、トラピスト修道士のトーマス・マートン（Thomas Merton 1915 － 1968）のチャートがありますが、彼は大層強い12ハウスを持っています。そう、それはスピリチュアル（霊的精神性）なことですが、マートンは世俗を捨て、本質的に自発的な貧困と隠遁生活の続く人生を選択した僧侶でした。そのスピリチュアリティーには華やかさはありません。これは、隠遁や監禁におけるスピリチュアリティーであり、人目に触れることはなく、隠蔽され、隠されています。

　12ハウスの霊的精神性には、自己否定や自己破壊の性質があります。私は、12ハウスを強調したチャートで、その人の精神性が、強い修道僧的、禁欲的、自己犠牲的な要素を持っているのを見たことがあります。

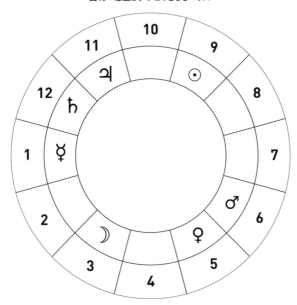

図15：惑星が、ジョイとなるハウス

　12ハウスがサイクルの予測作業で活性化する場合、次のサイクルを始める前に、あるサイクルの終わりに撤退、孤立、活動の欠如の期間を意味することもあります。

❖ **ハウスのジョイ**

　サインにルーラーシップとなる惑星があるように、それぞれの惑星は特定のハウスでジョイ（喜びを感じる）といわれています。この関連性は［歴史的に］、別の惑星の支配システムにさかのぼる可能性があります。

　ここでは、ハウスのジョイを紹介します。ここには、3つの組の対称軸があり、水星だけが1つ離れています。

　11ハウスは木星、5ハウスは金星ですから、2つのベネフィックな惑星が、2つのベネフィックなハウスに関連していることが分かります。

　12ハウスは土星、6ハウスは火星ですから、2つのマレフィックな惑星が、2つの最もマレフィックなハウスで喜び合います。

　9ハウスは太陽と（男性格）神のハウスであり、3ハウスは月のもので女神

のハウスです。モダンな感覚では、強い3ハウスは女神や地球に根ざした霊的精神性に関わる可能性があります。

　水星はメッセンジャーや仲介者であり、まさしくアセンダント、境界線上に位置する1ハウスでジョイとなります。これが、水星の意識そのものとして、昼と夜、地平線上と地平線下の間のやり取り、相反するものの接触面で起きる状況を知覚するインターフェース（交換）をする意識となります。

　このような惑星のジョイの配置は、いずれも瞑想による探求を通して導かれたのではと思うのです。

❖ その他のジョイへの注釈
　ここでは、惑星のジョイに関するその他のポイントを紹介します。

　太陽、木星、土星の、全ての昼行性の惑星は、地平線上でジョイになり、月、金星、火星の、全ての夜行性の惑星は、地平線下でジョイになります。

　先にも述べたように、金星と木星はベネフィックなハウスでジョイになり、土星と火星はマレフィックなハウスでジョイになります。

　太陽と月のライツ、2つのジョイの場所は、宗教や礼拝に関連するハウスになり、太陽の神は地平線上にあり、月の女神は地平線下にあり、太陽は天空と昼を支配し、月は大地と夜を支配しています。

　昼行性と夜行性の両方になる水星は、その境目にあるアセンダントでジョイになります。

　マレフィックな惑星がジョイとなるのは、アセンダントを見られないハウスであり、まるで悪意を隠したいかのように「暗闇」に潜み、出生図の持ち主の人生にさまざまな災いをもたらすことに注意しましょう。

　大いなるライト（太陽）のジョイの場所はアセンダントとトラインを形成し、小さなライト（月）のジョイになる場所は、セクスタイルを形成します。太陽と月のジョイの場所は、両方のマレフィックのジョイの場所に対して、挑戦的なスクエアを形成しています。マレフィックなもののジョイの場所は、ベネフィックなもののジョイの場所を嫌っています。その逆もまた然りです。

このページには、伝統的な占星術におけるハウスの意味と、現代の意味との違いをまとめた表を掲載しています。

表14：ハウスの意味（伝統的なもの）

	属性	モダンとの相違点	備考
1	身体、外見、個性、気質 人柄、心の品質、コミュニケーションの取り方	人格、性格、健康全般 ある意味、自己の「全て」がここにある	水星が意味に影響 火星とは関係がない
2	お金、小さな持ち物 物質的資産、生計、物質的幸運 1ハウスのパートナーや補佐としての選りすぐりの仲間	価値ではなく、価値観です	金星との本質的・内在的なつながりはない
3	兄弟姉妹、隣人や周辺環境 日々顔を合わせる仲間 小旅行。コミュニケーション 書くこと、学ぶこと、一般教養 宗教と精神性	精神性と学習に関する9ハウスに関連 太陽系統の9ハウスというよりも、月系統の宗教 9ハウスのオポジションとして、異端の宗教 公的な霊的精神性よりも私的な霊的精神性	月が、学習、コミュニケーション、小旅行などの属性に影響を与える
4	代々の祖先、血筋 大地、土地、固定資産、家、豪邸 人生の終わり、終止符	祖先全般 10ハウスは4ハウスからの7番目だから、父の配偶者として母になることもある	月とは違い、 土星の意味とも類似している
5	子ども、楽しみ、アミューズメント、エンターテインメント、芸術 セックス、娯楽としてのギャンブル、運試しゲーム	セックスは快楽として ここに入る	金星がここの一般的な意味に影響する
6	健康問題、病気 看護師、医療関係の仕事 認知度の低さ 他からの厄介事 奴隷や召使い、小動物 アセンダントから見えない	健康ではなく、健康問題 一般的な健康は1ハウス 仕事といっても「過酷な」労働 認知度の低い裏方の仕事	火星がその意味に影響している （マンデーン占星術では軍隊）

	属性	モダンとの相違点	備考
7	一対一の関係、結婚、パートナー、敵対者、公然の敵 商取引や占いでの相手方		
8	死、恐怖、不安、コントロールの欠如、稼働していないハウスとも呼ばれる、配偶者のお金、7ハウスの人からの遺産、アセンダントから見えない、この位置にある惑星は、効果的に作用することが難しい、8ハウスが黒魔術やオカルト的な意味合いを持つ場合、死者の世界との交信を示す場合がある	セックスは、8ハウスではなく5ハウスになる 変容でも、再生でもなく「死」そのもの	
9	長旅、旅行、異国の地、宗教、霊的精神性、占星術、予言、夢、占い、学問との場、大学、教会	宗教、精神性、神秘主義、占いであり、これらの解釈に、モダンとの間に隔たりや対立はない	太陽がその意味に影響している
10	品格、世間体、 名声、著名ぶり ほとんどの公営住宅、知られているキャリア職場の上司や目上の人	父親との関係は特にない	土星が支配しているわけではない 土星はここでは不運
11	友人、一般的な幸運 （10ハウスからの2番目として）目上の人からのお金 希望、信頼、自信		木星がその意味に影響している
12	隠れた敵、牢獄、監禁 自己破壊、病気、死 大型動物 アセンダントから見えない	9ハウス/3ハウスの軸に与えられる霊的精神性や神秘主義ではない 修道院を孤立させるための場所に使うとき	木星とのつながりはない 土星がその意味に影響している

アンギュラリティーと、ホール・サイン・ハウス方式

　ホール・サイン・ハウス方式は、惑星の強さを評価する際に、ハウスの分割とアングルが一致しないために興味深い曖昧さが生じます。

　ホール・サイン・ハウス方式では、アセンダントは常に1ハウスになりますが、その始まりでもなければ、必ずしも1番目のサインの始まりに近いとも限りません。1ハウスの惑星が、アセンダントよりも10度以上も高い位置にあることは、全くもってあり得ることです。

　ホール・サイン方式におけるミッドヘブンは、必ずしも10ハウスに位置するわけではありません。10ハウスに惑星が入っていてもミッドヘブンと同じサインでもなく、そこから30度以上離れていても変ではないのです。

　それならば、どのようにアンギュラリティーと惑星の強さを測定するのでしょうか。原典類では、どのようなハウスシ方式を用いているのかが必ずしも明らかではないため、その点については曖昧なままなのです。

　この問題に対する私の解釈は、ベン・ダイクスの著作から得たものです。彼は、彼自身のいくつかの翻訳の序文で、この問題を広範囲にわたって探求しています。

サインは課題を表し、アングルは強さを表す

　基本的に、[サインそのものからではなく] サインはハウスの分割で使われることで、人生の課題の領域を決定することになります。

　ASC/DSC軸とMC/IC軸のアングルへの近さは、惑星の相対的なアンギュラリティーや強さを決めます。どの象限でも、横軸と縦軸の距離を取り、大まかに3分割すると、最もアングルに近い一番目の領域にある惑星は、アンギュラーで強く、二番目の領域にある惑星は中程度に強いサクシダントにあることになり、三番目の領域にある惑星は弱いと考えられてケーダントにあることになります。

　上で説明した三区分は、四分円ハウス方式の基本となります。ベン・ダイ

クスは、この象限分割は、もともと惑星の強さを評価するためにのみ使われ、ハウスや課題のためには使われなかったのだと主張しています。

例として、アセンダントが蟹のサインの20度、水星が蟹のサインの5度にあるチャートを考えてみましょう。

アセンダントと同じサインにある水星は1ハウスにあり、人格、自意識、身体などに関連するものとして1ハウスの課題を意味します。しかしながら、水星はアセンダントよりも15度も前にあるため、アンギュラリティーとしては弱いものになります。

意味の曖昧さ

私も、このように黄道帯の円環を2つの異なる区分法で重ね合わせると、一方の区分が課題を、もう一方は強さを意味することになるため、解釈に曖昧さを生じさせることに気付いています。

このようにすると、アングル、サクシデント、ケーダントは2つの異なる意味を持つことになり、1つは課題を指し、もう1つは強さを指します。ハウスではアングル、強さではケーダントになる惑星を、割と簡単に見つけられます。これでは、これらの用語の意味がぼやけてしまうと思うのです。

例として、ホール・サイン・ハウスでは比較的よくあることですが、ミッドヘブンが11ハウスに置かれているとします。11ハウスの課題が、その人のミッドヘブンの事柄となり – 他の人たちからどう見られるか、顕著になるかどうか、世間に対する行動など – 11ハウスの趣を持つことになります – その人は、所属するグループや友人たちの間で、目立つ存在になろうと努力する傾向となります。これは、何らかの10ハウスと11ハウスの意味合いが、一緒に混ざり合っていることになります。

同じ11ハウスがミッドヘブンになるチャートに、10ハウスの惑星を配置してみましょう。10ハウスは1ハウスからのステイク、または90度に位置するので、その感覚では強い影響力があると考えられます。しかし、ミッドヘブンの軸から測ったアンギュラリティーの視点からは、その惑星はケーダント

で弱いと考えられます。つまり、仕事のキャリアと評判の10ハウスに弱いケーダントとなる惑星を持つことになるのです。

　再び、アセンダントが蟹のサインの20度、水星が蟹のサインの5度にあるチャートの例に、蟹のサインの24度に金星を追加してみましょう。水星は1ハウスに入っていながらケーダントで弱く、同時に、金星は1ハウスでアングルに入っていて強いことになります。この筋書きで金星は、1ハウスで最も若い角度の惑星ではなくとも、上昇する惑星となります。

[図16]：ホール・サイン・ハウス方式で見る惑星

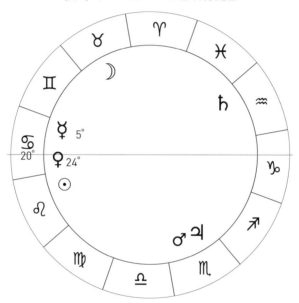

　これらの惑星は、出生図の持ち主が経験することに何か違いが出るのでしょうか？

　金星はアセンダントより下にあるので、より意識されるのでしょうか？水星は、他の人から見ると1ハウスですが、出生図の持ち主にとっては、地平線のはるか上にあるケーダントのため、それほど意識されないのでしょうか？

　これは、次のようになります。1ハウスの地平線のはるか上にある惑星が、意識の外にあるとするならば、12ハウス的な趣を帯びます。しかし、12ハウ

スの解釈と関わる隠れた敵や自己破壊や、その他の意味にはなりません。

　私が過去に関わった鑑定の中でも、そのような状況を何度か見てきました。アンギュラリティーは、行動のたくましさや能力の指標であるとともに、気付いている意識にも関係があるのだと思います。

　これらの問題に対して、現在私たちは簡単な答えを持っていません。もっと多くの場面で試してみないと、どのように作用するかがはっきりしないと思うので、ここで提起したのです。西洋占星術でホール・サイン・ハウスが復活し、広く使われるようになったのは比較的最近のことなので、このハウス方式の影響をまだまだ探っている最中の段階なのです

第四章

相互関係・交流関係

第十九節　アスペクト

形状としてのアスペクト、見ることと、見られないこと

　伝統的な占星術では、アスペクトは惑星が互いに見える、つまり互いの視
界に入るかどうかの考え方に基づいています。惑星は他の惑星たちを見るた
めに光を放ち、それらの光の角度はプトレマイックな（天動説による）アス
ペクトと呼ばれるものに応じています。下記の世界の誕生のチャートは、太

図17：世界の誕生のチャートと、アスペクトとアバーション

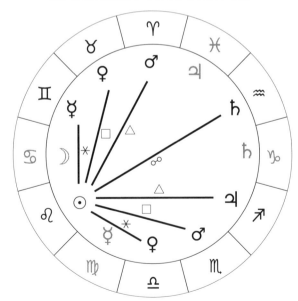

陽からの各アスペクトを表しています。

　図17は、獅子のサインから始まる序数で、3つ離れたサインはセクスタイル、4つ目はスクエア、5つ目はトライン、そして7つ目はオポジション・アスペクトとなります。伝統的な言葉遣いでは、獅子のサインにある惑星は、これら全てのサインを「見る」ことができます。

［※序数とは数を数える方法で、0を使わずに1から数える方法です］

　その他のサインは、2番目か6番目の離れたところにあり、図ではグレーに塗られていて、獅子のサインから見えません。これらはアバースと呼ばれ、背を向けている、あるいは見えない意味となります。30度と150度のサインは、お互いに見えません。

世界の誕生のチャートとアスペクトの本質

　プトレマイックなアスペクトの違いは、太陽からの各惑星の支配権が、どのような角度にあるかによって導き出されています。セクスタイルは金星の性質、スクエアは火星といった具合に、その性質はアスペクトによって異なっています。それぞれのアスペクトは、それを定義する惑星との親和性を持っています。

　しかし、その類似性はどちらからも当てはまるようです。リンド・ウェーバー（Lind Weber）は、アラビック・パーツに関する著書の中で、ヴェーダ占星術によれば、惑星は特定のアスペクトと親和性を持っていると述べています。アスペクトがそれを定義する惑星と親和性を持つように、惑星もそれを定義するアスペクトと親和性を持っています。

　例えば、木星はトラインで最も効果的な関係となれるのは、木星の性質と一致するためでしょう。

　世界の誕生のチャートは、各惑星がどのアスペクトを「好む」か、その惑星にとってどのアスペクトが最も効果的か、あるいは合っているかを示すものでもあります。

　このような形状に基づく惑星の枠組みがあれば、アスペクトがどのように

展開されるかを探ることができます。

主要な、あるいはプトレマイックなアスペクト

コンジャンクション（0°）は、厳密にいえばアスペクトではありません－提携関係や連合に近いものです。コンジャンクションは、太陽か月の光のような、独自性の事柄だといえると思います。

オポジション（180°）は、土星の性質です－反対、妨害、邪魔、喧嘩をするのですが、バランスを取ったり、補完したり、人間関係を示すこともあります。闇と冬のロードである土星は、夏にそのサインを持つ2つのライツとオポジションになっています。

トライン（120°）は、木星の性質です－調和、恩恵、スムーズな流れ、そしてともに機能することです。

スクエア（90°）は、火星の性質です－活動、不安定、緊張、過敏、ストレス、行動を要求します。

セクスタイル（60°）は、金星の性質です－快活、円満、協力的、関連性のことです。一般に、セクスタイルは主要なアスペクトの中で最も弱いと考えられています。モダンな解釈では、セクスタイルは良い結果を得るために多少の努力や何らかのコミュニケーションが必要であり、それは金星のコミュニケーションの手立てに関係しています。

それぞれ異なるアスペクトは、円を分割した数の性質を持ち、つまり、オポジションは数字の2、トラインは3、スクエアは4、セクスタイルは6、つまり3を2倍にしたようなものです。コンジャンクションは数字の1のようなもので、光に関連しており、結合や独自性の事柄になります。

最も重要なアスペクトは、コンジャンクション、スクエア、オポジションです。

　伝統的なテクストでは、ステイクと呼ぶものに多くの重点が置かれています － 惑星たちの関係が、4つのサインの十字型となったグループのことです。惑星の状態やポイントを解釈する際に、最初に確認するのは、そのサインから見て他の惑星がステイクにあるかどうかです。それらには、評価すべき主要な影響があります。

アスペクトは、主にホール・サインによるものです。

　アスペクトには、オーブによる度数に基づくものもありますが、それはサインによる基本的なアスペクトの、特殊な、より強固でタイトなものです。ホール・サイン・ハウスでのアスペクトは、そのサインが占めるハウス全体をカバーするように考慮してください。

アスペクト（見ること）と、アバーション（見られないこと）

　伝統的なアスペクトは、全て惑星同士が見えるかどうかが基準になっています。プトレマイックなアスペクトは、惑星が「見える光」を、他の惑星に「見る」ことができるように放つ光線なのです。つまり、ここにはある種の幾何学的な視覚が働いています。
　互いにホール・サインでプトレマイックなアスペクトにない角度は、アバース（外れている意味）、つまり見られないと表現されます。

惑星、ハウス、サインがアバースであるのは、お互いを見られません。それらは、手を付けられない状態なのです。

　モダンなマイナーアスペクトのうち、セミセクスタイル（30°）とインコンジャンクト（150°）は、伝統的な占星術ではアバーションになるサイン同士

になります。モダンな占星術の文脈でもインコンジャンクトは、2つの惑星が互いに共通点を持たず、コミュニケーションできない関係を指します。つまり、ある意味、インコンジャンクトは、アスペクトを欠いた、あるいは、アバーションの性質を持つアスペクトなのです。

　惑星同士のアスペクトや関係性（その性質や状態、どのような組み合わせになっているかなど）は、惑星間の具体的なアスペクトの種類よりも重要です。惑星同士の間にあるアスペクトは、たとえストレスの多いアスペクトであっても、アバーションになっていて接触していないよりは、どんなアスペクトでも存在したほうが好ましいように思えます。

　確かに古いテクストでは、トラインとセクスタイルは幸運で、スクエアとオポジションはひどい凶運にあると書かれています。しかし、私が知っている、モダンであれ伝統的であれ、全ての占星術家は、トラインとセクスタイルはスムーズでリラックスでき、スクエアとオポジションは挑戦的で激しいと解釈する傾向があります。これは私が知っているほとんどの伝統的な占星家が、それらのアスペクトのモダンな解釈に影響を受けている1つのケースです。

　そういった類似性はありますけれども、伝統的な占星術家は、状態の悪い2つの惑星間のスクエアやオポジションが、不快であったり、不幸であったり、脅威であったりする可能性が高い事実を許容する傾向があります。そして、全てのアスペクトをコントロールできるわけではないことを認める傾向もあるようです。

　もし、スクエアやオポジションが好転するとすれば、そのような状況はより多くの取り組みを要し、困難に挑戦することになります。繰り返しになりますが、惑星間のアスペクトの効果の多くは、2つの惑星の性質、それらの状態、それらの2つの惑星が、通常どのように関係するのか、それらの間に、これから詳しく取り上げる概念である、どのようなリセプションが存在するかによって決まることを考慮に入れるべきなのです。

　近づいていくアスペクトは離れていくよりも強いとされ、アスペクトが完全に完成するのかどうかも重要視されます。これはホラリーでは最も重要なことですが、ネイタル占星術ではそれほど強くは強調されないようです。

アスペクトは方向性を持ちます

　アスペクトには方向性もあります。2つの地点の間では、黄道順位の早い地点にある惑星が － 反時計回りに計る － 主要な影響を持つと見なされます。これは、日周運動の中で最初にアセンダント上に現れた惑星のことです。先に上昇した惑星が後から上昇するはずの惑星とスクエアになった場合、先の惑星が後の惑星に勝っていると表現します。[1]例えば、蠍のサインにある火星と、水瓶のサインにある金星のスクエアを例にとると、火星は金星より先に上昇するため、火星が金星に勝ることになります。このアスペクトは、火星が金星に作用し、金星がその作用を受け取ると解釈されます。

　魚のサインにある木星が、双子のサインにある月とスクエアになるとします。木星が月に勝ります。黄道帯のサイクルでは、魚のサインは双子のサインに先行するからです。

[図18]：木星が勝っているチャート

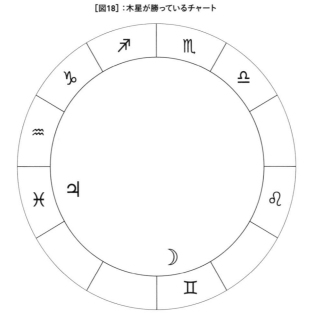

※1　これを、オーバーカミングといいます。用語解説を参照してください。

天秤のサインの土星と水瓶のサインの金星のトラインでは、土星が先行する惑星であり、アスペクトにおいて支配的な存在です。土星は金星にアスペクトし、金星はそのアスペクトを受け取るといえます。

ホール・サインでのアスペクトと、角度に基づくアスペクト

伝統的な占星術では、主要な惑星間の関係性を示すアスペクトは、ホール・サインによるアスペクトです。例えば、獅子のサインにある惑星は、水瓶のサインにあるどのような惑星ともホール・サインでオポジションになりますから、オーブの幅の大小の角度に関係なく、オポジションです。

特に、コンジャンクション、スクエア、オポジションは、基本的な関係であるホール・サインでのアスペクトを常に考慮する必要があります。

角度によるオーブ内のアスペクトは、強烈で強力な関係の特別なケースと考えることができます。アスペクトを視覚に例えるなら、2つの惑星がホール・サインでアスペクトする場合、互いの視界の中にいることになります。もし2つの惑星が角度に基づくアスペクトにあるなら、互いに見つめ合っていることになります。

惑星を解釈する手法の多くは、その惑星に最も近い角度にある、アスペクトをしている惑星を探すことから始まります。つまり、その惑星の作用が最も強く働くところを探し求めるのです。

角度によるアスペクトとオーブ

一般に、伝統的な占星術のテクストは、現代のテクストよりも寛大なオーブを使用しています。これは、アスペクトが主にサイン全体に及ぶものであり、次いで角度の緊密さであることに起因しているからです。

私自身は、アスペクトによって緊密なオーブの幅を変えています。

コンジャンクションは10度、太陽と月ならそれ以上の広さのオーブを与えています。2つの惑星が同じサイン（ホール・サイン・ハウス方式を使うなら、同じハウス）にあることは、互いに強く影響し合うことになります。

オポジションとスクエアの場合も同じように広いオーブを使います。ホール・サイン・ハウスでオポジションにある惑星が、オーブで15度以上外れていても、出生図の持ち主の人生において明らかにオポジションの関係にあるのを見たことがあります。ですから、ホール・サインでのアスペクトは主要なもので、特にコンジャンクション、オポジション、スクエアなどのステイクにある惑星を扱う場合は、角度に基づくアスペクトは特に強い影響力を与えると考えています。

　トラインや、特にセクスタイルにある惑星については、別の問題だと思います。トラインやセクスタイルは、他の伝統的なアスペクトに比べて、特にセクスタイルは、より目立たないように作用する傾向があるようです。トラインの場合は8度くらいまで、セクスタイルの場合はせいぜい4、5度くらいが限界です。惑星間がこの2つのアスペクトの場合、ホール・サインでのアスペクトはそれほど強くはないと思われます。

サインを逸脱したアスペクト

　サインを逸脱したアスペクトとは、惑星同士が、度数的にはタイトなアスペクトにあるときでも、サインに基づくと同じ種類のアスペクトにならない関係のことです。

　例えば、魚のサインの29度にある火星は、蟹のサインの28度の月と －ホール・サインでも、角度に従ったものでも、トラインを形成します。対照的に、魚のサインの29度にある火星は、獅子のサインの2度にある月とアバースですけれども － 角度的にはトラインのアスペクトの範疇にあります。しかし、ホール・サインでは確実にアバースです。

　私がこれまで見てきた伝統的な占星術では、サインを逸脱しているものの、コンジャンクションだけは使用されています。魚のサインにある29度の火星は、牡羊のサインの2度にある水星と同じサインにないにも関わらず、コンジャンクションしていると見なされます。しかし、先の魚のサインの29度の火星は、獅子のサインの1度にある水星とは、オーブの範囲内であってもト

ラインにはなりません。この2つのサインはアバーションなので、伝統的な占星術ではアスペクトとして存在しないのです。

　主要なアスペクトは、ホール・サイン同士でのアスペクトです。伝統的な占星術における角度に基づくアスペクトは、ホール・サインのアスペクトの範疇での、特別なケースにあたります。

　サインのほとんどの部分は、個別の部屋や区画のように考えられ－サイン間の移行は、鮮明に区別されています。

　しかし、中世の占星術師のグイード・ボナタスの膨大な『*Book of Astronomy*』の最も有名な章『*146 Considerations*』や、アラビアの占星術師たちの著作を調べると、惑星がサインの最後の度数（29度以上29度59分以下）にある場合、そのハウスでの力は完全に失われ、その惑星のエネルギーは、これから入る次のハウスにあることが分かるのだそうです。

　同様に、サインの最初の度数（0度～0度59分）にある惑星は、新しいサインになかなか馴染みがありません。その境界上の度数は、弱く、不安定なものとされています。それはまるで、部屋と部屋の間の入り口に立っている人のようなものです。私は、サインの最後の度数にある惑星は、主としてそのサインにありながら、これから入るサインの趣や特徴を、いくらか受け取っていることを見つけ出しました。

　伝統的な占星術で、サインを逸脱したコンジャンクションが有効だと思われるのは、このような仕組みのためだと思います。コンジャンクション以外の逸脱した角度数に基づくアスペクトを使うのは、モダンなテクニックといえるでしょう。

アスペクトを前後関係から読み解く－惑星の状態とリセプション

　惑星間のアスペクトの効果を解釈する場合、アスペクトの性質は決定要因の1つに過ぎません。解釈に伴わせるそのアスペクトの表現に関わる品質は、以下に含まれるような多くの要因に影響を受けます。

　－関与するそれぞれの惑星の性質と、互いの共感性

- リセプションの有無（後述）
- それぞれの惑星の入っているハウス
- 関与する惑星の一般的な状態、またはディグニティー
- アスペクト自体の種類 ― この要因の重要度は、低いと考えられる

アンティシア

アンティシアは、時に至点に基づくポイントとも呼ばれます。

黄道帯の大円の中で、蟹のサインの0度［夏至点］から山羊のサインの0度［冬至点］までを軸にして、つまり2つの至点に線を引きそれを軸とします。それは反射する軸となります。その軸の片側にある、ある点は、軸の端から全く同じ角度数を反対側にも求めると、対応する点を持つことになります。その対応する点を「アンティシア、またはアンティッション」といいます。至点を挟んだ反対側の日の日照時間は同じになります。

図19：アンティシア

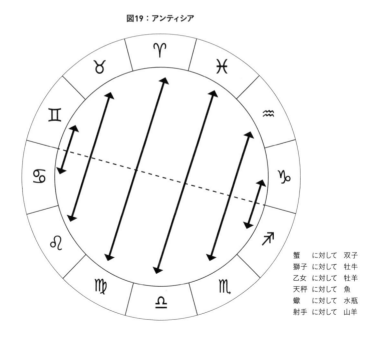

蟹　　に対して　双子
獅子　に対して　牡牛
乙女　に対して　牡羊
天秤　に対して　魚
蠍　　に対して　水瓶
射手　に対して　山羊

軸［蟹－山羊］に対して両側にあるサインは、互いに反射し合います。

　対応するサインが分かったら、その点のアンティシアを求めるには、その点の度数をとって30度から引き算します。

　例えば、魚のサインの17度にある惑星は、天秤のサインの13度にアンティシアがあることになり、その逆も同様です。蟹のサインの10度にある点は、双子のサインの20度にアンティシアがくるように、逆にも計算できます。これは常に相互関係にあります。一度、割り出す方法を知ってしまえば、それを計算するのはとても簡単です。

　アンティシアは、シャドーポイントとも呼ばれます。ある惑星が他の惑星のアンティシアにある場合、両者のつながりはコンジャンクションのように作用しますが、それは影に隠れて密かに行われるものになります。

　アンティシアのオーブは、通常1度と極々タイトに保たれています。

　ある惑星のアンティシアのちょうどオポジションになるポイントを、コントラ・アンティシアといいます。コントラ・アンティシアにある惑星は、あたかも惑星がオポジションにあるように作用しますが、影のような性質は同じです。

　チャート内の惑星のアンティシアは、他の方法ではわからない惑星間の強力なつながりを示すことがあるため、時間をかけて割り出す価値があります。私は、アンンティシアが一貫して重要であると考えています。

第二十節　リセプション

　リセプションは重要な概念です。適切に使用することで、チャートに良い解釈を与えるための鍵になります。

　リセプション（歓迎、受け入れ） は、アスペクトやディグニティーと並んで、西洋占星術にとって重要、かつ不可欠な概念です。馴染みがないことなので、理解の助けになると考え、幾つかの用語の意味をここにまとめてみました。

　レシーブは、受け取ることです。例えば、蟹のサインを通過中の太陽や水星を、月や木星や火星がレシーブをするといいます。レシーブは、バレーボールのように受けて跳ね返すことではありません。レシーバーはレシーブをする惑星のことです。レシーバーとなる惑星は、サインのロードやイグザルテーションのロード、トリプリシティーやタームやフェイスのロードです。

　リセプションを定義すると、アスペクトとレシーブがそろうことです。図20を見ると、天秤のサインにある土星は、金星にレシーブされていて、金星とアスペクトをしています。これがリセプションです。リセプションが生じると、土星は金星の恩恵を受けられます。金星が天秤のサインの隣にあるとアスペクトができませんが、土星は相変わらず、金星にレシーブされていると捉えます。しかし、正確なリセプションにはなりません。

　通常のアスペクトと、リセプションのあるアスペクトでは違いが生じます。リセプションは、片方がレシーブしており、アスペクトがあればリセプションとなります。互いにレシーブし合う必要はなく、同じ場所にサインのルーラーやイグザルテーションのルーラーが居る必要もありません。（フォールの惑星は、サインかイグザルテーションなどで強くレシーブされていない限り、リセプションをしないという例外はあります）。

　リセプションの意味を説明するために、例をもって始めたいと思います。火星が水瓶のサインにあるとします。水瓶のサインは、土星をドミサイルのロード、又はルーラーとしています。水瓶のサインは土星の家庭（それはホーム、ドミサイル）であるともいわれ、ロードであり世帯主です。火星が土星のドミサイルに入ることによって、土星にレシーブされる（be received、受け取られる）といいます。

　これがリセプションの定義です。火星は、土星が支配権を持つサインにあり、土星は火星をレシーブしています。

　火星は、土星の家庭を訪ねてきたお客です。土星は、このサイン、または

ドミサイル[※2]に責任を持ちサインを占有しているので、家にやってきた惑星に安心して過ごしてもらうための責務があります。つまりリセプションとは、この火星に対する土星の行動を述べたものです。

　他のディグニティーでも、リセプションが生じます。水星が蟹のサインにある場合、水星はサインのルーラーの月に、イグザルテーションのルーラーの木星に、トリプリシティーの火星と金星と月にレシーブされます。あまりウェイトを置かれませんが、水星はタームとフェイスのルーラーにも、その度数に応じてレシーブされることになります。

リセプションとは、支配者の、支配している者に対する行為や対処のことです。

　リセプションが有効になるためには、ハウスのルーラー、またはロードが、支配するハウスに対して、ホール・サインのアスペクトを持つ必要があります。そのアスペクトがあれば、そのロードと、そのハウスの間につながりが生まれます。そのアスペクトがなければ、つまり、ロードが支配するハウスに対してアバース（見ない）になっていれば、つながりが欠けることになり、そのリセプションは有用性や有益性がほとんどなくなります。ルーラーがアバースになることは、連絡先を書き忘れた大家さんが出かけていて、どこにいるかが分からず、連絡が取れないようなものです。

※2　ドミサイルは、ルーラーやロードと同じ意味だと考えてください。特にそのサインのロードであることを強調したいときに、蟹のサインのロードである月のことを、蟹のサインのドミサイルといいます。トリプリシティーの惑星たちは、役割を分担する、同じセクトの惑星である、代役をする、ルーラー（レシーバー）の１つとして機能する、ライト（太陽か月）とベネフィックな惑星とマレフィックな惑星の3つ組（トリプル）になっている、ディグニティーを与えるなど、巧妙に組み合わされた深い意味を持ちます。古典的な占星術のテクストの中には、サインのロードよりも、トリプリシティーのロードの方が先に説明されていることもあり、昔からとても重要な位置付けであったことが分かります。エッセンシャル・ディグニティーの表（第十四節の終端）を参照すると、トリプリシティーのディグニティーに載せられていない惑星があります。トリプリシティーと呼ぶのに、2個しか載せられていません。実際には、3つのトリプリシティー（第十四節、表9）の惑星全てを使います。レシーブはするけれど、ディグニティーは得ないのです。

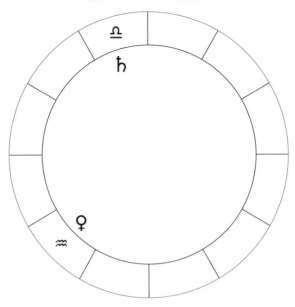

　金星が水瓶のサイン、土星が天秤のサインにあるとします。土星は金星を自分のドミサイル、またはサインでレシーブし、金星は土星を自分のドミサイルでレシーブしています。それぞれが、相手の惑星が支配するサインを占めています。これは、ドミサイル、またはルーラーシップによるミューチャル・リセプションと呼ばれます。これは、2つの惑星の間の最も理想的な関係です。それぞれが相手の惑星に対して好意的で、互いに相手に有益となる行動をとります。

　ミューチャル・リセプションは、両方の惑星に良い影響を与えますが、惑星が存在するサインとハウスでのディグニティーや、その状態を考慮する必要があります。上記の金星と土星の例では、天秤のサインの土星はイグザルテーションとトリプリシティーによるディグニティーがあるのに対して、水瓶のサインにある金星はディグニティーがありません。このような場合、この2つの関係では、土星が優位に立つ可能性が高くなります。この2つはミューチャル・リセプションの関係にあり、2つの惑星の間の相互作用では、金星的な色彩よりも、土星の色彩が強くなる互恵的な関係の可能性が高いもの

になります。

図21：ネガティブなミューチャル・リセプション

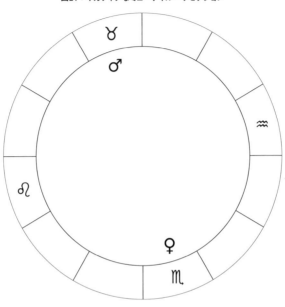

　これに対して、火星が牡牛のサイン、金星が蠍のサインにある場合、2つの惑星はサインによるミューチャル・リセプションにありますが、それぞれの惑星は互いにデトリメントでもあるため、どちらの惑星も特に良い状態とはいえません。惑星は互いにうまく接する責任はありますが、その状態の良さでしか行動できません。ミューチャル・リセプションは2つの惑星を手助けしますが、互いのデビリティーを打ち消すことはできません。

　最も古いテクストは、ミューチャル・リセプションの惑星の間にはアスペクトが必要だとしています。しかし、それが角度によるものなのか、サインによるものなのかは曖昧です。

　初期の資料の多くが、リセプションをホラリー占星術の文脈で解釈していて、アスペクトが完成するかどうか、あるいは正確な角度のアスペクトでの関係になるかどうかで、その結果を決定しています。ホラリーでは、リセプションが効果的であるために、アスペクトの完成が必要になることは理にか

なっています。ホラリーは予言のために使われ、ある出来事が起こるためにはアスペクトの完成が必要なのです。

　ネイタルの観察では、アスペクトの完成はそれほど重要ではないように思え、ホール・サインのアスペクトだけで、リセプションがあることになるのは合理的です。重要なのは、2つの惑星がホール・サインのアスペクトでお互いを見ている必要があることです。何らかのつながりがないと、本当の意味での関係にはならないからです。私の家にお客さんとして泊めてもらうにしても、あなたがそこにいて、コミュニケーションが取れることが分かって初めてちゃんと接することができるのです。

　ルネサンス初期のリリーやガドバリーを筆頭に、アスペクトを要求することなくリセプションを単独で用いる作家もいます。私が個人的に知っている往年の熟練した占星家の中にも、アスペクトなしのリセプションでも効果があるといっている人がいます。厳密には、それらは伝統的なリセプションの意味と違うのですが、私はチャート・リーディングの経験から導き出された結論を尊重しています。仮にホール・サインのアスペクトのないリセプションを認めたとしても、アバーションにある状態では、その効果がそれほどプラスにならず大きく減少するはずです。

ミューチャル・リセプションと、場所の入れ替え

　モダンな占星家の中には、惑星がミューチャル・リセプションしているならば、2つの惑星の位置を入れ替えて、それぞれが支配権を持つようになることと同じだという人もいます。つまり、先ほどの火星が牡牛のサイン、金星が蠍のサインの例では、ミューチャル・リセプションによって、2つの惑星は牡牛の金星と蠍の火星のように作用することになります。そうなれば、事実上全ての弱さが解消されてしまいます。

　これは、前世紀に多くの本を自費出版した、有能で機知に富んだ占星術師、アイビー・ゴールドシュタイン＝ヤコブソン（Ivy Goldstein Jacobson 1893－

1990）による、モダンな考え方であると私は見ています。

　ジェフリー・コーネリアス（Geoffrey Cornelius）は、『The Moment of Astrology（占星術の瞬間)』（よみがえるホラリー － 私のおばさんの家 p153）の中で、ホラリーにおけるミューチャル・リセプションは、質問者が選択できることを示し、惑星の入れ替えは、その選択の結果を示すと述べています。彼は、実際のホラリーで、ある状況を解決するために惑星の入れ替えを使った、生き生きとした印象的な物語を紹介しています。そのような状況下では、交換により潜在能力を活性化させるために、出生図の持ち主が意図的に行動する必要があります。

　個人的には、ミューチャル・リセプションをいくつかのネイタルのチャートで、選択肢としての入れ替えを示すものとして実験し、印象的で洞察に満ちた結果を得たので、さらに探求する価値があるものとしてここに提言します。しかし、惑星が実際に占めるサインにおける状態や、ディグニティーの考慮はやはり重要です。

リセプションの別の解釈

　伝統的な占星家で『The Real Astrology』の著者であるジョン・フローリー（John Frawley）は、リセプションを、レシーブされる惑星の姿勢を示すものとして使っています。

　これは伝統的なリセプションの意味とは異なり、支配される惑星の支配者に対する行動や態度、お客の主人に対する態度を示したものになります。

　フローリーはこれを殊の外多用し、効果的に解釈しています。例えば、金星が蟹のサインにある場合、そこでは木星がイグザルトされますから、フローリーは金星が木星をイグザルトする、あるいは愛するというのです。これは伝統的なリセプションの解釈からすり替わっており、ここでは支配される惑星の、支配者に対する態度になります。

　アヴェラー（Avelar）とリベイロ（Ribeiro）は、伝統的占星術に関するモダンなテクスト『On the Heavenly Spheres（天球について)』（p146）で、フローリーのリセプションの解釈に触れ、一例を挙げています。

次の引用文では、リセプションを双方向に作用するものとして捉えていることに注目してください。

> 「実占では、リセプションは、ディグニティーのある惑星が、訪問した惑星を助けるための善意の兆候であると見なしているのですが……リセプションは、特定の行動の背景にある傾向や動機も示しています。支配権をにぎるものにレシーブされた惑星は、（訪問者がホストに敬意を払うのと同じように）そのディスポジターに対して大きな重要性を与えます。もし、イグザルテーションでレシーブが行われたならば、レシーブした惑星の側の興奮も表すことができます。」（アヴェラー／リベイロより引用）

　これは、厳密には伝統的なものではありませんが、この論理を理解することができます。天秤のサインにある惑星を考えてみましょう。土星は天秤のサインでイグザルトします。土星がイグザルトするハウス内にある惑星は、その惑星を高く評価しているのは理にかなっています。理屈はあるのです。
　もし、あなたがビートルズとローリング・ストーンズのどちらが優れているかと議論をしていて、ストーンズが管理している家やアパートに住んでいたならば、あなたはきっとストーンズに同意するでしょう。

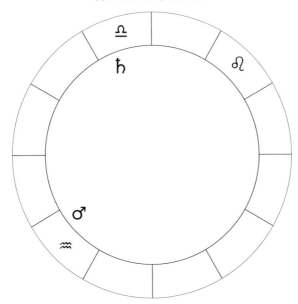

　もし、その論理に何か裏があるとすれば、リセプションに面白いひねりを加えることができるかもしれません。しかし、実際には、リセプションの2つの意味を混同すると混乱が生じると私は考えています。

　天秤のサインの土星と、水瓶のサインの火星のケースを考えてみましょう。土星は水瓶のサインを支配しているので火星をレシーブしますから、火星をうまく扱う義務があります。土星は天秤のサインでイグザルトな存在ですから、彼は良い状態にあります。しかし、土星がいる天秤のサインは、火星のデトリメントになる所です。もしフローリーとアヴェラー/リベイロが正しければ、土星は火星があまり評価されないハウスにあるので、土星の火星に対する態度に、ネガティブな影響を与えることになります。私にとってこの場合は、曖昧で矛盾した解釈を生み出すため、混乱してしまいます。

　一方、フローリーはこの非伝統的なリセプションの感覚を、至って広範囲にかつ効果的に利用しています。

　私は、これらに対して決定的な答えを持っていません。このリセプションの概念は、厳密な伝統的な定義とは一致しませんが、私が尊敬する優れた伝

統的占星家が使っているものです。私が最初にリセプションの概念を習得したときにも、非常に混乱しましたので、上記2つのリセプションの理解について言及したかったのです。

　私自身は、伝統的なリセプションの理解に沿って行う方が好きなので、今後も伝統的な意味でこの概念を使っていきます。

ネガティブなリセプションと、ミクスド・リセプション

　ネガティブなリセプションと、ネガティブなミューチャル・リセプションもあるので注意しましょう。例えば、蟹のサインに月があり、山羊のサインに土星があると、サインでオポジションです。互いを自分自身のデトリメントとしてレシーブするので、2つの惑星は全くうまく機能しないでしょう。どちらも自分のドミサイルにいて強いのですが、すれ違いながら働いています。土星は月を非現実的で過敏だと横目で見下し、月は強い土星を冷たくて無感動だと見下しています。彼らはお互いを理解していません。

　山羊のサインのような地のサインでは、月はトリプリシティーによるディグニティー^{※3}を持つので、土星は月によっていくぶんよく受けとめられるはずです。その場合の月は、土星に、ディグニティーとデトリメントの部分がミックスされたリセプションの感覚を与えます。

※3　セクトの惑星も、トリプリシティーと関係があります。基本的には昼と夜に分けただけですが、セクトになる惑星は、明らかにトリプリシティーの惑星を配分したものです。リセプションの理解では、昼と夜に分けられていることだけをご理解ください。「昼の惑星は、太陽と土星と木星」です。「夜の惑星は、月と金星と火星」です。セクトを得ているマレフィックは、あまり悪さをしません。セクトを得ているベネフィックは、より恩恵を与えます。

[図23]：月と土星の、ネガティブなリセプション

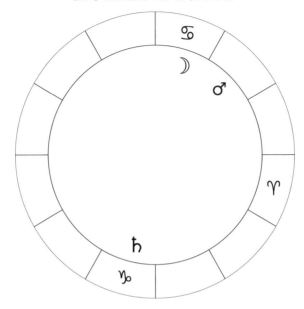

リセプションの利用

　一般的にリセプションは、**惑星がお互いにどのように影響し合い、どのように協力し合うかを表すものです。**レシーブする側の惑星が、レシーブされる側の惑星に対してどのような性質を持つかを記述しています。

　惑星同士のアスペクトを見るときには、リセプションを調べる必要があります。ディグニティーは、互いがどのように「処置」し合うかを示しています。あるレベルのミューチャル・リセプションの惑星同士は、アスペクトの性質にかかわらず、協力し合う可能性が高くなります。

　ここでは、リセプションの違いを示す2つの事例を紹介します。

　次ページの図24をご覧ください。この図では、天秤のサインにある土星と山羊のサインにある火星がスクエアになっています。土星は火星を自らのドミサイル、またはサインのルーラーシップとしてレシーブしているため、土

星は火星に対してポジティブな扱いをするでしょう。アスペクトには方向性があり、土星はこのアスペクトにおける支配的な、あるいはオーバーカミングの［より勝った］惑星であるため、土星の火星に対する作用は火星にとってプラスに働くことを意味します。

図24：ポジティブなリセプションとなる、スクエア

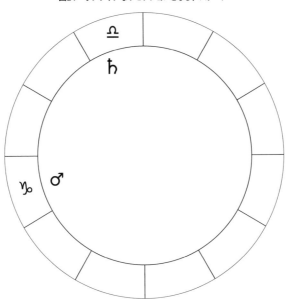

図25：ネガティブなリセプションとなる、スクエア

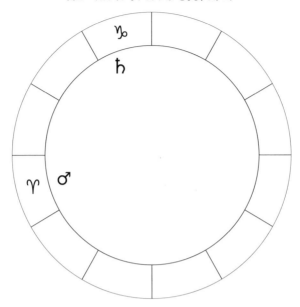

　図25をご覧ください。この図では、別のタイプのスクエアを見ることにな
ります。山羊のサインの土星と牡羊のサインの火星のスクエアとなっていま
すが、ここでも土星が支配的、あるいはオーバーカミングとなっています。し
かし今回は、土星は火星をフォールでレシーブしているため、火星に対する
土星の態度は、より否定的、あるいは後ろ向きになってしまいます。フォー
ルの惑星となる土星は、火星に敬意を払わず、火星のいうことを聞かず注意
を払わないのです。
　先の2つの例は、いずれも土星と火星のスクエア・アスペクトでありなが
ら、リセプションがアスペクトの影響をどのように表現するか、それを左右
する重要な要素となるのを示しています。

リセプションと惑星の状態

　リセプションは、ハウス内の惑星の状態を評価するために使用されます。
惑星は置かれた場所で、そのサインのルーラーや他のディグニティーを持つ

192

惑星の状態に影響されます。難しい条件の惑星がある場合、そのハウスで何らかの権威を持っている惑星を探し、ディグニティーとリセプションを使って、どうすればポジティブな影響を与えられるかを考えることができます。本書の解釈編では、そのテクニックを使っていきます。

　図22の例は、水瓶のサインの火星はペレグリンでディグニティーがありません。つまり、火星がうまく機能するためには、あまりに土星に左右されるのです。土星が水瓶のサインとトラインにある天秤のサインでイグザルトし、火星を自分の支配するサインに迎え入れたとしたら、火星に対して好意的で親切な態度をとる可能性が高くなり、土星は十分に良い影響を与えられる状態になります。一方、土星が獅子のサインで火星のオポジションにある場合、土星は自らのデトリメントにあり、ホットで、不機嫌で調子が悪く、火星に援助を与えるような状態にはなりません。

　このように、サインの主要なルーラーが不調なときは、同じサインで他のディグニティーを持つ惑星（イグザルテーション、トリプリシティー、タームなど）を確かめて、それらの惑星のうちでより調子がよく、良好なサポートを提供できるものがないかを確認します。

第二十一節　ロット、または、アラビック・パーツ

注：伝統的な占星術を全く初めて学ぶ場合、「ロット（単数形）・ロッツ（複数形）」は上級者向けの課題と考えることができます。これは、チャートのリーディングにかなり複雑な要素を加えます。人によっては、システムの基本をマスターするまで、ロッツの話題は脇に置いておく方が賢明だと思うかもしれません。

導入部

　ほとんどの占星家は、ロッツをアラビック・パーツの名前[※4]で知っています。伝統的なヘレニズム期の用語はロットであり、割り当て分や、分け前のような意味でした。「人生における（lot in life）」との言い回しは、宇宙から与えられる幸運や不運のことであり、現代英語でも私たちはこの意味でこのフレーズを使っています。ロットはサイコロを投げるような、ランダムにくじを引くようなものだったのです。

　それらがアラビック・パーツと呼ばれるのは、プトレマイオスの『*Tetra-*

※4　ロット（単数形）、ロッツ（複数形）は、チャートの課題をより詳しく提示してくれます。計算で導かれたロットのルーラー（場所ではなく、ルーラーです）は課題そのものを示し、そのハウス位置が内容を強く示唆することになります。ロットの場所と、ロットのルーラーに緊密にアスペクトしている惑星も参照されます。第六章の解釈の事例で、かなりロットの捉え方を学べると思います。実際にネイタルで行うには、クライアントとの会話が必要になる部分です。チャートそのものの惑星だけでは示されなかったものが、ロットによって明確になることがあります。チャートでも示されたものが、ロットでも再び出てくる場合は、その人の1つの課題であることが明確に把握できるでしょう。年配の方でしたら、すでに解決されていることもあります。ロットにはさまざまな種類のものがありますが、それぞれに課題の名前が付いています。例えば、ロット・オブ・フォーチュンは、幸運のロットです。その人の幸福だと感じる機会、場所、事柄を示します。それが水星だとして、9ハウスに入っていれば、9ハウスの事柄で幸福だと強く感じるものを得られることでしょう。その幸福感は、格別だと感じられるものです。翻訳者（河内邦利）のロット・オブ・フォーチュンのルーラーは水星ですが、9ハウス占星術の場所に入っています。神の存在を信じることができるようになったのは、まさしく占星術のおかげでした。

biblos』にロット・オブ・フォーチュン以外のパーツが記載されておらず、それが長い間、西洋で広く入手可能なヘレニスティック占星術のテクストだったからです。

そして、ロッツはプトレマイオスではなく、アラビア語のテクストで広く使われていたため、後の占星術師たちは、ロットはアラブ人が考案したものだと考え、アラビック・パーツと呼ぶようになりました。しかし、私たちが現在参照できる最古の、そして最も影響力のあるギリシャ語のテクスト、特に、シドンのドロセウスによるものと、アレクサンドリアのパウロのテクストには、ロッツが広範囲に使われていて、明らかにヘレニズム的なシステムの鍵となる部分であったのです。

現在、プトレマイオスの作品が、ヘレニズム期の実践的な占星術師の典型とは異なっていることが広く受け入れられています。ドロセウスやアレクサンドリアのパウロによるものが、実際の実践をよりよく表していると考えられています。多くの点で、アラビア占星術と呼ばれるものの方が、プトレマイオスよりも、実際のヘレニズム期の実践に近いものとされているのです。

ロッツは、ペルシャやアラビアの占星術の時代に広く使われ発展してきました。これらの時代は、ヘレニズム時代のロッツの伝統を受け継ぎ、発展させ、さまざまな課題に対して必要に応じてロッツを計算するようにもなりました。ロッツの組み立て方には論理があり、その論理を理解すれば、必要に応じて新しいロッツの公式を考え出すこともできます。

その後、西洋ヨーロッパでは、13世紀の中世（メディーヴァル）の占星術師グイード・ボナタスが『*Book of Astronomy*（天文学の書）』の中で、ロッツについて多方面に渡る一覧を作成していますが、ロッツが記載されている一節以外に詳しく言及していません。占星術がラテン語に翻訳されヨーロッパに紹介されるころには、ロッツの使用は先細りになっていったのです。

ルネサンス期には、その使用は徐々に減少していったようです。この時代のイギリスの代表的な占星術師は、ほぼ同時期のウィリアム・リリーとジョ

ン・ガドバリーの二人です。ガドバリーはボナタスに倣って、4ページにわ
たる膨大なロッツのリストを掲げていますが、ボナタスと同様にリスト以外
の言及をしていません。一方、ウィリアム・リリーは、プトレマイオスに倣
ってロット・オブ・フォーチュンのみを取り上げて使用しています。

　そのころまでには、伝統的なロッツの使用方法は好まれなくなったのか、あ
るいは失われたのは明らかなようです。これは、プトレマイオスがロッツに
ついて言及していないため、ロッツはヘレニズム期の本来のシステムには含
まれていなかったとした誤った考えによるものです。

　現在、クリス・ブレナンやベン・ダイクスなど、今日の占星家たちが伝統
的なロッツの使い方を再発見しようとしています。他のモダンな占星家たち
によっても、新しい文脈でロッツが探求されているところです。

ロッツの計算

　現代の占星術の本で「ロッツ」に言及しているもののほとんどが、次のよ
うな代数式で書かれています。

A + (B − C) = Lot

　例えば、「ロット・オブ・フォーチュン」の計算式は、通常、次のように書
かれます。

ASC（アセンダント）＋（月−太陽）＝フォーチュン

　しかし、最古のテクストでのロットの計算方法は、次のように説明されて
います。太陽から月までの距離をとり、その距離をアセンダントから投影し
ます。あるいは、C点からB点までの距離をとり、それをA点から投影する
抽象的な計算式です。

　フォーチュンを求めるための別の方法を述べると、ロット・オブ・フォー
チュンは、太陽が丁度アセンダントにあるときの月の位置のことです。ロッ

トは、太陽と月の角度差で関係を保ちます。

　新旧2つのロッツの計算結果は同じになりますが、伝統的な方法の方が、ロットを構成する背後の理論をより示しています。

　伝統的なロッツの求め方は、また、より視覚的です。2つの惑星（C点とB点）を見て、それらがどの程度離れているかを確認し、次にアセンダントから同じ方向に同じ距離を測定するように数えます。ロットについて最も重要なことは、ロットがどのハウスに入るかですから、通常は単純な解析で十分です。正確な度数を計算する必要があるのは、ロットがサインの境界線付近にある場合だけです。

ロッツの計算式の、セクトによる逆転

　もうひとつ、ロッツの計算式に複雑なことがあるのは、やはりプトレマイオスが、西洋占星術の流れに影響を与えたことに起因しています。

　ドロセウスもアレクサンドリアのパウロも、セクトが主要な要素であり、チャートのセクトに依存してロットの公式を逆転していました。それは典型的なヘレニズムの慣習と考えられ、ペルシャやアラビアの著作でもロッツの公式の逆転が広く用いられています。

　プトレマイオスはロット・オブ・フォーチュンの計算式を逆算させずにいたため、彼の方法が西洋で標準となりました。プトレマイオスに倣（なら）って、パート・オブ・フォーチュンを使う現代の占星家の多くは、夜のチャートの計算式を逆転させていません。

　本書では、伝統的なヘレニズムの用法に従い、チャートのセクトに応じて、ほとんどのロッツで計算式を逆転させています。

　昼のチャートのロット・オブ・フォーチュンは、太陽から月までの距離を測定し、アセンダントからそれを投影します。

　夜のチャートでの計算式は、月から太陽までの距離を測定し、アセンダントからそれを投影します。太陽から月までを測ったのならば、方向を逆にし

て投影します。

　いずれの場合も、セクト（昼か夜）の惑星から始めて、もう片方の惑星に行きます。

　ここには、フォーチュンを反転して逆にした、ロット・オブ・スピリットと呼ばれるものがあります。昼のスピリットの公式は、月から太陽までを測り、それをアセンダントから投影したものです。夜のスピリットは、アセンダントからの方向を逆にします。

　これは、共通の関係、共通の角度、共通の比率を表すものですから、ロットの意味に関係の概念が含まれているようです。

視覚的にロッツを見つける

　ここでは、さまざまなロッツの位置を視覚的に割り出す方法について、いくつかの例を挙げたいと思います。一度原理を理解すればとても簡単で、コ

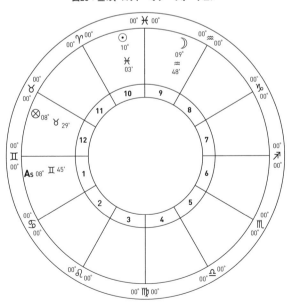

図26：昼の、ロット・オブ・フォーチュン

ンピューターの計算結果を待つことなく、必要なロッツを見つけることができるようになります。

　図26は昼のチャートなので、ロット・オブ・フォーチュンは太陽から月までの距離を測って求めます。時計回りで、月は［太陽と］時計回りに、1サイン少々離れていることに注意してください。ロット・オブ・フォーチュンはアセンダントから1サイン強の距離にあることになります。

　私は通常、2つの惑星間の最短距離をとりますが、これはその距離をどのように測ってもかまわないからです。もし太陽から月までの距離を時計回りに測るなら、アセンダントから時計回りに投影することにし、その逆も同じに行うようにします。

図27：夜の、ロット・オブ・フォーチュン

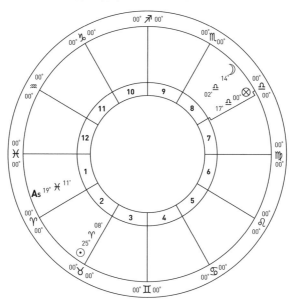

　図27は夜のものなので、フォーチュンは月から太陽までの間を測ることになります。この例では、反時計回りの方が簡単だと思います。天秤のサインの月からスタートすると、太陽は約6サイン、180度離れていて、さらに約11

度離れています。アセンダントから180度進むと乙女のサインの19度になり、さらに11度足すと天秤のサインのごく初めの所になります。

　図28はチャートは夜のものなので、フォーチュンは乙女のサインの7度、スピリットは牡牛のサインの29度にあります。この2つの位置は、アセンダントを挟んで左右対称に配置されていることに注意してください。フォーチュンは月→太陽、つまり4サインに、アセンダントから時計回りに12度を足したもの、スピリットは太陽→月、4サインに反時計回りに12度を足したものです。

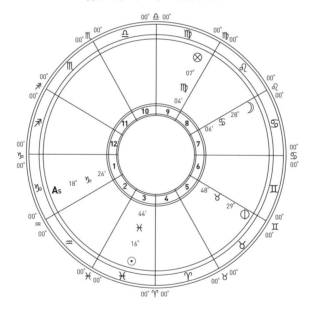

図28：フォーチュンとスピリットのロッツ

　フォーチュンもスピリットも太陽と月の距離を利用しているので、この2つのロッツの位置は、月の満ち欠けによって決まります。満月の近くで生まれた人は、2つのロッツがディセンダント側に位置し、新月の近くで生まれた人は、2つのロッツの両方がアセンダントの周りか、そのすぐ近くに位置することになります。

ロッツの幾何学的形状

　ロッツの幾何学的形状と意味に関する以下のセクションでは、現代の占星家であるリンド・ウェーバーとデイビッド・コクラン（David Cochrane）の研究を参考にしています。

　ロッツの公式の根底にはまことに重要な幾何学的パターンがあり、そのパターンがロッツの意味と、チャートの解釈において、ロッツが重要かつ有効である理由の両方を根底で支えているように考えられます。

　どのようなロットの公式でも、それを構成する4つの点を取ってつなげば、必ずアイソセレス・トラピゾイド（Isosceles Trapezoid等脚台形）、あるいは先端を切り詰めたピラミッドとでも呼ぶべき幾何学的な構造になります。現代のハーモニック占星家のデイビッド・コクランが、等脚台形を「アイソトラップ（Isotrap）」と略したので、ここではこの用語を使うことにします。

　アイソトラップは2つの側面が平行で、残りの2つの側面は同じ長さです。

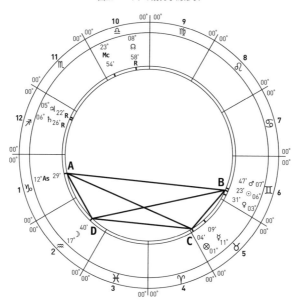

図29：ロットの幾何学的形状

図29には、4つのポイント、太陽、月、アセンダント、フォーチュン、そしてそのポイントが形成するアイソトラップが描かれたチャートが示されています。これは夜のチャートです。線DからBは、月から太陽の長さで、線AからCは、アセンダントからフォーチュンまでの長さです。この2本の線は、同じ長さです。それがロットの幾何学的定義です。

　線分AD、線分CBも、同じ長さです。

　線分AB、線分DCは、平行になります。

　線分ABと、線分DCを半分に切ってその中間点を結ぶと、線分ACと線分DBが交差する点を通ることになります。

ロッツとハーモニック占星術

　20世紀半ばに考案された、または発見された非常にモダンな占星術の形態があります。それは、ハーモニック占星術と呼ばれており、その理論によると、2組の惑星が同じ距離（度数）で離れていると、同じ長さの2本のギターの一方の弦を弾いたときに一緒に振動するように、2つの惑星の間に共振が生じるとあります。

　アイソトラップは、常にこのようなペアとなる共振を作ります。図29では、同じ長さの2組の線がそれです。まるで4つの点が一度に活性化し、ハーモニーを奏でているようです。

　このような構造にすると、**アイソトラップの4点全てに、同時にスイッチが入ります。**

ロット・オブ・フォーチュンの重要性

　これらのことが、「ロット・オブ・フォーチュン」が、ひとかたならず重要であることの主な理由です。

フォーチュンのポイントは、完成するトランジット[※5]、ディレクション[※6]、またはシナストリー[※7]によって、トリガー[※8]になるのを待っているアイソトラップの4番目のポイントです。

　ロット・オブ・フォーチュンの位置は、構造中の全てのポイントを相互に関連付ける、連動したアイソトラップ構造を完成させる最後のポイントを定義します。

**　トランジットやディレクションによってパート・オブ・フォーチュンを活性化させるどのような惑星でも、同時に、太陽、月、アセンダントと、それらの関係をも活性化させるのです。**

　太陽、月、アセンダントは、チャートの中で最も重要な3つのポイントです。リンド・ウェーバーは、『*The Arabic Parts Decode*（アラビック・パーツの解読）』の中で、さまざまなロッツ、特にロット・オブ・フォーチュンへの木星や土星のトランジットを追跡することが、大きな幸運や不運の時期を予測するために使われたと主張しています。私が見た限りでも、これは妥当なことだと思います。

　ある占星術家は、ロットのポイントへのコンジャンクション、オポジション、スクエアによるアスペクトによって、活性化ができると主張していますし、また、一部のモダンな占星術家は、8番目のハーモニック・アスペクトである、セミスクエア（45度）と、セスキクォードレート（135度）をそれらに含めています。

※5　ネイタル・チャート上にある惑星に、現在の惑星の位置が互いに動いてコンジャンクションすることや、互いに動いている惑星同士がある地点で正確なアスペクトやコンジャンクションを取るときのことを指します。

※6　固定された惑星や他のポイントに、別の惑星や別のポイントが時間とともに動いて、同じ場所に到達するまでの時間を計測することで判断する方法です。

※7　2人の人のチャートをさまざまな方法で並べ、判断するテクニックです。

※8　引き金、誘因。惑星が別の惑星にコンジャンクションしたり、アスペクトしたりして、丁度角度がそろったときに「引き金が引かれるように」物事が起きる状態を指します。

ロッツと、ウラニアン占星術（外惑星占星術）

「ウラニアン占星術」は、1920年代にアルフレッド・ヴィッテ（Alfred Witte 1878 - 1941）によって始められた流派です。その流派が用いる主要な技法のひとつは、「プラネタリーピクチャー」と呼ばれるもので、出来事を引き起こす解釈的な意味を持つ惑星間の関係を定義するものです。

　プラネタリーピクチャーは、2つのミッドポイントが同一になる構造、つまりアイソトラップのことです。ウラニアン・プラネタリーピクチャーの公式は次のとおりです。

A + (B − C) = D、または、A − D = C − B

それは、ロッツを計算するときと同じ公式です。

　ウラニアン占星術は、伝統的なロッツの根底にある幾何学的な基礎と公式を再発見したと見受けられます。これは、最も伝統的な占星術と、最もモダンな占星術が収束しつつあるケースです。

惑星によるロッツ

　ロット・オブ・フォーチュンと、それを反転したロット・オブ・スピリットは、チャートの最も重要な3つのポイント（アセンダント、太陽、月）を活性化させるので、最も重要な2つのロッツです。この他にも、さまざまなロッツが使われています。

　ヘルメティックな、または、惑星によるロッツは、チャートのための最も基本的なロッツであり、主要なセットとされていたようです。ロット・オブ・フォーチュンを月のロットとし、ロット・オブ・スピリットを太陽のロットと捉えながら、他の5つの伝統的な惑星についてもそれぞれにロッツが存在しています。各惑星によるロッツの計算式には、アセンダントと、ロット・オブ・フォーチュン、または、ロット・オブ・スピリットのどちらかを含ん

でいます。

　昼のチャートでのヘルメティックなロッツ、または、惑星によるロッツの名前と計算式は次のとおりです。ロット・オブ・フォーチュンと同じ様に、夜のチャートの場合は投影方向が逆になります。これらのロッツの形態は、アレクサンドリアのパウロから引用したものです。

表15：ヘルメティックなロッツ、または、惑星によるロッツ

惑星	ヘルメティックな名称	第一点	第二点
水星	必要性	水星	フォーチュン
金星	エロス	スピリット	金星
火星	勇気	火星	フォーチュン
木星	勝利	スピリット	木星
土星	敵対者	土星	フォーチュン

昼のチャートであれば、一点目から二点目までを測り、それをアセンダントから左回りに投影します。夜のチャートの場合は、投影方向を逆に右回りにします。

　ベネフィックな惑星である金星と木星はスピリットのロットで計算し、マレフィックな惑星である火星と土星はフォーチュンのロットで計算されることに注意してください。マレフィックなロットは、惑星からフォーチュンの方向に計算し、ベネフィックなロットはスピリットの方から惑星の方向に計算します。水星はマレフィックな惑星のグループになっていることにも、注意してください。

　アヴェラーとリベイロは、惑星によるロッツの意味を解釈する際に、それぞれのロットは、その惑星の性質がその人の人生においてどのように作用するかを示していると考えています。火星のロットは、その人が人生の中で、火星の作用をどのように経験するかを示しています。

　ボナタスのロッツに関する論文を見てみると、最初のセクションでは、フォーチュンとスピリットのロッツを取り上げ、それを2つのライツのロットとして説明し、次に5つの惑星によるロッツを取り上げています。これらの7

つのロッツは、主要かつ、最も重要なグループとなります。ボナタスは、それらのロッツの意味を説明するときに、ポジティブなものからネガティブなものまで、幅広く惑星の意味を含ませています。

　最古のギリシャ語のテクストでは、惑星によるロッツの古いギリシャ語の名前はより鮮明で、その意味も限られていました。ボナタスの時代には、それらは惑星によって名前が付けられただけとなり、各惑星による一覧表のようなロットの意味合いは、その惑星が持つ意味のあらゆる範囲に及んでいきました。

　個人的には、惑星のロットのより広い意味の方が、元のギリシャ語の意味よりも実践的にうまく機能すると考えています。

関係性としてのロッツ

　ロットの計算式は、関係性を示します。例えば、ロット・オブ・フォーチュンは、その人の太陽と月の関係性を反映したまま、アセンダントとロットの関係性を示しています。

　関係性を比喩として考えてみると、そのロットは、その人が人生の中でその惑星やテーマに、どのように**関わっていくか**を示します。そこには強い心理的なものか、基本的な考え方があるようです。ロットは、その人がロットで示されたテーマとなる領域をどのように経験し、あるいは関係していくのかを示しており、特にロットのテーマを内面的にどのように経験していくかを表しています。

　ロバート・ゾラー（彼は、現代におけるロッツに関する信頼できる作品を著わしています）は、フォーチュンとスピリットのロッツを、精神的、心理的な要素が強いと解釈しています。ゾラーは、伝統的な占星術における惑星の通常の意味が外側の世界への表現であるのに対し、これらのロッツは、その人の生まれながらの内面的な世界を表現していると見ています。

その他のロッツ

　他にも、結婚、死、姦淫、レンズ豆など、あらゆる種類の特定の課題に関するロッツがあります（アラブ人は、レンズ豆などの特定の商品に関するロッツを使って、商品価格を予測していました）。

　7つのヘルメティックなロッツと同様に、特定のテーマに関するロッツは、その人がそのロッツのテーマとどのように関わっていくか、個人的な経験そのものとなります。例えば、父親のロットは、自分の人生において父親をどう見ているか、どう経験しているか、父親との関係はどうなっているかを示しています。

　ここでは、一般的なネイタルの解釈の際に役立つ、いくつかのロッツを簡単に紹介します。これらの公式は、昼のチャートのために与えられたもので、夜のチャートの場合は、この逆になります。

表 16：その他のよく使われるロッツ

ロット名	第一点	第二点
父親	太陽	土星
母親	金星	月
子どもたち	木星	土星
友人	月	金星
仕事	水星	火星
結婚 ＊（男性）	土星	金星

昼のチャートであれば、一点目から二点目までを測り、それをアセンダントから左回りに投影します。夜のチャートの場合は、投影方向を逆に右回りにします。

　＊結婚のロットは、通常通り昼か夜かで逆転しますが、女性の場合は逆転させる、ちょっと複雑なロットになっています。

　ですから、表16にある男性の結婚のロットは、土星から金星までをアセンダントから左回りに投影します。夜は逆に、右回りに投影します。

　女性の場合の結婚のロットは、金星から土星までをアセンダントから左回りに投影します。夜は、逆回りに投影します。

伝統的なロッツのより広範なリストについては、ベン・ダイクスの『*Intro-ductions to Traditional Astrology*』または、アル・ビールーニーの『*The Book of Instruction in Elements of the Art of Astrology*』のいずれかを参照するとよいでしょう。いくつかのロッツは、複数の公式を持つものがあります。また、現代の3つの外惑星を使った新しいロッツもあり、現在の占星術プログラムのほとんどに豊富なリストが用意されています。

ロットの解釈

　伝統的な占星術でロッツの意味を解釈するには、次の要素を考慮します。

－ ハウスとサインによるロットの位置。サイン位置よりも、ハウス位置の方が、はるかに重要です。
－ ロットのルーラーの置かれたサインの場所と状態。伝統的な資料によると、ロットそのものの位置とアスペクトよりも、ロットのルーラーの置かれた場所、状態、アスペクトの方がより重要なことに注意すべきです。
－ ロットのハウスにある他の惑星。もしも、ロットと同じハウスに惑星があるならば、その惑星を支配星と同じように解釈できます。
－ ロットのステイクにある、または、アスペクトする他の惑星。
－ 特に、ロットのルーラーに最も近いアスペクトを持つ惑星と、ロットそのものに最も近いアスペクトを持つ惑星に注目を払うべきです。
－ ロットのハウスがアンギュラー、サクシダント、ケーダントのいずれにあるかで、ロットがどのような現れ方をするかに影響します。

　ロッツは、ハウスの位置やアスペクトする惑星によって、アクシデンタル・ディグニティーを持つことができます。アングルにあるロットは、より効果が目に見え、木星とのアスペクトを受けたロットは、より幸運を実らせます。
　定義上、ロッツはエッセンシャル・ディグニティーを持てないのですが、ロッツのハウスのルーラーがそれを担っていて、ロッツのルーラーの位置で有効なディグニティーは、他の惑星がロッツの表現に与える影響を示すことが

できます。

ロット・オブ・フォーチュンの詳細

ロット・オブ・フォーチュンは、チャート解釈の上で随分と重要な意味を持つので、さらに詳しく調べてみたいと思います。

伝統的な資料に戻ると、ボナタスはフォーチュンを、「月のパート」と呼んでいます。良い状態であれば、物質的な幸運を意味することが多いからです。この世では、良くも悪くも物事が起こります。

プロフェクション（Profection）[※9]や、その他のタイムロードのシステム（チャートを時間軸上で前方に移動させる予測法）では、その期間に活性化したハウスが、ロットに対してステイクの位置にあるなら、その年を波乱に満ちたものにします。多くの事柄がその年に起きるでしょう。

私は、フォーチュンが、その人の幸せがどこにあるのか、あるいは、その人が幸福になりたいと願う方面の意味で解釈されるのを見てきました。

一般的に、ロッツを心理的、あるいは、人間関係的要素と捉えると、フォーチュンは「あなたの幸福はどこにあるのか」、あるいは、「あなたの人生のどの部分で、幸運を捉えるか」など、広い意味で解釈することができます。

それは、幸福感、あなたを幸福にするもの、あなたが一番大切にしている何かに関係しているようです。

ロットは、広い意味で幸運を表していて － 結婚できたのは幸運だったとか、ミュージシャンとして活動することになったのは幸運だったとか、そういう

※9　プロフェクションは、ネイタルのチャートのアセンダントのルーラーが強く1年目を支配し、2年目は左回りで2ハウスのルーラーが強く2年目を支配し、3年目は3ハウスのルーラーが、4年目は4ハウスのルーラーと繰り上がりながら強く支配する惑星が変わるとする、象徴的なタイムロード・システムです。この他にも、各ハウスの重要な課題を調べるために、それぞれのハウスをプロフェクトする方法もあります。2世紀のヴェティウス・ヴァレンス（Vettius Valens 120 − 175頃）の『*Anthology*』に詳しく書かれています。

ことです。フォーチュンは、心の望みを叶えることと関係があるようです。フォーチュンには物質的な側面も確かにありますが、それだけでロットの意味を言い尽くせるものでもありません。

　ロットを詳しく描き出すときに、ロッツのルーラーの位置や状態は、あなたの人生のその（幸せだと思う）部分がどうなるのか、あなたが望むその幸運がどの程度満たされる可能性があるのか、多くのことを語ってくれます。

　そして、それに続くことですが － フォーチュンがプロフェクションや他のディレクションを通して、トランジットやシナストリーで他の人との間で活性化された場合、その人のフォーチュンがどのような領域であっても、関連する活動が行われる可能性が高くなります。ただ忙しいだけではなく、フォーチュンのテーマに関連した忙しさです。

　いずれかの惑星がフォーチュン、またはスピリットとコンジャンクションしている出生図では、その惑星は、その人の全体的な個性に大きく強い役割をもたらします。ロットのアイソトラップ構造がすでに内部で構築されていますから、トランジットやシナストリーによって引き起こされるのを待つ必要がないのです。出生時にフォーチュンとコンジャンクションしている惑星を持つ人は、良くも悪くも自分の幸運（フォーチュン）を作っていく感覚があります。

　ロット・オブ・スピリットへの相互関係は、スピリチュアルな職業、あるいは自分が呼ばれているような仕事を意味するようです。ボナタスはこれを、*Pars Futurorum*［ラテン語で］来たるべき事のパート、あるいは太陽のパートと呼んでいます。

　ロット・オブ・スピリットも一種の人間関係的な要素ですから、フォーチュンと同様、何かがそのポイントに触れると重要なことが起きるのです。

解釈例におけるロッツ

　さまざまなロッツの意味の多くは、状況的というよりも内面的なものであり、その人がロッツの課題にどう関わるかに関係しています。ロッツは外面

的な人格を反映しているのではなく、内面的な経験を反映するのです。その
ため、有名人のチャートを見てみても幸せの意味が分からないため、ロッツ
の判断が難しいか、あるいはできないことの方が多いものです。

　私は、このようなものが、余分な心の領域の意味を付け加えることがよく
あると気付きました。時間をかけてじっくりと探ってみる価値があります。

第二部

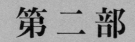

惑星の評価方法

解釈と実例

第五章
評 価 と 解 釈

第二十二節　評価のルール

導入部

　惑星がどのように働くかを解釈する前に、惑星がどのような状況に置かれているかを知る必要があります。このセクションでは、惑星の評価が伝統的な占星術でどのように行われているかを見ていきます。

エッセンシャルと、アクシデンタル・ディグニティーによる評価

　エッセンシャル・ディグニティーは、惑星がサインの特定の度数を占めることによって託される、ルーラー、イグザルテーション、トリプリシティー、ターム、フェイスの5つのディグニティー、または支配権のことを指します。エッセンシャル・ディグニティーは、惑星の行為の質を決定します。

　それ以外のディグニティーは状況ごとに異なり、ハウス位置、アンギュラリティー、速度、進行方向、他の惑星とのアスペクトの違いなどを指します。これら全ての他の条件はアクシデンタル・ディグニティーと呼ばれ、惑星の行動力、視認性、パワーに影響します。

　エッセンシャル・ディグニティーは品質であり、アクシデンタルなもの（時と場合による）は、視認性と力、行動する能力や機会です。

　しかしながら、アクシデンタル・ディグニティーをいろいろ調べていくと、その割り切り方では通用しないものもあります。アクシデンタル・ディグニ

ティーの多くは、行為の質にも影響します。

　最も分かりやすい力の測定法であるアンギュラリティーを考えてみます。アングルに近い惑星は強く、活動的で外に向かっているといわれ、アングルから遠い惑星はケーダントにあり、弱いとされます。しかし、ケーダントにある惑星はただ弱いだけでなく、異なる方法で作用し、行動よりもむしろ、内面的で内省に関連しています。それは力の差と同じくらいの、質の差でもあるのです。

　別の例として、逆行をする惑星を取り上げてみます。確かに、それは惑星の作用の強さに影響を与えますが、その作用の性質や質にも影響します － それは内面的なだけでなく、時にはかなり強く妨げたり、遅らせたりする場合もあります。

　最後にアスペクトを取り上げます。ある惑星が、土星とハードなアスペクトをとるならば、単に弱体化するだけでなく作用の種類や質が変化します。

　伝統的なテクストを参照すると、エッセンシャル・ディグニティー（5種類の支配権）と、アクシデンタル・ディグニティー（その他の全ての状況的な特徴によるもの）という用語が出てきます。私個人の意見としては、それら全てを行動力としてまとめるのではなく、それぞれの状態の質と効果を個別に評価する必要があると思います。

　以下のリストは、ネガティブとポジティブな条件 － 惑星の吉凶や影響を示すもの － は、1500年代後半のオーガー・フェリエ（Augur Ferrier 1513 － 1588）著、『*The Judgment of Nativities*（誕生図の判断）』から引用したものです。ボナタスやリリーなどのリストととてもよく似ています。あまり重要でない条件は省略しました。

　この章の終わりには、吉星と凶星のリストの後に、特別な状態、ヒリアカル・ライジング（Heliacal Rising）と、ヒリアカル・セッティング（Heliacal Setting）に関する注釈があります。

　注：原文にある古風な言葉遣いを一部残しています。

以下、惑星の凶作用

太陽の光の下で焼かれる（コンバストと、アンダー・ザ・レイ）

　これは、惑星にとって最悪のデビリティーの1つと考えられてきました。太陽は惑星の中で最も大きく最も明るいため、太陽の近くを移動する惑星はその明るい光線の下に完全に隠れてしまいます－コンバストとは焼かれることです。太陽が惑星の生命力を吸い取るので、惑星が自ら行動する力はほとんど残りません。惑星が焼かれるのです。

　コンバストの完全な条件は、太陽の8度以内にあることです。太陽から8度から15度の間にある惑星は、太陽の光の下（アンダー・ザ・サンズ・ビームス、Under the Sun's Beams・USB）、あるいはアンダー・ザ・レイ（Under the Rays）と呼ばれる、全く見えなくもなく、完全に焼かれてもいない状態を指します。惑星は衰弱し弱体化していますが、コンバストほど完全に弱ってもいません。

　このような状態になっているとき、惑星が太陽に近づいているのか、それとも離れているのかに注目することです。接近している場合は、明らかに状態が悪くなっていくことを意味します。

　太陽に近い惑星は隠されるため、コンバストやアンダー・ザ・レイにあり、隠れること、意識から外れること、時には制御不能になることを意味します。秘密性が求められるなら、これは肯定的な条件となりえます。

　コンバストか、アンダー・ザ・レイにある惑星は、独立して行動する能力が阻害されます。

　キーワードは、自立だと思われます。私がこれまでに見てきたチャートでは、太陽とコンジャンクションしている惑星は必ずしも弱いわけではありませんが、単独で作用することはできません。また、惑星によっては、チャー

トの中で太陽がどのように作用するかに影響を与えることもあります。

　多くは、惑星のディグニティーに依存します。エッセンシャル・ディグニティーの高い惑星は、太陽のアンダー・ザ・レイにあっても弱まりません。

　これは惑星の性質にもよります。私はホット＆ドライな火星が、太陽とのコンジャンクションでかなり強くなり、炎症を起こすのを見たことがあります。それでも太陽から独立して行動することはできず、意識的なコントロールから外れてしまっていました。

　クールでモイストな金星は、エッセンシャル・ディグニティーが高くない場合、太陽とのコンジャンクションでかなり弱くなります。

　土星と太陽のコンジャンクションは醜悪ですが、その影響は、土星よりも太陽にとって顕著です。ホット＆ドライな太陽は輝く必要がありますけれども、土星がコンジャンクションをするとコールドで暗くなり、その輝きを遮る硬い石の壁となります。この比喩を使えば、その人が何らかの形で輝くことを阻まれたことを意味することが多くなり、例えば子供のころに自己表現が妨げられたのかもしれません。あるいは、太陽の焔が炉の壁を破って、コントロールされていたエネルギーを爆発させるような感覚ともなります。土星のディグニティーだけは、この展開に大きな違いをもたらします。太陽と土星が全く正反対であるため、融合させるのが最大限難しいからです。

　太陽と土星のディグニティーとデトリメントは互いに逆であるため、コンジャンクションの場合に同時にディグニティーを持つことはできず、どちらか一方はデビリティーになることが多いことを覚えておかねばなりません。

　コンバストやアンダー・ザ・レイにあると、惑星が外部の状況において、目に見える形で効果的に行動する能力に影響を与えます。伝統的な占星術では、外的な出来事や行動に重点を置いているため － 古いテクストでは押しなべてそのように書かれている － 深刻な弱点となります。

　古い伝統的な占星術では、これが原因で、出生図の持ち主の内面や個性にどのような影響を及ぼすかといった問題全体に触れてこなかったのです。一

方、モダンな占星術では、逆行の意味を内側に向けられるエネルギーとして、内面を示す可能性のあるものとしてくわえています。もしかしたら、太陽にコンバストされるかアンダー・ザ・レイにある惑星が、他の状況でもそれを裏付ける似たようなことがあれば、－つまり、ケーダント・ハウスか、ミュータブル・サインで起きていれば、当てはまるかもしれません。コンバストされた惑星は、おそらく、内面的にはとても激しい状況に置かれていても、あまり気付いていないかもしれません。太陽とコンジャンクションをしている惑星は、光源に近すぎて見えないのです。

カジミ（Cazimi）

カジミと呼ばれる特別な条件があることも要注意で、「太陽の心臓にあること」と表現されます。もしコンジャンクションが非常にタイト、**古いテクストでは1度以内、後のテクストでは17分以内**[※1]であれば、それはデビリティーではなく、惑星に起こりうる最も強いアクシデンタル・ディグニティーとなります。この惑星は、まさに王様の心臓に位置しているので超幸運なのです。

歌手でパフォーマーのハリー・ベラフォンテ（Harry Harry BelafonteBelafonte）は、知名度抜群の10ハウスに、太陽のカジミになった魚のサインに入ったルーラーの木星を持っています。つまり、彼はカリスマなのです！

太陽とのコンジャンクションで重要なのは、惑星が太陽のエネルギーに飲み込まれ、独立したアイデンティティーや働きを持たなくなることです。

逆行とファースト・ステーション（留）

惑星が逆行しているとき、それは惑星の通常の動きとは反対の方向に進んでいるように見えます。「反対運動」から連想される言葉を思い浮かべると、逆行が何を意味するのかがよくわかるでしょう。反対、逆らう、気難しい、逆

※1　これは序数であり、現代の基数の感覚では16分になります。ホラリー占星術の体験でも、基数の17分はコンバストになります。

218

のことを行う、反逆、後退などです。

　最悪の逆行状態とは、まさに惑星が減速し、折り返して逆行になり始める直前です。これはファースト・ステーション（留）と呼ばれ、深刻な衰弱状態です。留にある惑星は、基本的にただポーズをとって止まっているだけのため、激しいままです。逆行が病気であるなら、ファースト・ステーションは病床に着くときです。

　特に、伝統的な占星術では、予想される秩序に従うことに高い価値を置くため、逆行は深刻な衰弱と見なされます。逆行する惑星は、秩序に反して動いていることになります。

　逆行する惑星は、妨げ、遅らせ、引きとめ、弱め、抑制し、逆転させます。表現に対する抑制や遅れが生じるだけでなく、逆行する惑星は期待に背く行動をとることもあります。そのため、不機嫌になる、逆のことをする、反抗的な態度をとる、流れに逆らうなどとなります。

　逆行は、惑星がいかに早く、直接的に、予測通りに行動するかに、確実に影響を与えます。

　逆行は、惑星の外に向かう行動が抑制され、そのエネルギーが内向きになることを意味することもあります。ためらい、疑い、そしておそらく自分を見つめます。

デトリメントやフォールにあること

　この話は、エッセンシャル・ディグニティーの章で取り上げました。エッセンシャル・ディグニティー（第十四節）を参照してください。

衰退するハウスにあること

　衰退とはケーダント・ハウスの別名です。ケーダントは文字通り、落ちていく意味です。

　このため、惑星が目に見えにくくなり、直接的に作用することは難しくなります。ハウスの章で、ケーダントの惑星の作用は、より隠れたものとなるか、より内面的であるかのどちらかであることを指摘しました。

このルールの例外が9ハウスです。このハウスは、ケーダントでありながら、他のケーダント・ハウスよりも良好な場所と見なされています。これには2つの要因が働いているようです。

1つ目は、このハウスがチャートの上部に位置し、最もエレベートした位置にあり、惑星は高い位置にあることで力を発揮することからです。2つ目は、このハウスがアセンダントとホール・サインで強いトライン・アスペクトを形成していて、アセンダントとの関係から、このハウスの惑星たちが強い位置になるのです。

サウス・ノードとのコンジャンクション

伝統的な占星術で、サウス・ノードは土星の性質であると考えられています。それはエネルギーの漏れるところであり、その近くにある任意の惑星の生命力を吸い取ります。

逆行する惑星によるアスペクト

逆行する惑星の悪影響は、その惑星がアスペクトする惑星にも及びます。伝統的な占星術では、ある地点にアスペクトしている惑星を、ホール・サインのステイクで、つまり、サインでスクエアかオポジションから観察します。

サイン・ルーラーによる、リセプションを欠いたペレグリン

定義上、ドミサイルのルーラーは、ペレグリンの惑星をレシーブするため、リセプションは、ルーラーとのアスペクトも必要になると私は考えています。少なくとも、ルーラーは、［自分のサインに］入っている惑星を嫌うことはありません。オーブ度数内のアスペクトは、ホール・サインのアスペクトよりも強いのですが、どちらのアスペクトでもこの条件は緩和されます。これは、ペレグリンの惑星の状態が、惑星のロードの位置、状態、アスペクトに大きく左右される、より大きなルールの一部です。

他の惑星とアスペクトしていない場合

　これは野生にあるといわれ、その惑星は他とのコンジャンクション、セクスタイル、スクエア、トライン、オポジションといった主要なアスペクトを作らないことを意味します。これは、他の惑星がオーブ内にないことを意味する、度数でのアスペクトを欠く場合と、よりレアでより悪い状態とされるホール・サインによる場合があります。野性にある惑星は、他の惑星と結合せず、アスペクトの影響を受けない野生動物のような状態であると考えられます。極端な行動ができますが、統合されていないためコントロールは効きません。

サインのロードが、オポジションにあるとき

　定義上、これはそのルーラーをデトリメントに置くため、悪い状態にあることになります。

2つの邪悪な惑星の間に包囲されている

　これは、包囲されている（ビシージ、besieged）と呼ばれる特別な状態で、惑星がマレフィックの1つから角度によるアスペクトから離れ、もう一方［のマレフィック］と角度によるアスペクトで近づいていることです。それは板挟みになる場所に置かれている状態で、物事は悪いほうへ悪いほうへと進んでいきます。

　彼らが支配するハウスから12番目のサインにあるとき − 例えば、月は蟹のサインを支配しているため、双子のサインでは不利になります。水星は双子のサインと乙女のサインを支配しているため、牡牛と獅子のサインで不利になります。私は伝統的なテクストで、双子のサインと月の間で広く使われているこの条件を見てきましたが、他の惑星との間ではあまり指摘されていません。

アウト・オブ・セクト

すでに解説済みですので、第十三節を参照してください。

女性格のサインに男性格の惑星がある、あるいはその逆

太陽と月以外の惑星は、それぞれ男性格のサインと女性格のサインを支配しているため、私はこの条件をあまり重要視していません。

月に特有の作用

❖月が減衰していくとき

月が欠けていくこと。月の満ち欠けのサイクル（これをフェーズという）において、満ちていく大きくなる月は、強く、大きく、明るく、よりハッキリと現れてくることになります。月が欠けていく様子は、減少していき、徐々に暗くなり、小さくなり、徐々に消えていきます。

❖ディグニティーのない月が8ハウスにある

8ハウスにある惑星は、アセンダントを見ていないため、見られることや行動することが困難であり、弱っていると考えられます。月が8ハウスにある場合、特に衰弱しているとされました。しかし、月がそのサインでディグニティーを持つなら、8ハウスにあることの最悪の影響は軽減されることに注意してください。

惑星の吉作用

❖アンギュラー・ハウスやサクシダント・ハウス

これらは惑星が強くなり、目に見え、行動することができるハウスです。ただし、重要な例外として8ハウスがあります。このハウスはサクシダントですが、アセンダントにアスペクトしないためマレフィックと考えられています。

❖木星や金星との良好なアスペクトで、リセプションを伴うもの

惑星からのアスペクトは、ベネフィックであれマレフィックであれ、その効果を評価するためには、主に条件とリセプションに依存します。

❖カジミ、太陽の中心にある

これは先に、コンバストの節で説明したとおりです。太陽と17分以内で緊密に結合している惑星は、王の心臓にいるようなもので、至極幸運に恵まれていると考えられます。

❖太陽、月、水星がディグニティーを持つときに、良いアスペクトをしている

惑星がこの3つの惑星のいずれかとコンジャンクション、セクスタイル、トラインにあるとき、それらはベネフィックとして働き、好ましい影響を与えるとされています。

❖ノース・ノードとのコンジャンクション

ノース・ノードはベネフィックな木星の性質であり、その近くにある惑星の力を増大させたり、拡大させたりする傾向があります。これは必ずしも良いことではないことに注意してください。ノース・ノードの近くに条件の悪い凶星があると、災いを引き起こす能力が高まるのです。

❖順行とセカンド・ステーション（留）

ファースト・ステーションにある惑星が特に衰弱しつつあるように、セカンド・ステーションにある惑星は、人生を好転させ、動き出すための準備を整えつつあります。

❖ルーラーシップやイグザルテーションにあるとき

主要なディグニティーを持つ惑星は、強化されていると判断されます。

❖2つのマイナーなディグニティーにあること

2つのマイナーなディグニティーを持つことは、主要なディグニティーを1

つ持つことと同じ強さであると見なされます。

　5つのディグニティーのシステムを使用すると、そのドミサイル、または
ルーラーシップのいずれかにある惑星は、尊厳と恩恵を受けます。その他の
マイナーなディグニティーは、惑星が2つ以上のディグニティーを持つ場合
に重要視されます。例えば、惑星がそれ自身のトリプリシティーとタームに
ある場合、ドミサイルやイグザルテーションにある惑星と同じような威厳が
あると見なされます。1つのマイナーなディグニティーはそれほど重要視さ
れませんが、惑星をペレグリンから遠ざけることはできます。

❖惑星が「おのずと喜びを感じる」ハウスにある

　このことは、次の2つの意味で解釈されます。

　彼らがジョイとなるハウスに入っていると － 私たちは、ハウスの章で、「惑
星のジョイ」について述べたとおりです。あるいは、ジャン・バプティスト・
モラン（Jean-Baptiste Morin 1583 － 1656／ラテン語名でモリナス）の言葉で
いうと、それは「そのハウスにある惑星が、領域との類似性や、親和性を持
つハウスにいること」です。例えば、2ハウスはお金や所有物と関連してい
ますから、木星がその意味する類似性を持つことになり、木星は当然その意
味で2ハウスを悦ぶことになるわけです。

❖ペレグリンの惑星が、レシーブされている場合

　エッセンシャル・ディグニティーを持たない惑星は、完全にそのルーラー
に依存します。レシーブしてもらうためには、その惑星はそのルーラーとホー
ル・サインのアスペクトが必要です。それから、ルーラーの位置や状態を見
ると、それがどの程度役に立つかを判断できます。

❖全円環の一番高いところ

　これは、エレベートやチャートの一番高い所に在ることで、9ハウスか10
ハウスのどちらかになります。

❖太陽の光のもと（アンダー・ザ・レイ）から抜け出す

惑星が太陽の光のもとにいる状態から抜け出し、見えるようになることを意味します。次ページのヒリアカル・ライジングの注釈を参照してください。

❖適切なセクトにある

セクトの節（第十三節）を参照してください。

❖同じジェンダー（性別）のサインにある

太陽、火星、木星、土星は男性格の惑星と考えられ、男性的な火のサイン、または風のサインにいることで恩恵を受けることになります。月と金星は女性格と見なされ、女性格の地や水のサインにいることで恩恵を受けることになります。太陽の前に上昇する水星は男性格と見なされ、太陽のあとで上昇する水星は女性格と見なされます。

❖惑星のステイク（ホール・サインでのオポジションやスクエアのこと）に、ベネフィックがあるとき

オポジションやスクエアは、難しいアスペクトとされていますけれども、金星や木星からのアスペクトを持つことは幸運です。ただし、これもまた、惑星の状態やリセプションがあるかどうかによって異なってきます。

月に特有の幸運状態

月の光が増大しているとき、つまり、満ちていくとき。満ちていく月は強くなり、明るくなり、顕著に力強くなります

ヒリアカル・ライジングとヒリアカル・セッティング

もう一つ、ヘレニスティック占星術で用いられた重要な惑星の条件があります。太陽から15度未満の惑星は、「太陽の光のもとにある」ので見えないと述べました。もし、その惑星が、その人の誕生から1週間以内にその状態

から抜け出すと、**ヒリアカル・ライジング**、つまり太陽のもとから抜け出して見えるようになるといわれているのです。惑星がヒリアカル・ライジングになるのは、惑星が手を振って、「ねえ、私に気付いて！」と注意を喚起しているようなものです。

反対の条件である**ヒリアカル・セッティング**は、惑星が誕生から1週間以内に太陽の光の中に（アンダー・ザ・レイ）入っていく場合のことです。その惑星は注目をされなくなり、隠され、太陽に食べられてしまうのです。

表17：ディグニティーと、デビリティーの要約したリスト

これは、惑星の状態を評価する際に、肯定的な点と否定的な点を解析するための、簡略化された表です。

ポジティブな条件

カジミ（太陽との完全結合）
順行、セカンド・ステーション
ルーラー、イグザルテーション、あるいは2つのレッサー・ディグニティーにある
アングルか、サクシダントにある
アンギュラリティーによる強さ
ノース・ノードとのコンジャンクション
ペレグリンだが、良い状態にあるルーラーにレシーブされている
他の惑星と良いアスペクトを持つ

ベネフィックに囲まれる、またはマレフィックとのアスペクトを離れ、ベネフィックにアスペクトで近づく
ヒリアカル・ライジング
性別が一致しているサインにある
月が満ちていく

木星か金星とリセプションを伴った良いアスペクトをしている。あるいは、リセプションを伴わせて、ディグニティーのある太陽、月、または水星とアスペクトをしている
自らのジョイのハウス、または意味に類似性のあるハウスにいる
セクトにある
ベネフィックとのステイクにある
そのルーラーとアスペクトにある

ネガティブな条件

コンバスト、アンダー・ザ・レイ
逆行、ファースト・ステーション
デトリメント、またはフォール
ケーダント・ハウスに入っている
アンギュラリティーによる、ケーダント
サウス・ノードとのコンジャンクション
ペレグリンであり、ルーラーによるリセプションもない
野生にあり、他の惑星と一切のアスペクトをしていない
そのサインのルーラーの位置の反対側、ルーラーはデトリメントになる
2つのマレフィックに包囲されているか、ベネフィックとのアスペクトを離れ、マレフィックにアスペクトで近づく
ヒリアカル・セッティング
性別が異なるサインにある
月が欠けていく
ディグニティーのない月が8ハウスにある
火星や土星との辛いアスペクトで、リセプションを欠いている
類推される意味に、なんら関わりのないハウスの中にいる
アウト・オブ・セクト
マレフィックとのステイクにある
そのルーラーが見えない場所にある

第二十三節　モランに学ぶ解釈の原則

　この章で私たちは、評価を観察することから、意味や解釈を考察することへと移行していきます。

　惑星を観察してその状態を把握したならば、次にその惑星の意味をどう解釈するのか、どこでどのように働くのかを考える必要があります。そのために、解釈の枠組みが必要になります。

❖『*Astrologia Gallica Book 21*』− 必読書

　幸い、それを実現する優れた伝統的なテクストが存在しています。ルネサンス時代のフランスの占星術師、ラテン語でモリナスとして知られているジャン・バプティスト・モランが執筆した何巻もある巨大な論文『*Astrologia Gallica*（アストロロギア・ガリカ）』の第21巻です。

　伝統的な占星術について学ぶべき一冊があるとすれば、これです。この本は、合理的な解釈の原則を明確に、かつ実践的にまとめたまさに驚くべき著作です。私はもう10回以上読み返していますが、常に新しい発見があります。

　この章は、モラン式のチャート解釈の核となる原理を、とても簡潔に紹介したものです。思い切りよくコンパクトに圧縮したため、各ポイントは瞑想の良い課題になりそうです。

　［本書を］読めば、始めるのに充分な情報が得られると思いますが、原典に目を通す重要性はいくら強調してもしきれません。

モランに学ぶ原則

　ここでは、モランの解釈体系を、使いやすい、シンプルな基本原理として紹介しようと試みています。

　1）惑星は主に、自分自身の入っているハウスで活動します
　2）惑星は、自身が支配するハウスに影響を及ぼします

3）惑星は、自身が入っているハウスを支配する惑星の影響
も受けるため、双方向に影響します

4）どの惑星も、次のような影響を受けます

    a）同じハウスに入っている他の惑星

    b）そのハウスの支配星及び／または、ハウスのアルムーテン（そのハ
ウスに影響を与える最もディグニティーの高い惑星）

    c）アスペクトしている他の惑星、特にステイクにある惑星

他のどのような事柄でも、この核となる基本原則をもとに、関わる惑星の
状態、位置、相互作用に応じて派生していきます。

惑星たちの状態を評価する際には、エッセンシャル・ディグニティー（品
質）とアクシデンタル・ディグニティー（行動力・能力）の両方を考慮する
必要があることを忘れてはなりません。

類似の原則

モランは、惑星と、それが作用しているハウスとの類似性の原則を紹介し
ています。類似性とは、共鳴のように、目的やスタイルが似ているといった
意味です。

木星が2ハウスにあったとしましょう。木星は2ハウスと特に直接的な関連
性がなくても、2ハウスの富と豊かさの質を共有しています。つまり、木星
は2ハウスと類似性を持っているので、その作用は利益を増大させることに
なります。

土星が2ハウスにあった場合、土星の効用は制限や妨害であり、貧しい時
期や貧困と関連することもあります。土星は2ハウスと類似性を持っていな
いため、その良い作用が減少するか、マレフィックになりやすいのです。

これは、土星が2ハウスで肯定的な効果を発揮しないことを意味しません。
しかし、土星の真の美徳を受け取るためには努力が必要です。

木星が2ハウスにある方が、一般的に土星よりもずっと良いものです。

類似性は、次のような関係に使うことができます。

a）惑星と、その惑星が入っているハウス

b）惑星と、それが支配するハウス

c）ハウスはそれ以外に、ルーラーシップやアスペクトで関連しています。11 ハ
　ウスから 2 ハウスへのアスペクトは、この 2 ハウスが幸運なハウスとして類推
　されるため、良い効果が強まるでしょう。それらの目的が連動するからです。

惑星の状態の評価

　いったん、惑星の位置のディグニティーとデビリティーを全て考慮したら、
次のような常識的なルールが適用されます。

　好調なベネフィックは、真摯で継続的な幸運をもたらします。

　まあまあ好調なベネフィックは、ある程度の幸運をもたらしますが、一貫
するほど強くはなく、しばしば、あるいは、時にはいくらかの弊害を伴わせ
ます。

　ベネフィックの調子が悪いと、好調な状態が崩れたり、マイナスになった
り、成就しない約束をしたりします。これは、ベネフィックがいわゆるアク
シデンタルなマレフィックとして機能する場合のことです。

　好調な状態のマレフィックは、最終的に幸運を生み出しますが、努力と挫
折を伴います。いくらその状態が良くても、土星は土星、火星は火星です。こ
れは、マレフィックな惑星が偶然ベネフィックな働きをするケースなのです。

　まあまあの状態のマレフィックは、間違いなく面白くなく、不運の原因と
なりますが、おそらく断続的なものです。

　調子の良くないマレフィックとともにあると、深刻で継続的な不運に見舞
われる可能性が高くなるのは、マレフィックに強い邪気があるからです。こ
れは必ずしも害悪を意味するものではありませんが、マレフィックな影響の
強い惑星は、多大な努力と善意を持ってしてもプラスに転じることはとても
難しく、マレフィックが人の手を煩わせることも大いにあり得ます。これは、
占星家かどうかにかかわらず、一部の現代人にとって受け入れがたいことだ
とは思いますが、現実的にそうなります。マレフィックはマレフィックでし

かないこともあるのです。私たちは、自分の人生における全ての幸運と不運をコントロールできるわけではありません。自分に起こる全ての不運が当然だと思えるわけもなく、善良な人に悪いことが起こることもあります。

　私は、マレフィックな災難に対処する際には、自己を責める考え方を捨てることが極めて重要だと思います。何か悪いことが起こったとしても、それはあなたのせいでもありませんし、やむを得ずあなたがそうしたという意味でもありません。不運と責任の所在を結びつけてしまうと、破壊的な罪悪感や恥辱につながります。

　ほとんどの場合、惑星の状態は両極端の間のどこかにあり、良い点と悪い点が交ざり、ディグニティーとデビリティーが混在しています。

　その良いところと悪いところを天秤にかけて、資質がどのように組み合わせて働いているのかを見るのが楽しいところです。ディグニティーとデビリティーがそれぞれどのように作用するのかが分かれば、それらがどのように組み合わされるのか、細かなニュアンスで描き出すことができるのです。

ペアとなるハウス

　モランはよくオポジットにあるハウスについて、あるハウスの惑星が対極のハウスの事柄に、どのような影響を与えるかを語っています。そして、あるハウスに影響を与える何ものでも、その反対側のハウスによって意味が彩られるのです。

　これは、ハウスの意味がどのように定義づけられるかの一般的な原則にもなります。ペアとして考えれば、その相対的な意味は互いに親和性を持つのです。

　一般的な解釈原理として、オポジション／スクエア／クロスの陣形のステイクに関連していると考えられます。それをモランは、惑星の影響力やパワーよりも、行動の課題として述べています。

惑星の順序

　モランは、ベネフィックとマレフィックの順番について話していますが、この原則は、一般的に惑星の順番にも当てはまります。

　木星がハウスの前の方の角度にあり、土星が後の方の角度にある場合、幸運の後に不運が起きるといった効き目があります。あるいは、ある惑星が最初にマレフィックとアスペクトし、次にベネフィックとアスペクトすると、不運の後に幸運が訪れることになります。

　ディレクションやトランジットをする惑星が、度数順に惑星とのアスペクトを発生させると考えれば納得がいくでしょう。

　特に、1つのハウスに複数の惑星がある場合、惑星の順序にそって、最後の惑星が結果や最終的な表現となり、惑星の作用の順番について何かを語ります。惑星の並びを物語のように読み解くことができるのです。

ハウスの結び付き

　ハウスは、惑星の支配権による課題によって結び付けることもできます。

　惑星が入っているハウスと、その惑星が支配するハウスの間にはつながりがあり、それぞれがそれぞれに影響を及ぼします。

　[例えば次ページの図30のように、] 5ハウスの双子のサインに火星があるとすると、水瓶のサインが上昇していることになります。この場合、5ハウスの事柄は、3ハウス（サイン牡羊）と10ハウス（サイン蠍）を火星が支配していることから、これらのハウスの事柄に関連することがあります。職業（10ハウス）が、子供、創造性、レジャー活動（5ハウス）に関連している可能性が出てきます。

　惑星が相互作用するときは－コンジャンクションしている、支配権を握っている、また、どのようなアスペクトであっても－そのディグニティーに基づいたリセプションを考慮に入れます。私はアスペクトのタイプよりも、そのディグニティーとリセプションが、その質を形成していると思います。

[図30]：双子のサインに火星があるとき

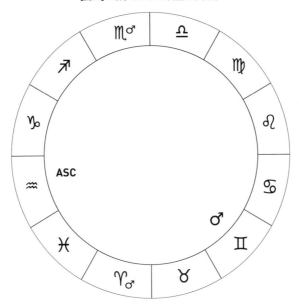

惑星の力と効果

　惑星の行動［アクション］は、その惑星が位置するハウスで最も［顕著］になります。モランは"パワフル（powerful）"を使い、占星家のベン・ダイクスはパワフルの代わりに、"即時の・直接の（immediate）"を使っています。この2つの訳語は、微妙に異なる次元の意味を捉えていると考えられます。

　惑星は所属するハウスの影響を受けますが、同時にそのルーラーの状態にも影響を受けます。このような惑星とルーラーの関係はありますが、惑星そのものは物ごとの始まりとして現れ、ルーラーは最終的な結果の質を決定するともいえます。調子の悪い惑星を、調子の良い惑星が支配している場合、このハウスの事柄は、出だしは悪くても、結果的にはうまくいくことを意味します。その逆の状態もまたあり得ます。

第二十四節　格言集

　私たちは、全てのビルディングブロックをそろえて準備を整え、解釈の原則も手に入れました。解釈のアウトラインに進む前に、これまでに取り上げてこなかった興味深い見解があります。この章ではそれらについて述べたく思います。

　伝統的な占星術の多くのテクストには、[格言集]と呼ばれる章があり、それらは、さまざまな解釈のための珠玉の知恵を集めた雑多な短い章になっています。多くの場合、それらはそのテクストの中で最も優れた資料の1つです。例えば、グイード・ボナタスの『146 Considerations（146の考察）』は、彼の膨大な本の中でもよく知られた短い章のセクションであり、最も豊かな意味を持つものの1つです。

　この章は、私の尊敬する先達の足跡をたどるとともに、伝統的なチャート解釈の参考になるような考え方や見解で構成されています。

❖**格言**

　複数の惑星が1つの惑星やポイントにアスペクトをとる場合、それらのアスペクトが時間的に完璧な整列順で、順序やプロセスを記述すると観察できます。

　同様に、1つのハウスに複数の惑星がある場合、惑星の度数の整列順を、順序やプロセスとして考えます － つまり、惑星たちの整列順が、ディレクションや、プログレスや、トランジットによって引き起こされる順番になります。そのハウスの中で最も早い角度にある惑星は、プロセスの発端となり、最も遅い惑星はそれを完結させます。

❖**格言**

　サインの後半度数にある惑星は、通常、衰弱していると見なされます。これには、2つの理由があるようです。

　第一に、そこはマレフィックのタームやバウンドです。全てのサインの終

りの方の角度は、バウンドのロードが火星か土星のどちらかになっています。

　第二に、終わりの角度に位置する惑星は、不安定だと考えられます。つまり、その惑星が現在のサインに完全にとどまっておらず、次のサインにも移行していないためです。[※2]

❖格言

　解釈の構築にあたっては、シンプルに、具体的に、最も基本的な意味から始め、そこから構築していきます。

　常にビルディングブロック（セクト、ホット / コールド / ドライ / ウェット、カーディナル / フィクスト / ミュータブル、アンギュラー / サクシダント / ケーダント、基本的な惑星とハウスの意味、ディグニティーなど）を考慮に入れながら、それらから解釈を導き出すようにします。

❖格言

　ハウスのルーラーは、そのハウスの結果や、原因の源泉を決定します。例えば、2ハウスのルーラーが10ハウスにある場合、2ハウスの財産は10ハウスの事柄の結果とするのです。

　つまり、惑星は自分のいるハウスで活動し、その最終的な効果や結果は、その惑星が支配するハウスから得られるのです。

　惑星は、それがルーラーとなったハウスにある惑星からも影響を受けます。その影響は一方的ではなく、相互に影響し合うものです。

　先の例で、3つのポイントをあげると、土星は10ハウスの天秤のサインにあり、1ハウスの山羊のサインと、2ハウスの水瓶のサインを支配していて、金星が2ハウスの水瓶のサインにあるとします。10ハウスにある土星（マレフィック）は、即座に（キャリアを阻害する）作用を及ぼし、それが支配するハウスに影響を及ぼします。1ハウス（自尊心を傷つけ）、2ハウス（収入を制限）します。土星はまた、支配している2ハウスにある金星の影響も受

※2　惑星は3度の本体を持っていると考えられ、29度にあると片足だけが次のサインに入っていると表現されることもあります。

けるので – 職業（10ハウス）は、金星的な芸術性を帯びたり、穏やかさであったり、人間関係的な側面を持つ可能性があります（10ハウスの天秤のサインは、金星が支配しています）。

❖格言

　私が伝統的な占星術から学んだ最も貴重なレッスンの1つは、人生の困難な部分を受け入れようとする、ときにはストイックな姿勢です。

　運命論を受け入れることと、限界を受け入れることには、成熟の度合いの違いがあります。

　否定的な何かが起こる可能性を否定することは、実際には精神的な未熟さの一種です。我々はそれが好きでも嫌いでも、我々が住んでいるこのちょっと狂った惑星のルールの1つは、人生の途上での最大の贈り物のいくつかは、最大の苦しみの中から生まれるようになっているからです。苦しみを避けようとすると、その最大の贈り物のかずかずから、私たち自身を遠ざけてしまいます。

　あなたがクライアントのチャートで見た問題から、クライアントを守ろうとしないでください。それは失礼であり、見下した態度です – あなたは、クライアントが弱くて敏感で、物事が自分の思い通りにならないことに耐えられないと暗に言っているのです。あなたのフィードバックは、敬意とやさしさをもって組み立てられ、かつ正確なフィードバックをクライアントに提供します。

　自分自身の苦しみの原因を否定すると、人は真実を自ら奪うことになります。あなたが他人の盾になると、他人からも真実を奪ってしまいます。

❖格言

　あるハウスに位置する惑星は、そのハウスに関連する外的な出来事や人々、**そして、その人が人生のどの部分とどう関わるかの両方**を表しています。私は、外的な要因から始めると、最も正確で現実的な解釈が得られると考えていますが、惑星の意味する両方の側面が必要なのです。

　水星は、他のどの惑星よりも常にその人の個性を理解する上で重要な惑星

です。水星は、その人の意識、心の使い方を支配しているからです。

❖格言

　占星術は心理分析ではありません。解釈を具体化するためには、出生図の持ち主自身の生活環境に沿わせた文脈が必要です。フィードバックする前の最初のチャートの解析は、その人の人生の事実をある程度知っているときに初めて埋められる、ある種の型枠を提供します。私にとっての本当のリーディングは、チャートを文脈の中で［組み立てられる］と感じ取るまで、始まらないのです。

　占星術のチャートを正確に解釈できるようになるのに、直観力や霊感は必要ありませんし、一部の現代的なアプローチとは異なり、伝統的な占星術は霊感の訓練の場でもありません。ルールに従い、手順を学び、その枠内にとどまります。その枠組みから外れて直感的に解釈しようとすると、どこにも飛び出せず、とんでもない方向に進んでしまうのです。

❖格言

　その人の人生の実際の状況についてのフィードバックがなければ、あなたが提供できる具体的な解釈には限界ができてしまいます。10ハウスの火星は、この人の10ハウスの経験（キャリア、上司、支配する人、評判）が、武術的な性質を持つことを意味します。けれども、フィードバックがなければ、その武骨な性質を一般論として説明することはできても、その武骨な性質がどのような形で現れるかを正確に予測することはできません。

❖格言

　エッセンシャル・ディグニティーを通して考えることは、宇宙の秩序の中での、その人に与えられた立ち位置を見せることです。

　まさしく、惑星や星々に順序や場所があるように、私たちにも居場所があります。

　チャートに問うべきことは、チャートの結果から、あるいはチャートに関わらず、自分の人生で何ができるかではなく、むしろ、私に与えられた役割

についてチャートは何を告げているのか、どうすればその役割を果たすことができるか、ということです。

それは、ストイックに神々からの自分の運命を潔く老練に受け入れる、成熟した方法です。

ヴィクトール・フランクル（Viktor Frankl 1905 － 1997）[※3]の言葉を借りれば、人生の意味を問うのは私たちの方ではなく、人生での出来事こそが私たちに人生の意味を問いているのです。私たちは、自分ではコントロールのできない既存の秩序の中に生まれ、その秩序の中で自分の立ち位置に意味を持って対応することこそが人生の課題なのです。

❖格言

傷ついた惑星。 よく、1つの惑星が特に衰弱している場合、その惑星がその人の人生の焦点になることがあります。その問題のある惑星をうまく利用し対処することを学ぶと、その人の重要な強さの源となることがあります。

ヒーリングをする人は、自分自身が傷ついていたところを癒す力が一番強いのです。問題のある惑星には、そういうことがよく起こるものです。

❖格言

ある人のチャートを読み解く際には、始めに、次のように尋ねるのはとても価値があります。なぜここに来たのですか？どんなことが気になっているのですか？なぜ、今、自分のチャートを解釈してもらおうと思ったのですか？などです。質問の意図を明らかにするこの問いこそが、チャートを解釈する骨格になります。伝統的な占星術のほとんどは、漠然とした普遍性を求めるのではなく、具体的な質問に答える明確な方針で組み立てられていきま

※3　ヴィクトール・エミール・フランクル（1905-1997）は、オーストリアの精神科医。ウィーン大学在学中にジークムント・フロイトに師事。第二次大戦時期、ナチス・ドイツが建設したアウシュヴィッツ＝ビルケナウ強制収容所へ収容されましたが、奇跡的に生還しました。その経験から、人間には食欲や睡眠欲などと同じように「生きる意味」への根源的な欲求があると考え、ロゴセラピーを創始しました。その中で、自分を中心にして人生を眺めるのではなく、人生を中心にして自分を眺める必要があると、人生観のコペルニクス的転回を主張しました。著書に強制収容所時代の体験を書いた『夜と霧』があります。

す。ですから、あなたから質問をしてみてください。

❖格言

　コンサルテーションの時にチャートを描くことで、リーディングを求める
クライアントの心の問題を読み取ることができる場合もあります。これは、伝
統的な占星術と現代占星術の両方に強く根ざしているテクニックです。私は、
これはとても役に立つものと思います。

　コンサルテーション・チャートを作成する場合は、特に1ハウスの惑星、1
ハウスの支配星、月の位置と状態を確認すると、何を中心にリーディングす
るべきなのか、何らかの情報を得ることになります。

❖格言

　ノードに近接する惑星をチェックします。ノース・ノードに近い惑星は拡
大され、重要性を増すことがあります。サウス・ノードに近い惑星は、減少
または衰弱し、その力と効果を減少させることができます。

❖格言

　ロット・オブ・フォーチュンや、ロット・オブ・スピリットに近接する惑
星をチェックします。これらのポイントは、太陽と月とアセンダントに密接
な関係があるため、その人にとって重要なポイントになるからです。これら
の場所に惑星を持つ人は、自分の運勢を作り、それがその人の個性に組み込
まれているものです。

❖格言

　惑星が占める度数を確認します。複数の惑星が同じ度数（1〜2度以内）に
ある場合、ある惑星を刺激するトランジットやディレクションは、アスペク
トでも他の惑星をも刺激します。これらの惑星の関係を調べると、その人が
抱えている問題が全て同時に活性化される可能性が高いからです。

　あるいは、複数の惑星が狭い範囲内に置かれている場合、それらの惑星た
ちは順番に引き金となります。

❖ 格言

　エッセンシャル・ディグニティーとデビリティーを観察する際に、強いデビリティーにある惑星は、強いディグニティーにある惑星の逆のように、それ自身の困難な方法で強力になります。牡羊のサインでフォールになる土星と、蟹のサインでフォールになる火星は、ハウスの位置やアスペクトによっては、特に不運をもたらす可能性があります。

❖ 格言

　バランスの原理を考えてみてください。チャートの難しい部分やネガティブな部分を目立たなくしたり、ごまかしたりすると、結果的にポジティブな部分をも衰えさせてしまい、中途半端で曖昧なものになってしまうのです。

　人々の生活は、一方では神々に近いものから、他方では地獄のような恐怖までさまざまです。私たちの占星術は、その両方を素直に受け入れることができるほど、雄大なものであるはずです。

❖ 格言

　5ハウスは金星のジョイとなるところで、これこそが、金星の芸術的な取り組みが、このハウスに属する理由です。

　ですから、5ハウスに金星のある物書きは、娯楽や美のための物語の話し手であり、詩人や小説家になります。同様に、5ハウスの惑星は、娯楽、喜び、楽しみとしての音楽を意味することがあります。

　コミュニケーションやアイデアの媒体として書くことは、教えや哲学に関係する3ハウスや9ハウスの軸と関係があります。

　創造性としての5ハウスはモダンな概念ですけれども、どうやら、このハウスの金星的な側面とつながっているようです。

❖ 格言

　2ハウスは所有物ではなく、「価値観」であるとは漠然としすぎており、むしろ、強い道徳的規範や信念の意味を持つ「価値観」は、3ハウスや9ハウスの軸の方が適していると思います。

それと同時に、その人が心の中で抱いている最も大切にしているものの1つを表すロット・オブ・フォーチュンにも注目してください。

❖格言

12ハウスの土星はジョイにあり、そのハウスの意味と類似しています。ですから、ケーダント・ハウスとはいえ、土星は12ハウスからかなり強い影響を及ぼします。しかし、出生図の持ち主はその行動に気づいたり、意識的にコントロールしたりすることができないかもしれません。このハウスは定義上アセンダントのアバースにあたり、見えないからです。

❖格言

具体的にすること。間違った解釈をすることもあるでしょう。とにかくそれを共有し、チャート自体に語らせることです。ある解釈がうまくいかないときは、その理由を考えてみてください。これは、リーディングの最初の段階、つまり、まだ「物事が整理されていない」段階にあるからです。

チャートをうまく解釈できるようになるには、チャートが実際にあなたに語っていることを信頼することを学ぶことです。

❖格言

私は、惑星がセクトから外れていると、権力から外れている、尊敬されていない、流行遅れの集団などに関連する意味として捉えられるのを、何度も経験してきました。

❖格言

私は、3ハウスと4ハウスのどちらも、家庭や生活環境に関係があると思います。

❖格言

フォールの惑星についてのもう一つの解釈は、その惑星が、自分が尊重されていない、聞かれていない、見られていない、真剣に受けとめられていな

い、と感じているのを意味することです。これは、フォールの惑星を持つ人が、自分がしていることを他の人が見ていないかのように行動することを意味する場合もあります。つまり、彼らは、自分では秘密だと思っていることを、周囲の誰もが気付いていながら、何もいわずに陽気にやっているのかもしれないのです。

　例えばこういうことがありました。フォールの金星を持つ人が結婚していながら不倫をしていて、もう完全に秘密だと思っていたのに、配偶者や多くの友人がそのことを知っていたことがありました。

第二十五節　解釈入門 概要

　本書の第一部では、チャートの解釈を、家の建築に似ているとして、柱、板、ハンマー、釘などの部品と道具を紹介しました。

　第二部では、惑星の状態を評価するために使用される一般的な原則を、モランの研究成果をもとに、解釈のためのルールの枠組みについて解説してきました。

　あとは最適な構造、つまり一般的な家ならば、全てを骨組みから見渡せる設計図を必要としています。そこで私たちは少し敷地の周りを歩いて、いくつかのモデルハウスを内見してみましょう。

　このセクションでは、今回取り上げた原則を使ってチャートを描くために、包括的、かつステップバイステップでアウトラインが紹介されています。

　その後に、このアウトラインを使ったチャートの例をいくつか載せているので、その説明の中で、原理がどのように作用しているかを確認できるでしょう。いくつかの例は有名人のものであり、それらのチャートのデータも提供しています。2つの例は、私の顧客や知人のものであり、それらのチャートは、チャートのデータを省略し、個人情報を一部省略、または変更して匿名で紹介しています。

　チャートの解釈のアウトラインを説明する前に、重要な一般原則がいくつかあるので、常に心に留めておくことをお勧めします。

解釈する前に、惑星やその位置の状態を評価すること

　どの惑星でも、その意味を明らかにする最初のステップは、その惑星のエッセンシャル・ディグニティーとデビリティーを精査することです。これによって、その星の基本的な状態を知ることができます。

　常に、ルーラーシップとイグザルテーション、デトリメントとフォールを観察します。詳しく知りたい場合は、3つのトリプリシティーのルーラーと

タームのルーラーを含ませてもよいでしょう。厳密にはシステムの一部なの
ですが、フェイスのディグニティーを見ることはほとんどありません。

　2つ目のステップは、惑星の状態に影響を与える他のもの、アクシデンタ
ルなディグニティー－つまり、ハウス位置、速度、進行方向、アスペクトし
ている他の惑星などの確認です。これによって、その惑星の作用の見えやす
さ、力強さ、そして、その作用の質を変える他の仕組みの両方について知る
ことができます。

❖チャートのセクトを頭の片隅に置いておくこと

　惑星の作用は、その惑星がチャートと同じセクトにあるかどうかに、強く
左右されます。それは、惑星の能力の主要な要因ではないですが、忘れては
ならないものです。

❖どのポイントもステイクで見る

　どの惑星の作用も、同じサインの惑星や、オポジションやスクエアのサイ
ンの惑星に［強く］影響されます。

❖ホール・サイン・アスペクトで注目

　伝統的な占星術では、ホール・サインのアスペクトが第一義的であり、角
度によるアスペクトは特殊なケースです。ホール・サイン・アスペクトは、ス
テイクにある惑星にとって特に重要です。

❖アスペクトを見るときに、リセプションを検討する

　2つの惑星の相互作用を調べるときには、それらの間にどのような種類の
アスペクトがあるのか、あるいは彼らがアバースになっていないかを調べる
ことです。そして、どのルーラーシップのレベルでも、それらの間にリセプ
ションがあるかどうか、時間をかけて調べてください。惑星やアスペクトに
関係なく、リセプションがある2つの惑星は、その間にリセプションがない
場合と大きく異なった結果になります。リセプションは、影響力と協力する
能力の強力な尺度です。

第二十六節　チャート解釈のアウトライン（概観）

　アウトラインを観察する目的は、新しいチャートを解釈する際に、歩みを進めるべく構造化された手順を手に入れることです。この練習により、チャートの中から焦点を絞る必要のある、重要なポイントを選び出すことができるようになります。

　全ての惑星が同じように重要なわけではなく、通常、チャートの意味を強く支配するのは1つか2つです。アウトラインは、それらの重要なポイントや、それらが影響する人生の領域を見つけるのに役立ちます。

　（注意　現代の3つの外惑星を使うにしても、まず聖なる7つの惑星だけでアウトラインを確認することをお勧めします。そうすれば解釈の基礎ができるのです。その後、外惑星を加えて2回目のアウトラインをなぞれば、何が変わったのかを意識できます）

全ての惑星の状態を精査する

　まず、2つの主要なディグニティーである、ルーラーシップとイグザルテーション、そして、デビリティーである、デトリメントとフォールから始めます。どの惑星が特に良い状態か、悪い状態かを確認します。

　どの惑星が主要なエッセンシャル・ディグニティーやデビリティーを持っているかに注意するのです。それらが複数ある場合は、それらの間にアスペクトがあるかどうかを確認します。目立って良い状態にある惑星と、目立って悪い状態にある惑星は、その人にとって重要な焦点になる可能性があります。なんらかの形で衰弱している惑星は、必ずしもネガティブな結果にはなりませんが、挑戦的であることを示しています。

アングルを観察する

　アングルに張り付くか近くにある惑星、特にアセンダントとミッドヘブンにあるものは、強く、目に見え、重要な存在となるでしょう。

　アセンダントのモード － カーディナル、フィクスト、ミュータブル － をチェックすることで、世間での振舞い方が見えてきます。ミッドヘブンが10ハウスにあるなら、アセンダントと同じモードとなり、その振舞い方がより際立つものになります。

　ホール・サイン・ハウスを使う場合、ミッドヘブンがそこになるかどうかに関わらず、10ハウスも調べてください。

　ミッドヘブンがどのハウスにあるかは、その人の天職や使命感にとって重要な可能性が高いので、チェックしてみてください。

セクトのチェック

　昼のチャートか夜のチャートかを判断し、2つのベネフィックと2つのマレフィックをチェックします。

　他の条件が同じであれば、チャートのセクトに属する惑星は、より役に立ったり、より害が少なくなったりし、セクトから外れた惑星は、より役に立たず、より害が多くなります。他のディグニティー、ハウスの位置とアスペクトは、このルールを変更することができます。特にチャートのセクトにあるベネフィック（別名グッドガイ）と、セクトを外れたマレフィック（別名バッドガイ）に注意してください。利益やトラブルの可能性のありそうな源として、彼らの位置、状態、そして彼らが支配するハウスを観察します。

アセンダントのロードと、1ハウスに入っている惑星の観察

　1ハウスは出生図の持ち主自身を表すので、そこにある惑星は［個人の］本質を表すための重要な要素となります。

惑星のモードとエレメントのバランス

　惑星のモード（カーディナル／フィクスト／ミュータブル）のバランスと、エレメント（火／風／水／地）のバランスを一つひとつ確認します。明確な強調やアンバランスがあれば注意してください。伝統的なテクストでは、モードのバランスがエレメントよりも強く重みを付けられていて、それは私の経験と一致しています。

角度で最も近い度数のアスペクトを調べる

　再び、ハウス位置、ディグニティー、リセプションによって惑星を調べます。
　これまでのプロセスに従ってくると、チャートの中に1つ、または2つの目立った特徴が浮かび上がっているはずです。通常、チャートは重要な惑星やハウスを中心に展開されていることがあります。それらをもっと詳しく見てみましょう。この時点で主要なテーマが浮かび上がっていれば、アウトラインを捨てて、その軌跡を追うこともあります。
　この最初の段階で、さらに精査しておいた方がいいポイントがあります。

チャート内の重要な惑星とステイクにある惑星を調べる

　十字型になった4つのハウス内の惑星は、全て同じ時期に活性化する傾向があります。

その他の注目すべきパターン

　もっと詳しく知りたい方は、他にも重要なポイントがありますので、ご紹介します。

❖月と水星の関係や、状態を調べる
　月が感情、水星が知性であることから、この2つの惑星の関係は、思考と

感情の関係、そして本人が最も重視するものを示しています。この2つの惑星がどのようにアスペクトするか、あるいはアスペクトしないかによって、知性と感情が意識し合っているかどうかがわかります。

❖ロット・オブ・フォーチュンを調べる

このロットには、その人が最も幸運を感じる場所、高く評価するもの、最も幸運になりたい場所、または多くの価値を置く場所が書かれていることがよくあります。どのハウスに入っているか、同じハウスにある惑星は何か、そしてそのロードの配置と状態は、そのロット・オブ・フォーチュンがどのように展開しそうかについて、多くを語っています。

❖惑星の一般的な分布を確認する。

これは、20世紀初頭にマーク・エドモンド・ジョーンズ（Marc Edmund Jones 1888－1980）が定式化したチャートの形状分類を指しているのではありません。ここでは、通常のこととして、惑星がどこにあるかを指しています。惑星は、あらかた地平線の上にあるのか、それとも下にあるのか？　あるいは、チャートの一部分に集まっているのか？　重要な惑星が、2つ〜3つのハウスに集まっているのか、そのハウスはどのようなアスペクトを取っているのかなどです。

❖アンティシアとコントラ・アンティシアのチェック

一度パターンを覚えてしまえば、割り出すのに時間はかかりません。アンティシアによるアスペクトは非常にタイトなオーブを使うので、必ずしも重要なつながりが見つかるとは限りませんが、もし見つかったら注目する価値があります。

❖ヒリアカル・ライジングのチェック

それは、惑星が誕生から1週間以内に太陽の光の下から出現することです。これを簡単にするときは、エフェメリスが必要です。多くの場合、そのような惑星は何らかの形で突出した存在になります。

この逆は、惑星が太陽の光の中に入っていく**ヒリアカル・セッティング**です。これは、惑星の影響が隠される、食べられる、あるいは何らかの形で減少することを示すことがあります。

　この時点までに、チャートについて良い考えを持てなかったならば − 戻ってやり直してみましょう。一度、このプロセスがどのように機能するかの感覚をつかんでしまえば、そのようなことはかなり稀なことになります。

評価すべき、一般的な状態（ディグニティー）

　いったん、チャートの要点をピックアップしたならば、次のリストの領域を注意深く見てください。最初の精査は一般的な評価を目的としたものです。その時点で、上記のプロセスでピックアップした重要なポイントにより深く踏み込んでいくことができます。

　これは、チャートの中で興味のある分野や、特定の課題に使える手順と同じです。課題であれば、その課題を支配するハウスからともに始めることになります。そのハウスに惑星が含まれていれば、そこから始めます。そうでない場合は、そのハウスのルーラーに注目します。

　以下の条件をチェックしてください。

　− ディグニティー、エッセンシャルとアクシデンタル

　− デビリティー、エッセンシャルとアクシデンタル

　− その惑星が入っているハウス、そのハウスに他の惑星がある場合

　− ハウス、またはポイントを支配する惑星 − その配される位置と状態、およびアスペクトしているかアバーションになっているか

　− それらによって支配されるハウスと惑星は − アスペクトしているかアバーションになっているか

　− ホール・サインでアスペクトしている惑星は、「ステイク」にあるか − コンジャンクションか、オポジションか、スクエアか

　− 近接した角度ベースのアスペクトの、アプライするものと、セパレート

しているもの

　－一般的なリセプション－惑星は互いにどのようなレシーブをしているのか、していないのか

　－アンティシアとコントラ・アンティシア

解釈とさまざまなロッツ

　パート・オブ・フォーチュン以外のさまざまなロットは、通常、特定の主題をより詳細に調べたいときに観察することにします。これらは、最初の精査が完了した後の、チャートの解釈の第二段階の一部となります。

第六章

解釈の事例

例1の導入部：火星の上昇

　ここで、これまでに調べてきた全てのビルディングブロックを組み合わせて、ある重要な惑星の解釈を行いながら、いくつかの例を挙げていきたいと思います。

図31：火星の上昇

　例になるチャートは、天秤のサインの1ハウスに火星が上昇していて、アセンダントとコンジャンクションしているものです。天秤のサイン・ルーラーである金星は、12ハウスとなった乙女のサインにあります。

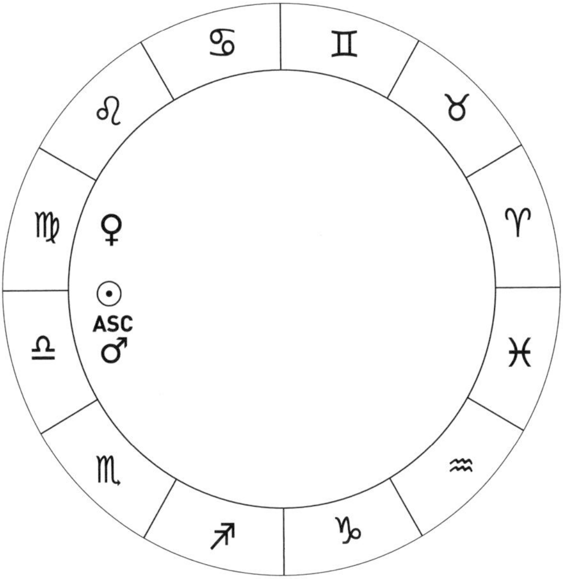

ここでは、ビルディングブロックだけを使用して、ステップバイステップで火星の解釈をする予定です。

　火星は状態に関係なく、とにかく火星らしく振る舞います。

　これは昼のチャートです － 太陽はちょうど地平線の上にきています。火星は夜行性ですが、このチャートは昼のものなので、火星はセクトを外れたマレフィックです。この惑星は、状態によってはトラブルの元となる可能性があります。

　火星はアセンダントの真上にあり、最も強いアングルの近くにあります。従ってこの惑星は、その人の人生においてことさら強く、目立つ存在となり、おそらくチャートの中で支配的な惑星となるでしょう。火星は1ハウスにあるので、その人の人格の主要な部分を占めることにもなります。

　火星は、そのデトリメントのサインである天秤のサインにあります － ですから、バランスを崩し、コントロールできず、物事がバラバラになる傾向があります。これにセクトを外れていることを重ねると、この惑星はコントロールが難しいので問題の元凶になる可能性があります。ここには、不安と緊張と落ち着きのなさがあります。

　火星は、カーディナルな天秤のサイン［ホット＆モイスト］に位置しています。風は暖かく湿度の高いエレメントであり、つなぐ要素を表します。一方で火星は熱く乾燥しており、（ホット＆ドライ）は分離する傾向があります。そのため、火星が天秤のサインにある場合は、相手との行き違いが起こりやすくなります。この人は、自分のことを友好的で好感が持てる人間だと思っているかもしれませんが、常にそのように振る舞っているわけではありません。火星は熱い性質を持っており、風も暖かいため、それらの性質は互いに強化し合います。

　風は、知性とコミュニケーションを司るので、火星が作用するのはこれらの分野でしょう。

　天秤のサインはカーディナルで火星は素早く行動しますから、火星の行動

は素早く力強いものになりますが、おそらく持続性はありません。火星は、物事に対する熱意を爆発させるように作用しますけれども、すぐに冷めてしまうからです。

あるいは、出生図の持ち主は焦りやすいかもしれません。あるいは、友好的に接したいと思っても、それが強く出すぎるか、無愛想で、強引に見えたりすることもあります。または、出生図の持ち主がプロジェクトに着手しても、それをやり遂げないかもしれません（デトリメントの火星は、物事をバラバラにしてしまいます）。また、プレッシャーがかかると、火星はイライラしたり、怒りを爆発させたりすることがありますが、それもすぐに消えてしまいます － ここは風のサインなので、肉体的に表現されるというよりも、言葉のうえで表現されることでしょう。

天秤のサインのルーラーである金星は、フォールとなる乙女のサインで12ハウスにあり、アセンダントとアスペクトをしていません。そのため、ルーラーの金星と火星はアバースです。これは、火星の働き方が、本人の意識やコントロールを外れて、作用しそうな意味になります。しかし、火星はアセンダント上にあるため、他人からは見えてしまいます。本人は、自分が他人にどのように映っているのか気付いていないのかもしれません。

火星は太陽とコンジャンクションしており、コンバストにあるとか、焼かれていると呼ばれる状態にあります。とりわけ、コンバストになった惑星は隠されるので、意識の外に置かれます。それが、火星のルーラーがアバースとなっているので、さらに効果を高めてしまいます。火星が太陽とコンジャンクションをしているのは、ちょうどアセンダントの真上ですから、その人の人格の重要な部分を占めているのですけれども、あまりに近すぎて見えないため、意識から外れてしまうのです。

火星は、2ハウスの資金面と、7ハウスの主要な人間関係を支配しています。火星はセクトを外れ、マレフィックで悪い状態にあるため、火星が支配するこの2つの領域は、出生図の持ち主の人生における問題の主要な原因である

可能性が高くなります。そのような問題は、本人が完全に自覚していない場合や、関心を抱かずコントロールできない場合、衝動的な行動から生じる可能性も高くなりそうです。

　私たちは、この火星の意味を解釈して、チャート全体の文脈の中に位置づけていこうとしているのが、この後の例です。私はこの章の導入部で、ビルディングブロックの1つである惑星を、構成要素として注意深く観察して考え抜くことから、どれだけのことができるかを指摘したかったのです。

例1：女性の出生図

　このチャートの例は匿名です。図中からデータを削除しています。私たちは、チャート解釈の手順を一つひとつたどり、アウトラインの段階を踏んで、チャート解釈を段階的に進めます。すると、このチャートの全体的な意味が非常に良く理解できます。

図32：女性の出生図、その1

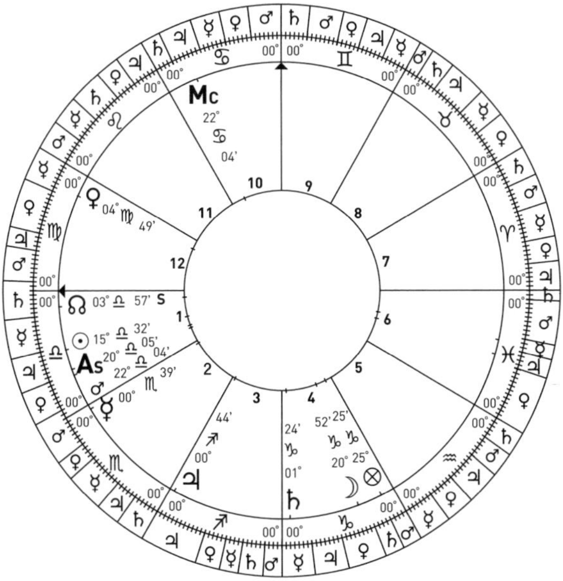

　注：例題のチャートの円環では、外側の輪はその位置のターム・ルーラーを示しています。例えば、このチャートの土星は4ハウスで、水星のタームに入っています。

表 18：女性の出生図、その 1 のディグニティー

惑星	ルーラー	イグザルテーション	トリプリシティー	ターム	フェイス	デトリメント	フォール
☉	♀	♄	♄☿♃	♃	♄	♂	☉ −
☽	♄	♂	♀☽♂ +	♀	☉	☽	♃
☿	♂		♀♂☽	♂	♂	♀	☽
♀	☿	☿	♀☽♂ +	☿	☉	♃	♀ −
♂	♀	♄ m	♄☿♃	♀	♃	♂ −	☉
♃	♃ +	☋	☉♃♄ +	♃ +	☿	☿	
♄	♄ +	♂ m	♀☽♂	☿	♃	☽	♃
☊	♀	♄	♄☿♃	♄	☽	♂	☉
⊗	♄	♂	♀☽♂	♄	☉	☽	♃
As	♀	♄	♄☿♃	♃	♃	♂	☉
Mc	☽	♃	♀♂☽	♃	☽	♄	♂
☋	♂	☉	☉♃♄	♃	♂	♀	♄

［※ ＋と－は、その惑星がそれ自身のディグニティーにあるかデビリティーにあることを表します。“m”は、当該のディグニティーでのミューチャル・リセプションにあることを示しています。］

惑星を割り出して状態を把握

1ハウスを注目すると、太陽が天秤のサインのフォールにあり、火星がデトリメントになっています。両惑星は互いにコンジャンクトしていて、アセンダントにもコンジャンクションしています。このグループの、特に火星が、リーディング全体の軸となることが、この先おわかりいただけると思います。この問題のある2つの惑星がアセンダントとコンジャンクションしているため、彼女の人生の難題が、彼女自身が作り出したもの、彼女自身の行動の結果であることがわかります。

金星は乙女のサインでフォール、そして12ハウスにあります。

土星と木星は、ともにそのルーラーシップを握り、月はそのデトリメント
にあります。

　つまり、ルーラーにある惑星が2つ、デトリメントにある惑星が2つ、フ
ォールにある惑星が2つで、7つの惑星のうち6つが大きなディグニティーと
デビリティーを持っています。これはすこぶる珍しいことです。私は、この
人の人生の［課題］が、感情の極端さを学ぶことであったとしても驚かない
でしょう。

アングルを見る

　まず、モードですがアセンダントもミッドヘブンもカーディナルなので、こ
の人は世間的にカーディナルな様式で行動をすると予測できます。物事を始
めるのが得意で、活発で、たぶん衝動的でありながら、いつも最後まで［徹
底的に］うまくやり終えるとは限りません。

　アングルにある惑星として、まず火星が飛び抜けています。先ほど、火星
がデトリメント（弱体化）であることに注目しましたが、この惑星は要注意
です。また、火星はカーディナルな性質、衝動的、活動的、物事を始めるの
が得意といった個性を持つことにも注意しましょう。火星がデトリメントの
位置にあることから、やり遂げることが苦手であろうとも思われます。つま
り火星は、アングルで強く目につくのですが、エッセンシャル・ディグニテ
ィーではバランスを崩しデトリメントにあるのです。

　アングルの近くにあるもう一つの惑星は月で、これは4ハウスでデトリメ
ントになっています。また、月がロット・オブ・フォーチュンとコンジャン
クションしていることにも注目しましょう。月が表すものは、おそらくその
人にとって、とても価値のあるものです。4ハウスであることから、これは
十中八九、家族や家庭、そしてそれらに根ざした生活を意味します。デトリ
メントにあることから、彼女はそこに不安と揺らぎを感じるでしょう。

　4ハウスの月がデトリメントであるため、この人は自分の感情を隠し、弱
さを簡単に表現できない可能性があります。また、家族や家庭の安心感を強

く求め、そこに根ざしたいと思いつつも、必ずしも安心できないことが多くなりそうです。

セクトを見る

太陽は1ハウスの地平線のすぐ上にあるので、これは昼行性、昼のチャートです。

昼行性のベネフィックな木星と、昼行性のマレフィックな土星の両方が、ルーラーシップにあるので、どちらの惑星も彼女の人生に良い影響を与えるはずです。

木星は3ハウスにあって6ハウスも支配しています。6ハウスのロードがルーラーシップを得ているため、その持ち主は肉体的に健康で、病気からの回復も早いと思われます（長くは話しませんでしたが、この表示は、彼女が基本的に丈夫で健康な体質であり、病気のほとんどは慢性的よりも急性なもので［カーディナル、火星はASC］、直ぐに治り回復するようです）。

射手のサイン3ハウスにある木星は、兄弟との良好な関係や、学校でのポジティブな経験、そして勉強が好きであることを意味しています。射手のサインの木星は向上心と精神性の傾向を持ち、精神性の3ハウスと9ハウスの軸にあるので、それが彼女の人生の重要な支援をしてくれる部分であることを期待できます。その木星は9ハウスではなく3ハウスのルーラーであることから、伝統に捉われない精神哲学から、彼女が［人生］の支援と意義に目を向ける教師、または手本となる人物になる可能性があります。

4ハウスの土星とともに、家族の安定したサポートが得られそうですが、土星であるため、あまり暖かくなく、感情的にも親密ではなさそうです。土星は、楽しさよりも責任感の方が強いのです。

土星は子供の5ハウスをも支配していて、彼女の子供へのサポート、彼女の子供に対する忠誠心や責任感を示す可能性もあります。

次に、セクトを外れた惑星を調べます。火星はセクトを外れたマレフィッ

クで、ちょうどアセンダントに位置しています。**火星はまたしても、重要な惑星となっています。**火星は、7ハウスの人間関係と、資金の供給面となる2ハウスを支配しているので、この人の最大の取り組むべき課題はこの2つの領域にあるようです。火星がデトリメントにあることから、問題は衝動的で軽率な行動から生じる可能性が高くなります。

（リーディングの冒頭で、この2つの領域について触れたところ、彼女は「その通りよ！どうしてそんなことがわかるの？どうして、それが分かったのか教えて！」といいました。これは正確な言葉ではありませんが、この表現から、彼女の反応が非常に興奮したものであることが分かります。すでに、衝動的な火星のエネルギーが高まっているのを感じました。）

　セクトを外れたベネフィックは金星で、12ハウスの乙女のサインにいます。金星は地のサインでトリプリシティーのディグニティーがありますが、12ハウスへの配置は弱く、意識から外れ、コントロールが効かない状態です。私は金星について、次のポイントでも詳しく説明します。

アセンダントのロードと、1ハウスに入っている惑星の観察

　私たちはすでに、火星と太陽について触れました。**これらのポイントを解析していくと、火星が何度も出てくることに気がつきます。**

　1ハウスの火星は、いつも何かにぶつかっているような子供時代を意味することが多く、おそらく頭を切ったりぶつけたりしているものです。実際、その通りでした。

　金星はアセンダントのルーラーであり、12ハウスで弱くなっています。アセンダントのロードとして、アバースになっているため、彼女は、他の人からどう見えるかに無頓着なようです。（彼女の母親はよく、「あなたは、自分がどう見えるか、分かってないのよ」といっていたとのことです）その金星が12ハウスに入っていることから、1ハウスを支配するような位置にはありません。

モードとエレメントのバランスの観察

　7つの惑星のうち4つがカーディナル、2つがミュータブル、1つがフィクスト・サインです。カーディナルが支配的で、2つのアングルもカーディナルなため、彼女の人生にはカーディナルな特徴が強く出ることが予想されます。

　エレメントは、地3、風2、火1、水1のミックスになっています。[バランスが取れているため]、私はリーディングでこれを重視しませんでした。

角度で最も近いアスペクトをチェックする

　ここから興味深くなり始めます。

　火星は、アセンダントと2度でコンジャンクションしています。火星とアセンダントはともに4ハウスにある月とタイトなスクエアになるため、火星はスクエアの位置でもより勝っています。**またしても、火星です。**

　火星と月がタイトなスクエアになっているため、4ハウスにある月は不安になり隠れていて、それを守っているのが、アセンダントにある生意気で衝動的な火星なのです。私はこれを、この人が不安を感じたり（月がデトリメント）、あるいは、家族や安全が脅かされたり（その月が4ハウスにある）した場合、ことによると、収入が不安定な状況に置かれたならば（火星が2ハウスを支配している）、強迫観念にとらわれたり、イライラしたり、パニックに至ったり、ヒステリックになる（火星がデトリメント）傾向があると解釈しました。彼女は自分ではあまり気付かずに、怒ったり叫んだりする態度で反応することがあると考えました。（それが全て確認されたのです。）

　太陽とアセンダント、そして火星も全て1ハウスで7度以内のコンジャンクションをしていることにも注目してください。これにより火星はコンバストとなります。このケースで、火星はかなり強い［アングルにある］のですが、コンバストにあるために彼女の意識から外れてしまう傾向があります。私た

ちは、金星がアセンダントのロードであり、12ハウスにありフォールである
ことから、「意識から外れている」テーマが何度も現れていることが分かりま
す。特に彼女は火星が他の人に与える印象に気付いていないことに注意して
ください。彼女の衝動性は、大部分が彼女の意識やコントロールから外れて
いるため、自覚がありません。

　火星がサインを越えておよそ8度で、水星とコンジャンクションしていま
す。火星はその水星のいる蠍のサインのルーラーであることにも注目してく
ださい。ここには、火星の影響を受ける知性が宿るのです。火星は風のサイ
ンである天秤にあり、彼女の火星のエネルギーの多くは、メンタル、言語、知
的な追求に向けられると思われます。(彼女は新聞社で調査記者として働いて
いたと聞いて、納得しました)。

　その他のアスペクト － 土星は金星とタイトなトラインのため、土星は金星
を安定させる効果があると思われます。土星は祖先の4ハウスにあり、この
女性には彼女にとって本当の支えとなった存在、精神的な手本となるべく祖
母（古い血族、4ハウスの土星）がいました。トラインにあるのは、土星的
なものが働きかけ努力をすることですから、おそらく彼女が年を取るにつれ
て良くなっていくことも土星的な特徴です。
　木星は金星とスクエアで、水星が金星とセクスタイルです。その木星は3
ハウスでルーラーシップにあることから、この人は基本的に彼女の精神的な
道（木星）として彼女の人生を構築していて、精神的な手本となる強い指導
者（同じく木星）を探していることが判りました。彼女の見つけた多くの手
本となる人物は、読書や所属グループ（水星、そして再び木星）を通じたも
ので、彼女はヴェーダンタのような、自己犠牲的な道に惹かれています（12
ハウスの金星は、自己犠牲や自己破壊のハウスにあります。彼女は自己を打
ち消すことを教える道を選んでいます）。

その火星をどう扱うのか？

　この時点で、火星は彼女の個性の中で支配的な惑星であり、彼女の課題の領域は火星が支配する2つのハウス、主要な人間関係の7ハウスと資金面の2ハウスであることが分かりました。彼女は長年結婚していましたが、衝動的に夫と別れて別の大きな恋愛をし、それが彼女にとって極めてネガティブで破壊的なものになり崩壊しました（7ハウスのルーラーがデトリメント）。彼女の財産は生涯を通じて不安定で、私が彼女に会ったとき、彼女はその壊滅的な不倫関係を終えて、元夫と子供たちと一緒に暮らしていましたが、彼女自身の収入はほとんどありませんでした。彼女の元夫は、その強力な4ハウスの一部として、サポートの源であることに注意してください。これは、結婚生活に問題はありましたが、家族としては強い関係だったのです。

　その火星との付き合い方を、火星があるところでディグニティーを持つ惑星を交えながら考えていきたいと思います。

　火星は天秤のサインにいます。天秤のサインの支配者は金星ですが、金星は12ハウスにあってフォールで、しかもアバースです。そこに多くの助けや、制御またはサポートを期待することはできません。単に愛情深く、優雅で金星的になりたいと思っても、それほど良いことにはなりません。

　土星は天秤のサインでイグザルトしていて、4ハウスで支配権を得ておりアセンダントとアスペクトをしています。つまり、土星はここで良い影響を及ぼす可能性があるのです。土星は山羊のサインにあり、火星はそこでイグザルテーションになるため、2つの惑星は互いのイグザルテーションにあることに気付きます。

イグザルテーションによるミューチャル・リセプションがあります。

　私たちは大当たりを引き当てたのです。このことは、この2つの惑星が実にうまく連携できることを示唆しています。(私は先ほど、土星は彼女が称賛する人物、つまり彼女が尊敬する祖母と関係があるようだと述べました)。

私は、彼女にとって（土星は4ハウスの支配権を握っている）、家族のサポートや安定した生活環境が最も重要なもので、またはサポートの源となる年配の親族がいるかもしれないことを示唆しました。

　土星が支配するハウスは、月と同じハウスにありますが、月はデトリメントになっていることに注目してください。このことは、感情の表現を乏しくさせる傾向となります。しかし一方で、それは彼女に、他者への義務感や責任感と、彼女のエネルギーを律するのに役立つ構造を与える可能性もあります。先ほど述べたように、彼女には精神的に強い支えとなり手本となる家族がいて、彼女はその責任感を利用して生活の安定に役立てているのです。

　土星が火星に良い影響を与えると考える理由は、火星が位置するハウスに土星が強いポジティブなディグニティーを持ち、エッセンシャル・ディグニティーで良いものを持つからです。ディグニティーのある惑星は、影響力と責任感を持ちます。イグザルテーションによるミューチャル・リセプションは、2つの惑星の相互作用が互いに肯定的であることを意味します。
　天秤のサインは風のサインであり、土星、木星、水星の3つの惑星をトリプリシティーのルーラーとして持っています。そのうちの2つの惑星が支配権を握っているため、この3つの惑星が織りなし、彼女の精神的な道、手本となる人物、読書や執筆が与えられるのです。蠍のサインの水星は記者にとって良い影響を与えるだけでなく、知的に深い精神的な道を探求する人にも良いと考えられます。

　火星は、蠍のサインで水星を支配しているため、彼女の火星のエネルギーの多くは、火星が蠍のサインにあるかのように導かれます－深くひたむきな探求心です。彼女は衝動的に本を買う人で、占星術に興味のある人の多くがそうであるように、たくさんの本を所有していました（所有物の2ハウスに水星があるので－彼女は水星に関わる本、事柄、深遠なものに蠍のサインで関わります）。

火星のエネルギーは、火星が支配しているハウスに表れます。

［惑星は、］惑星が存在するハウスで行動を開始し（1ハウスから衝動的な行動として）、そして、その結果は支配するハウスの主題領域に及びます（人間関係の7ハウスと、財産の2ハウスです）。2ハウスには水星があり、読書、学び、執筆、調査などに関連しています。

最後に指摘しておきたい別の点があります。－ このチャートでは父親に関連する2つの惑星、土星と太陽がかなり強く、母親に関連する2つの惑星、月と金星がかなり弱いのです。太陽はアセンダントにコンジャンクションしています。実際、この女性は母親よりも父親のほうに共感し、父親の方が明らかに支配的だったことが分かりました。

もっと詳しく説明することもできますが、解釈のアウトラインを一歩ずつ進み、見つけた惑星、ハウス、サインの通常の意味を理解することで、この女性の生涯について、とても生き生きとした明確な絵が描かれたことがお分かりいただけたと思います。出生図の持ち主からの返答を得ながら、徐々に具体的な情報を導き出すことができます。従って、心理分析ではありません。同じようなテーマが何度も何度も出てくることに気付くこともできます。

全てのプロセスは、単にルールに従うことであり、チャートが語ることが真実であると信頼することです。

注意点として、このリーディングには主要な惑星がアセンダントとコンジャンクションしていることから明らかなように、性格分析が含まれているものの **チャート全体が人の心の内側にあるわけではありません。**このチャートで特に強い惑星である木星と土星は、彼女の人生における他の人々や、生活状況、あるいは家族です。**これらの惑星は、それらの領域に対する彼女の態度ではなく、人々や外側の状況だったのです。**

例2の導入部：木星の上昇

　二番目の例は、著名な人物の例です。チャート全体を見る前に、私は、一つの主要な惑星の標準的な意味だけを使った解釈の例を、簡単に説明したいと思います。

図33：木星の上昇

　出生図の持ち主は木星が上昇していて、魚のサインのアセンダントとタイトにコンジャンクションしています。

　アセンダントにコンジャンクションしている惑星は、チャートを支配する傾向があるので、この惑星1つでその人物のことがよく分かるはずです。

　これは夜のチャートなので、木星はセクトに属していません。木星はベネフィックなので、適切なディグニティーにあることが重要になります。

　木星は魚のサインのルーラーシップにあります。そのため、至って強く、突

出した支配力のある人物になります。木星は、火星のトリプリシティーとタームにも入っているので、その行動には強い自己主張の側面があるかもしれません。これに木星がセクトを外れていることが加わると、基本的に強くてパワフルな惑星が少し神経質になってしまうかもしれません。しかし、ルーラーシップとベネフィックな惑星であるおかげで、この木星の影響はポジティブで間違いなく強いものになります。

　木星は、キャリアと評判を司る10ハウスを支配しています。この人は、自分の選んだキャリアにおいて、人一倍に注目され力を発揮する可能性があります。

　木星は、特に法律、宗教と教会を支配しているので、この生まれの人は、それらの分野で著名で強力な人物になる可能性があります。射手と魚のサインはともにミュータブルです。ミュータブルの火のサインである射手は、精神的な要素が強く、哲学や向上心を伴わせて、物事を結び付ける思想としての哲学と連動するはずです － そのため、学者や神学者、弁護士や大学の教授などに向いているとされます。

　教皇ベネディクトとして知られるヨーゼフ・ラッツィンガー（Joseph Ratzinger）のチャートを解釈する上で、悪くないスタートといえるでしょう。

　ここに木星がセクトから外れていると解釈する、もう一つの可能性があります。セクトは政治的な意味合いを持ち、そのときどきの政権党と結びついていきます。ラッツィンガーは、現代社会から見て異質な存在であるカトリック教会の組織の中で、セクトから外れた木星となります。教会はもはや支配勢力として、世界的に見ても優勢ではありません。つまり、ラッツィンガーは、流行から遅れ権威に見放された教会、遅れた派閥の代表だったのです。

　セクトを外れた惑星が、その出生図の持ち主を好ましくない集団と結び付ける特別な解釈は、伝統的な使い方とは思えません。しかし、私は、この解釈がいくつかのチャートで非常に重要であることを見つけています。

例2：ヨーゼフ・ラッツィンガー（ローマ教皇）

　私たちは、このチャートでも一歩ずつアウトラインをたどり、その内容が展開されていくものを見ていきましょう。つまり、私たちが先に見終えた、木星のみで解析したものの繰り返しもあります。

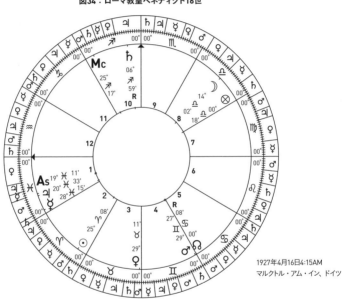

図34：ローマ教皇ベネディクト16世

1927年4月16日4:15AM
マルクトル・アム・イン, ドイツ

　生年月日時間・場所：1927年4月16日4:15 AM マルクトル・アム・イン、ドイツ

惑星の状態の解析

　先にも述べたように、木星はルーラーシップにあり、金星も牡牛のサインで3ハウスにあります。ただし金星は非常に遅い度数に位置しており、不安定な要素が在るようです。

表19：ベネディクト教皇のディグニティー

惑星	ルーラー	イグザルテーション	トリプリシティー	ターム	フェイス	デトリメント	フォール
☉	♂	☉ +	♃☉♄ +	♄	♀	♀	♄
☽	♀	♄	☿♄♃	♃	♄	♂	☉
☿	♃	♀	♂♀☽ m	♄	♂	☿ −	☿ −
♀	♀ +	☽	☽♀♂ +	♂	♄	♂	
♂	☿	☊	☿♄♃ m	♄	☉	♃	
♃	♃ +	♀	♂♀☽	♂	♂	☿	☿
♄	♃	☋	♃☉♄ +	♃	☿	☿	
☊	☽	♃	♂♀☽	♂	♀	♄	♂
⊗	♀	♄	☿♄♃	♄	☽	♂	☉
As	♃	♀	♂♀☽	♂	♃	☿	☿
Mc	♃	☋	♃☉♄	♄	♄	☿	
☋	♄	♂	☽♀♂	☿	♃	☽	♃

太陽は牡羊のサインでイグザルテーションにあります。

このチャートには、主要なディグニティーに基づく強い影響力を持つ3つの惑星があります。

10ハウスの土星は、小さなディグニティーのトリプリシティーを持っています。

興味深いことに、デビリティーにある惑星の1つが水星であり、その水星は魚のサインの終わりに位置し、デトリメントでフォールになっています。これが、20世紀後半から21世紀初頭にかけて、カトリック教会の神学に多大な影響を与えた、極めてインテリジェントな学者であり、教師であり、神学者のチャートにあるのです。

このことは、デビリティーにあるからといって、惑星の影響が必ずしもネガティブになるわけではないことを明確に示しています。私はよく、ひどくデビリティーにある1つの惑星があると、それが逆にその人の最大の強みになることがあります。なぜなら、その惑星を機能させるために多くの努力が投入されるからです。ここでのことが、確かにそれです。

アングルを見る

　すでに述べたとおり、木星はアセンダントに正確に位置しておりそのルーラーシップにあり、この惑星がチャートを支配していることを示しています。

　もう一つのアングルにある惑星は火星で、4ハウス下の中央、またはICから4度前後の所にあります。火星は、もう少し後の分析で再び出てきます。

　土星はアンギュラーにはありませんが、公の職業を意味する10ハウスにあって[※1]、宗教に関係する木星の支配する射手のサインにあります。もし、あなたが四分円方式のハウスを使うならば、土星は教会を示す9ハウスになります。どちらのハウス方式にしても、その関連性が表れます。

　10ハウスの土星は、苦労の末に権力や影響力のある地位についたものの、その後、不運に見舞われ権力から転落していく人物を意味することが多いものです。私は、ベネディクトのローマ教皇としての任期中に起こった性的スキャンダルが、それを象徴していると思います。

セクトを見る

　これは夜のチャートで、太陽は2ハウスで地平線下にあります。

　この場合、ベネフィックでありセクトを得ているのは3ハウスの牡牛のサインにある金星です。9ハウスの教会の表立った顔とは対照的に、個人的な精神性と信仰心を表しています。ラッツィンガーのマリアに関する著作をいくつか読みましたが、彼は深く神秘的で個人的な信仰的献身の感覚を持っていて、それが彼の信仰の基礎になっているのだと思います。それは、牡牛のサインの金星に合っています。

　セクトを得たマレフィックな惑星である火星は、双子のサインに位置しており、水星が支配する風のサインの4ハウスに入っています。火星は、ノース・ノードと緊密にコンジャンクションしていて、この惑星をより拡大する

※1　10ハウスにあってアングルに無いとは、MCの軸に対して、5度ルールを採用しているからです。アングルを示すMCから見ています。

傾向があることに注意しましょう。ラッツィンガーは、はなはだ正統的で厳格な評判を持っていて、彼のニックネームは「装甲戦車の枢機卿」でした。火星は、水星のある1ハウスでトリプリシティーのディグニティーを持っているので、この2つの惑星の間には、いわゆるミューチャル・リセプションがあります。ラッツィンガーのインタビューをいくつか読みましたが、教会や教義の純粋さのために戦っているときに、水星と火星がブレンドされて現れているように思います。

　セクトから外れたベネフィックはアセンダントの木星で、セクトから外れたマレフィックは10ハウスの土星です。土星は11ハウスの「友人」と12ハウスの「隠れた敵」を支配しています。ラッツィンガーは権力者でありながら、特に人気があったわけではないようですから、バチカンの複雑な権力闘争の中で、彼に敵対するライバルがいなかったとしたら、私は非常に驚きます。

　木星の支配は抜群に強いのですが、あまりリラックスしておらず、慈悲深いわけでもありません。彼はかなり影響力を持っていましたが、自分自身を、現代社会の、信仰を薄めたり弱めたりするような潮流に対抗する存在として捉え、信仰を守るために戦っていると見なしていました。

　ここには、リセプションによるもう一つの興味深い結び付きがあります。月は天秤のサインで8ハウスにあり、アセンダントとアバースになっています。これは、個人的な感情を厳しく保っていた人物にピッタリです。月は金星に支配されていて、金星は牡牛のサインで月のイグザルテーションにあり、月は金星の支配下にあるため、金星の方が支配的です。月と金星の間には、混合されたミューチャル・リセプションがあります。私は、彼の感情のはけ口が個人的な献身にあり、それ以外は厳しく意識から遠ざけていたのではないかと推測しています。

　私は、金星と月はラッツィンガーの私的な内面を反映し、木星は他の惑星を支配して彼の公の顔を示しているのだと考えます。

アセンダントのロードと、1ハウスにある惑星の観察

　木星は1ハウスのロードであり、1ハウスに位置しています。水星も1ハウスにあり、木星と8度前後でゆるくコンジャンクションしています。この木星とのコンジャンクションが、水星をこれほどまでに強くした一因だと思うのです。水星は常に、最も密接にアスペクトしている惑星によって強く彩られるのです。(もう少し先で、水星と火星の緊密なアスペクトを見ていきます)。

　惑星のタームをここで見てみると、興味深いことがわかります。タームについて説明したときのことを振り返ると、それは低いレベルのディグニティーで、惑星が最終的に物質世界でどのように具体化されるかに関係するものでした。土星は木星のドミサイルとタームに位置しており、木星は火星のタームとトリプリシティーにあり、火星は土星のタームと土星、木星、水星のトリプリシティーに位置しており、水星は木星のドミサイルと土星のタームにあります。つまり、この人の強く凛々しい知性を彩るこれらの惑星が、全てその優勢な木星の下で緊密に絡み合い相関関係にあるように見えるのです。

モードのバランスをチェックする

　両方のアングルはミュータブル・サインで、7つの惑星のうち4つもそこにあります。ミュータブル・サインは精神的な事柄に関連していて、ラッツィンガーは基本的に神学者、作家、教師でした。

角度で最も近いアスペクトをチェックする

　木星がアセンダントとタイトにコンジャンクションしていて、支配しています。

　また、水星が火星とタイトなアプライするスクエアに位置し、水星が支配しています。これは、闘争的な知性に合っています。

支配的な惑星のステイクをチェックする

　木星が支配している、木星のステイクにある惑星は、水星と土星と火星です。それらの惑星たちが、いかに緊密に絡み合っているかはすでにお話したとおりです。

　私たちは、もっと踏み込むこともできますが、これでチャートの主要なテーマを整理することができました。私たちが行ってきたことは、ルールに従い標準的な意味合いで解釈しただけです。

例3：女性の出生図、その2

　これは私の知人であり、クライアントでもある人のチャートです。

　この例では、アウトラインの中で重要な点が浮かび上がってきているので、それを追求します。これは典型的な手順で、アウトラインを追う作業によって注目すべき領域が浮き彫りになる場合のもので、その領域に焦点を合わせて探求していく例です。

図35：女性の出生図、その2

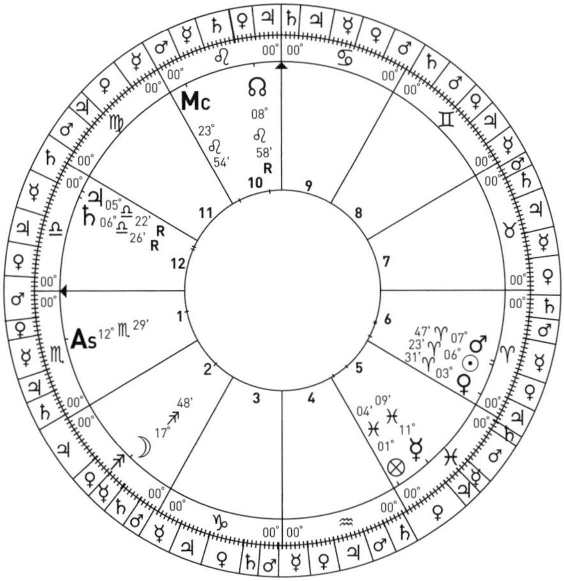

惑星の状態を解析する

　太陽は牡羊のサインでイグザルトし、火星は牡羊のサインの支配権を握っています。この2つの惑星はタイトにコンジャンクションしています。この2つの惑星とそれらがどのようなパターンにあるにせよ、おそらくチャートの焦点になることはすぐに分かります。

金星は同じサインでデトリメントになっていて、この2つの惑星とコンジャンクションしています。

木星と土星はともに天秤のサインでトリプリシティーのディグニティーを持ちます。土星は天秤でイグザルトしており、12ハウスでジョイにあります。土星が12ハウスにあることによる兼ね合いは、責務、責任、自己犠牲といった価値観が、この出生図の持ち主にとってよほど強いものだと判断されます。彼女はそれらの価値観をイグザルト（高ぶらせ）させます。

表20：女性の出生図、その2のディグニティー

惑星	ルーラー	イグザルテーション	トリプリシティー	ターム	フェイス	デトリメント	フォール
☉	♂	☉＋	♃☉♄＋	♀	♂	♀	♄
☽	♃	☋	♃☉♄	☿	☽＋	☿	
☿	♃	♀	♂♀☽	♀	♃	☿－	☿－
♀	♂	☉	♃☉♄	♃	♂	♀－	♄
♂	♂＋	☉	♃☉♄	♀	♂＋	♀	♄
♃	♀	♄	☿♄♃＋	♄	☽	♂	☉
♄	♀	♄ ＋	☿♄♃＋	☿	☽	♂	☉
☊	☉		♃☉♄	♀	♄	♄	
⊗	♃	♀	♂♀☽	♀	♄	☿	☿
As	♂		♂♀☽	☿	☉	♀	☽
Mc	☉		♃☉♄	☿	♂	♄	
☋	♄		☿♄♃	♀	♀	☉	

水星は5ハウスの魚のサインで、デトリメントでフォールです。水星はロット・オブ・フォーチュンの近くにいます。

アングルを見る

どのアングルにしても、15度以内に惑星がないことに注意してください。つまり、どの惑星もアングルに存在しておらず、明確な影響を与える惑星が

ありません。先に注目した火星と太陽を含む7つの惑星のうち5つが、6ハウスと12ハウスにあり、全てケーダントであることも注意すべき点です。

　この時点で、6ハウスに存在する重要な惑星のグループに注目したため、アウトラインからいったん離れて、より詳細な検討に入る価値があります。

　この人は、決して有名でも目立つ存在でもないでしょう。このように多くの惑星がケーダント・ハウスにあるため、この人はおそらく、華やかではなく、裏方で、権威とは関係のない職業に従事することになるでしょう。

　6ハウスと12ハウスは病気や健康管理に関連し、これらのハウスに優勢な惑星を持つ人々は、その分野に関わりを持つことが多いようです。

　この人は看護師で、高齢者介護施設（12ハウス）で働いています。利用者たちは施設に閉じ込められます。介護施設の看護師ほど質素で、これ以上にないほど地味で権威と関係のない仕事はなかなか思いつきません。

　12ハウスは病院や監禁施設と関係するハウスであり、彼女は主に高齢者と関わる仕事をしています。土星は老いと死を支配していて、土星は12ハウスのジョイにあり、土星がそこに属していることを思い出してください。この人は12ハウスの土星を自分の天職にしたのです。

　アングルのモードはフィクスト［固定宮］です。この人は忍耐強く、健康を保ち、おそらく頑固で、長期的な関係において味方になってくれる価値のある人物のようです。これはまさしく真実であり、彼女はパートタイムとして働きながら4年をかけて看護学校を卒業したことで明らかです。彼女は一度何かをやると決めたら、最後までやり抜くのです。

セクトを見る

　これは夜のチャートで、太陽は6ハウス、地平線下にあります。

　2つの夜行性の惑星である火星と金星は、ともに6ハウスの太陽にコンジャンクションしています。火星はルーラーになっていて強く、金星は太陽とタイトにコンジャンクションしていて、デトリメントでコンバストされています。火星もコンジャンクションしていますが、ルーラーシップにあるため、火星はコンバストによる弊害はありません。

勤勉で、頑固で、決断力があり、決心したことは必ず最後までやり遂げるタイプです。火星がこれだけ強いと短気にもなります。彼女が深刻な病気にかかったことがありました。それは、非常に怒りを感じたのに、それを表現しなかったことが原因でした－このことは、火星が6ハウスで強いことを示しています。数日間寝たきりになったもののすぐに回復したのは、6ハウスにある火星の強さを反映しているのでしょう。彼女の病気のほとんどが急性のもので、短期間で回復します。

　カーディナル・サインの火星と太陽は、どちらも格段にエネルギッシュですが、エネルギーを爆発させた後に、しばらく充電する時間が必要です。この状態は、アングルの固定性とは一致せず、休息を取らないために疲労困憊し、病気になるほど自分を追い込んでしまうことがあります。彼女は長年にわたり、何がうまくいかないのかを理解してきました。

　火星は間違いなく、彼女の強い特性の多くをもの語っている惑星です。

　デトリメントにある金星については、出生図の持ち主は地味な服装で化粧をせず、身だしなみもあまり整えません。魅力的ではありますが、振舞い方やスタイルが特に女性的なわけでもありません。

　セクトを外れた惑星を見ると、もう一つの明確なパターンが浮かび上がります。木星と土星はともに、軟禁状態、不運、不明瞭な12ハウスにあり逆行中で、彼らはコンジャンクションしていて、さらに観察すると、太陽、火星、金星のグループとタイトなオポジションになっています。

　土星と木星はともに父親と関連づけることができ、12ハウスにおける両惑星は行方不明の父親となることがあります。この出生者の両親は、彼女が2歳のときに別居して、母親による単身家庭で育てられました。

　デトリメントにある金星はここで重要です。金星は母親を表すことができ、デトリメントにあるために片親であるかもしれず－弱い立場で、バランスを欠いています。金星は太陽［10ハウスのロード］とコンジャンクションしていて、出生図の持ち主は母親と強い絆で結ばれています。彼女の母親の人生は、彼女の幼少期からずっと育てることに支配されていて、太陽（出生者）

が、金星（彼女の母親）の人生を完全に飲み込み支配する象徴とも一致しています。

　オポジションのアスペクトは、数字の2の象徴ですが、しばしば人間関係を意味し、この出生図の持ち主は、父親が家庭からいなくなってからも、現在も父親との関係を維持しています。

　セクトを外れたマレフィックな土星は、家族や兄弟の3ハウスと4ハウスを支配しています。それは、両親が別居していることや、単身世帯で育てられたことなどの難しい問題を浮かび上がらせ、それを反映しています。

　最後の注記として、6ハウスと12ハウスが強い人が、強い義務感や自己犠牲心に駆られることが多いことを私は見てきました。それは、この出生者にも強く当てはまります。その強い義務感はここでも土星と関係しています。

　家族の安定が彼女の成長する中で最大の課題であり、彼女の義務感とも相まって、母親や家族に対してとても強い忠誠心を抱くことになります。彼女は家族のためなら何をも犠牲にします。

モードのバランス

　2つのアングルがフィクスト・サインにあるのは、すでに述べたとおりです。

　モードを見ると、7つの惑星のうち5つがオポジションとなる6ハウスと12ハウスにあって、全てカーディナル・サインに位置しています。つまり、フィクストのアングルが、彼女を強く、頑固で、忠実な性質を与えるとともに、この出生者は独立心が強く、自分自身で行動する点で、まさしくカーディナルなのです。それは、牡羊のサインの太陽と火星の象徴にも合致します。そのカーディナルのオポジションと、アングルがフィクストであることのプレッシャーの中で、この出生図の持ち主にはある種の原動力があります。彼女は常に活動的で、常に忙しく、簡単にはリラックスできません。

　エレメントを見ると、7つの惑星のうち6つが火と風のエレメントで、地の惑星はありません。火と風は能動的・社交的なエレメントであり、水と地は受動的・受容的なエレメントであることを既に述べました。常に忙しく活発

（火）、常に人と一緒にいて早口で話し（風）、しかし横になってリラックスするのは難しい（水）などです。地の不足は安定性の欠如を示しますが、それはアングルがフィクスト・サインにあることでいくぶんか埋め合わせられます。

角度で最も近いアスペクト

6ハウスの3つの惑星のコンジャンクションが、12ハウスの2つの惑星のコンジャンクションと強くオポジションになっていることは、すでに述べました。このように、1つのタイトなオポジションのパターンが、彼女の人生の主要なテーマを特徴づけていることはもう明らかです。

というよりも、もうほとんど確実です。

魚のサインの水星は、子供の5ハウスでデトリメントとフォールとなっています。ロット・オブ・フォーチュンも5ハウスにあることに注意してください。ロット・オブ・フォーチュンは、その人の幸せや心のありようを示すと述べましたが、この出生図の持ち主はずっと子供が欲しいと思っていたようです。しかし、6ハウス／12ハウスに責務軸があるため仕事が優先され、29歳になるまで子供を授かることができませんでした。

彼女は現在30代半ばで、2人のお子さんがいらっしゃいます。看護師としての仕事と、幼い子供たちの世話を両立させるのは大変だと思いますが、さすがに頑固で、決断力があり、献身的で、サービス精神が旺盛なとても働き者です。そして、子どもたちと一緒にいるときが一番幸せのようです。彼女の心、彼女のフォーチュン（幸運）はそこにあるのです。

ロッツの解釈

これは、いくつかのロットが、どのようにチャートに心理的な深みを加える考え方を与えてくれるのか、観察する良い機会です。

ロット・オブ・フォーチュンが、5ハウスの魚のサインの1度にあることはすでに述べました。夜のチャートでは、フォーチュンは月のロットであり、そ

こからロットの計算が始まります。**金星のロット**は（第二十一節参照）魚の
サインの2度になり、ロット・オブ・フォーチュンとタイトなコンジャンク
ションとなります。金星と月は母性と愛情を強調していて、彼女にとって子
供がいかに重要であるかがわかります。

［※パート・オブ・エロス＝ASC＋（金星－スピリット）R、これは夜のチ
ャートなので、全てのロットをアセンダントから左回りに投影します］

　子供のロットは蠍のサインの9度となり、彼女のアセンダントと3度でコ
ンジャンクションをして1ハウスに入っています。1ハウスはアイデンティテ
ィー（素性）をもの語るハウスで、その火星はディグニティーを持って6ハ
ウスを支配しています。彼女は子供たちとともに歩んでおり、子供たちは彼
女の主要なアイデンティティーの一部であり、彼女にとってことの外高い価
値があります。彼女は子供に対しても、仕事と同じように責任感と奉仕精神、
そして全面的な思いやりを持っています。

［※パート・オブ・チルドレン＝ASC＋（土星－木星）R］

　このチャートで重要なのは、10ハウスの獅子のサインに位置し、ノース・
ノードと同じハウスで、MCとほぼコンジャンクションしている**友達のロッ
ト**です。このロットは太陽に支配されていて、太陽は6ハウスでイグザルト
し、彼女の火星とコンジャンクションしています。彼女は友人をとても大切
にします。彼女は太陽のように友人を「高貴」にしているといってもいいで
しょう。そのロットがMC上にあり、ノース・ノードと同じハウスにあり、高
貴な太陽に支配されていることは、彼女の人生における友人の輪の重要性を
強調する傾向があるでしょう。

［※ロット・オブ・フレンズ＝ASC＋（金星－月）R］

　この2つのロットは特に重要だと思います。なぜなら、彼女の子供や友人
が彼女にとっていかに重要であるかを示すチャート上の印が、他にどこにも
ないからです。ロットは、彼女の内面や価値観を知るための窓となります。
　そして最後に、「**仕事のロット**」の場所も12ハウスになります － 私たちは

すでに、彼女の仕事が看護師として介護施設に勤務していることを話しました。このことは、彼女にとっての仕事の重要性と、彼女が自分の天職を見つけたことを強調しているのです。

［※ ロット・オブ・ワーク＝ASC＋（火星－水星）R］

プラシーダス・ハウス方式へのチャートの切り替え

図36：女性の出生図、その2。プラシーダス・ハウスによるもの

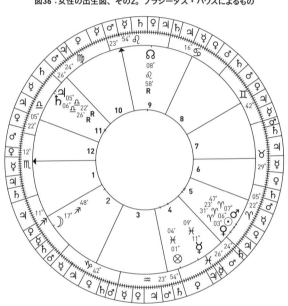

　図36は、プラシーダス・ハウス方式へのチャートの切り替えたチャートです。

　ここで私は、ハウス方式を変えてチャートを見ることで、どのように異なる情報が得られるかについての例を挙げたいと思います。今までこのチャートは、これまでの例と同じように、ホール・サイン・ハウス方式を使用してきました。今度は、同じチャートを四分円方式のプラシーダス・ハウスで見てみたいと思います。

太陽、火星、金星が牡羊のサインで、木星と土星が天秤のサインに位置することで、5つの惑星がオポジションにあることに注目してください。これにより、5ハウスと11ハウスの軸上を5つの惑星が横切ることになります。

　5ハウスに3つの惑星があるので、この人の人生において子供が重要な役割を果たすと予想されますし、11ハウスに2つの惑星があるので、友人も重要であり、看護の仕事に忠実であるように、友人にも忠実であると予測されます。これは、彼女の人生においてとても重要なことであり、前述したように、両方とも彼女の人生において何よりも重要な部分なのです。

　このハウス方式では、（私たちは父親を意味する土星を見てきましたが）、11ハウスにあって友人をも意味します。この軸で、彼女と父親との関係には、友人グループとの時間や、5ハウスの創造的な活動が含まれる可能性があります。

　ホール・サイン・ハウス方式では6ハウス/12ハウスが重視されましたが、プラシーダスでは5ハウス/11ハウスが重視されることに注意してください。このケースでは、出生図の持ち主の人生のこれらの部分を正しく表現するために、両方のハウス方式が必要とされました。

　この別のハウスの見方は、「ロッツ」のもう一つの意味にも光を当てます。

　父親のロットは、牡牛のサインの12度、7ハウスに位置し、ディセンダントとタイトにコンジャンクションし、アセンダントの反対側にあります。私たちは、土星は父親の象徴であり、出生図の持ち主と対立するアスペクトであると見なしてきました。ここでは、ロットはアセンダントとオポジションにあり、そのアスペクトは平行しています。数字の2に基づくオポジションも、関係を表すものであることを思い出してください。このロットは、父親が主たる世話人ではなかったので、出生者の父親との関係が、むしろ1対1の対等な関係であったことを指摘しているのです。これは、プラシーダスに現れる、5ハウス/11ハウスの軸の対立を補完するものです。オポジションが人間関係のアスペクトになりうることは、すでに述べたとおりです。

　［※ロット・オブ・ファザー＝ASC＋（土星－太陽）R］

例4：カール・ユング

次の例は、心理学者として有名なカール・ユング（Carl Jung 1875 − 1961）のものです。

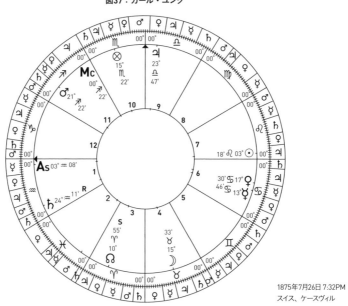

図37：カール・ユング

1875年7月26日 7:32PM
スイス、ケースヴィル

生年月日時間・場所：1875年7月26日7:32PM スイス、ケースヴィル

惑星の状態

土星は1ハウスの水瓶のサインでその支配権を握り、また1ハウスの唯一の惑星にもなっています。1ハウスのルーラーが1ハウスにあることで、この惑星は非常に強く際立った存在です。

表21：カール・ユングのディグニティー

惑星	ルーラー	イグザルテーション	トリプリシティー	ターム	フェイス	デトリメント	フォール
☉	☉+		♃☉♄+	♃	♄	♄	
☽	♀m	☽+	☽♀♂+	♃	☽+	♂	
☿	☽	♃	♂♀☽	☿+	☿+	♄	♂
♀	☽m	♃	♂♀☽	☿	☿	♄	♂
♂	♃	☋	♃☉♄	♄m	♄	☿	
♃	♀	♄	☿♄♃+	♀	♃+	♂	☉
♄	♄+		☿♄♃+	♂m	☽	☉	
☊	♂	☉	♃☉♄	♀	☉	♀	♄
⊗	♂	☉	♃☉♄	♂	♀	♀	♄
As	♄		☿♄♃	☿	♀	☉	
Mc	♃	☋	♃☉♄	♃	☿	☿	
☋	♀	♄	☿♄♃	☿	♄	♂	☉

太陽は支配権のある獅子のサインで7ハウスに位置し、ディセンダント上にあるため並外れて強い影響力を持ちます。

月は牡牛のサインでイグザルトしていて、牡牛のサインにある月と、蟹のサインの金星は、ミューチャル・リセプションになっています。この両方の惑星もかなり強いものです。

このチャートのルーラーシップのつながりを見ていくと、月と金星と木星が共同でチャートの大部分を支配しています。このチャートでは、月が水星を支配しています。

月は夜、無意識、夢、感情の領域を表します。

ユングのチャートは、7つの惑星のうち4つに大きなディグニティーがあり、どれもデビリティーにありません。これはかなり珍しいことなのです。

アングル

太陽は、ディセンダントと完璧にコンジャンクションしていて、極めて強

い影響力を持っています。ユングのチャートにおける太陽は、昼と夜、太陽の領域と月の領域、意識と無意識の境界線に位置していて、これ以上にない象徴性を備えています。太陽はちょうど沈み始め、これから黄泉の国へ旅するところです。

　土星は1ハウスの約20度下に位置し、明らかにアングルに入っていますし、土星が支配星であることも既に指摘しました。

　この2つの惑星は、ユングのこの世での活動に圧倒的な影響を与えるはずです。

　7ハウスの太陽はパートナーシップに関するものであり、ユングの結婚は格別に恵まれており、素晴らしく忠実で裕福でありながら辛抱強い妻がいました。彼の心理療法の仕事は、相手に焦点を当てた一対一の濃密な関係のものでした。セラピーでは相手が輝いて見えますが、分析者であるユングは1ハウスの土星によって完全に隠されています。水瓶のサインの土星は「賢者」の原型であり、古代の知恵を教える人物になります。年老いたユングがパイプをくわえて真剣な眼差しをしている一般的なイメージは、この原型に当てはまります。

セクト

　太陽はちょうどディセンダント上に位置していますから、分娩が日没時であったことがうかがえます。地平線に近いのですが、太陽の光がまだ明るく差していたはずです。このチャートは昼行性、つまり昼のものとして採用しています。

セクトを外れた惑星

　3ハウスと10ハウスを支配している火星は、射手のサインの11ハウスでペレグリンとなっています。これを、職業や評判、家族・兄弟・学校教育などのエリアが課題となると予想します。自分に合うコミュニティーを見つけることも課題となりそうです。ここには、ペレグリン（彷徨う火星）による別

の問題もあります－ユングはよく学生（火星は3ハウスを支配）や仕事仲間（火星は10ハウスも支配）などと寝泊まりし数々の浮気をしたようですが、それがストレスや問題を引き起こしたはずです。

　金星は水星とともに、奴隷と従業員を表す6ハウスにあります。彼はとても賢明な女性労働者や従業員、そして弟子たちを指導し、その存在は彼にとっていろいろな意味でとても幸運でした。

　ユングのチャートでは、金星は水星よりも強い惑星であり、彼の思考パターンは金星的な知覚である、比例、類推、隠喩、主意などに貫かれています。シンクロニシティーは金星的な概念で、パターン（原型［カール・ユングの著書『共時性』の中にある語］）を全体と文脈の中で捉えるものです。
［※ 水星の方が先にあるのですが、月と金星に強いミューチャル・リセプションがあるため、金星の方が強いと述べています］。

セクトになっている惑星

　土星は1ハウスで支配権を握っていますが逆行中で、また土星は12ハウスと1ハウスの両方を支配しています。彼の自意識と極度のプライバシーや、隠された秘密との間にはつながりがあり、それは土星と12ハウス（土星がジョイとなるハウス）の両方の意味合いと合致します。土星は石を支配していて、ユングは生涯を通じて石を使った仕事をし（建造物も含みます）、彼の家の隅々も石で造られていました。

　木星は天秤のサインでトリプリシティーのディグニティーを持ち、哲学、宗教、夢の9ハウスに入っており、金星に支配されています。木星は、2ハウスと11ハウスの両方を支配しています。ユングは、結婚からと、高等教育、哲学、旅行を通じて、経済的に恵まれていました。彼の友人（11ハウス）たちは、彼の仕事である夢と哲学の9ハウスの領域で広がりました。

ASCのロードと、1ハウスにある土星

　土星は、1ハウスのロードであり1ハウスに入っています。これが、ユング

に真面目で土星的な賢者の人格を与え、世に示すことになります。ユングがパイプをくわえて賢そうにしている、決まり切った写真を見たことがあるかもしれません。土星は古いものを支配し、古代の知恵、古いものを回復したり、古いテーマを研究したりすることに関連しており、前述のように、土星は秘密を司る12ハウスも支配しています。このことは、ユングの長い時間をかけた退屈な（土星の）活動によって、錬金術やグノーシス派のテクストの意味を、非常に真剣に熟考して、執筆によって明らかにしたことに見事に関連しています。この土星的な性質は、彼の個人的な秘密主義にも表れています。

モードのバランス

　アセンダントはフィクスト・サインで、ASC/DSCの軸に跳びぬけて強い2つの惑星があり、固定的な性質が強く強調されています。MCはミュータブル・サインなので、－彼の評判が、彼の哲学の内省的な考えや興味に関係しているため、これはミュータブルに適合します。
　［※月はICから見てケーダントになりますが、土星と太陽とともにフィクスト・サインであるステイクに当たります］。

角度で最も近いアスペクト

　私たちはすでに、太陽とディセンダントとのコンジャンクションは、彼の妻との関係、そして、患者と他者に焦点を当てた一対一の強烈な出会いに依存する、彼の職業と関係があると述べました。

　土星は木星との緊密なトラインにあり、木星が支配的な惑星として勝っています。彼の自意識と目的は、夢、学術研究、哲学を含む9ハウスの関心事に支配されています。彼にとって自分の執筆作品が学術的に信頼されることが非常に重要でした－彼は木星を満たすために書いているのです。
　9ハウスにある木星は、死後に出版された『追悼新書』（別名『赤い本』）

に記録された彼自身の内面的探求の中で対話した、夢の権威者を指しているのかもしれません。

　ここには、木星と土星の間に良好なリセプションがあります。木星は土星のイグザルテーションにあり、土星は木星のトリプリシティーでレシーブされています。このレシーブとアスペクトが、木星をより重要で影響力のあるものにし、2つの惑星の協調性を強化します。

　木星は、良い状態にある金星から良いリセプションを受けています。その金星は水星とコンジャンクションしており、月ともミューチャル・リセプションをしています。

　月は、水星と金星の両惑星の中間点に2度以内でセクスタイルの位置にあります。月が先行しており、オーバーカミング［勝っている］する惑星です。チャートの一番下にある4ハウスの月は、夢の世界や、過去とのつながりといった可能性があります。月と金星が非常に強い影響力を持っているため、ユングは内なる女性的な側面を強く強調していました。彼は、月の領域、夢の領域、そして過去の領域を高く評価しています。

　月は水星を支配し、ここでの水星はタームのディグニティーのみを持っています。私はこれを、水星が、月と金星のコンジャンクションによって支配されていると解釈します。この水星と金星のつながりは、ユングの美的側面、つまり彼の絵画や『赤の本』につながる可能性もあります。ユングの思考は理性的で冷静なものではなく、審美的、感覚的、感情的な、月と金星によって醸し出されたものです。

　最もエレベートしている惑星は木星で、哲学、宗教、夢、神託を司る9ハウスに入っています。9ハウスは水星とコンジャンクションしている金星によって支配されるので、ユングの夢との、そして宗教との関りは、彼の執筆活動を通じて創造的な芸術性として表現されました。

パーソナリティ

　水星と月はセクスタイルで、月の方が先にあることで強く、より優勢です。これは、彼の内なる私的で繊細な自我と、感情や夢、そして心象や生活上の一般的な心の動きに関心をよせたことと関連しています。

　水星と、1ハウスのルーラーである土星はアバースになっています。土星はユングの執筆やコミュニケーションのスタイルに影響を及ぼしていますが、彼が明らかにしようとするのと同じくらいに、隠そうとする感覚を覚えることもしばしばあります。彼の文章の多くが重々しく、脚注が多く、また曖昧で暗示的で、示唆に富むものです。

　世界はユングを、9ハウスの木星である教師と、1ハウスの土星である老賢者として注目します。強いアンギュラーの惑星がある人は、世の中で最も目につきやすい形で活躍します。

例5：ティモシー・レアリー

1960年代半ばから70年代半ばにかけて、ティモシー・レアリー（Timothy Leary 1920 − 1996）という人物がいたことを、あなたは薄々覚えているかもしれません。彼は自由の戦士であり、また、見方によっては、わが国の若者を破滅させようとした邪悪な麻薬常用者でもありました。

図38：ティモシー・レアリー

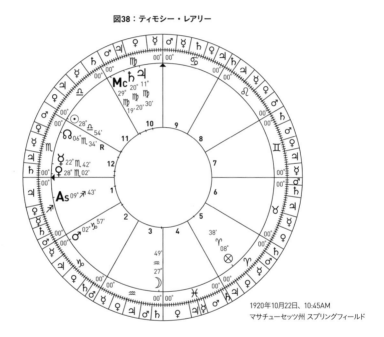

1920年10月22日、10:45AM
マサチューセッツ州 スプリングフィールド

生年月日時間・場所：1920年10月22日、10:45am　マサチューセッツ州 スプリングフィールド

ティム・レアリー（ティモシー・レアリー）は、LSDを普及させ、癒しと意識の進化のための精神療法ツールとしてLSDの使用を提唱したことで知られています。70年代に薬物所持で逮捕され、大胆な脱獄を図りましたが結局見つかり、再逮捕されたことでも有名です。

表22：ティモシー・レアリーのディグニティー

惑星	ルーラー	イグザルテーション	トリプリシティー	ターム	フェイス	デトリメント	フォール
☉	♀	♄	♄☿♃	♂	♃	♂	☉−
☽	♄		♄☿♃	♄	☽+	☉	
☿	♂		♀♂☽	♃	♀	♀	☽
♀	♂		♀♂☽+	♄	♀+	♀−	☽
♂	♄	♂+	♀☽♂+	☿	♃	☽	♃
♃	☿	☿	♀☽♂	♀	♀	♃−	♀
♄	☿	☿	♀☽♂	♃	☿	♃	♀
☊	♂		♀♂☽	♂	♂	♀	☽
⊗	♂	☉	☉♃♄	♀	♂	♀	♄
As	♃	☋	☉♃♄	♃	☿	☿	
Mc	☿	☿	♀☽♂	♄	☿	♃	♀
☋	♀	☽	♀☽♂	♀	☿	♂	

彼は出所後、作家や講演家として、意識の開放を提唱しながら余生を過ごしました。

私がこのチャートを選んだ理由は、いくつかのハウスと惑星の文字通りの意味が、彼の人生の最も有名な出来事の中で演じられたからです。

惑星の状態 − ディグニティー / デビリティー

主要なディグニティーにある1つの惑星は、2ハウスの山羊のサインにある火星で、彼の上昇する惑星です。全盛期のレアリーは肉体的にも強く、ハンサムでカリスマ的でした。

木星は、キャリアと名声の10ハウスでデトリメントの状態で、乙女のサインで水星に支配されています。デトリメントの惑星はうまく機能しないか、あるいは、最初はうまくいくのに崩れていってしまいます。

10ハウスの木星は、彼がLSDの可能性を探る場として設立した短命の財団「キャスタリア」でもある可能性があります。

太陽は、友人とグループの11ハウスでフォールになっています。フォールの惑星は、自分が相手にされない、話を聞いてもらえない、軽んじられていると感じるため、注目を浴びようとしたり、自分にスポットライトが当たるように行動したりすることがあります。太陽は高等教育、哲学、旅行の9ハウスを支配しており、そこでレアリーは輝くことを望み、彼のキャリアの初期には、ハーバード大学の素晴らしい教授として知られていました。

　金星は12ハウス蠍のサインでデトリメントにあり、水星とコンジャンクションしています。標準的な意味でこれを捉えると、金星的な「品位に欠ける」快楽的な生活を通しての自己破壊（12ハウス）であり、それは水星に関わること（精神）です。12ハウスは牢獄を意味します。

　自己破壊の12ハウスにある水星は、彼の著作と思想でもあり、彼の没落、逮捕、不名誉にもつながります。

　水星は、公職の10ハウスを支配していることに注意してください － レアリーは公職に立候補した直後に追跡され、逮捕されました。彼はカリフォルニア州知事の候補者でした。つまり、水星が支配する10ハウスと12ハウスは、その具体的な状況において結び付いているのです。

　12ハウスは隠れた敵、あるいは、彼を失脚させるために裏で密かに動いているライバルです。

　12ハウスの惑星たちの意味は、恐ろしいほど筋書き通りで的確です。

　私たちは、2つの惑星がデトリメント、1つがフォール、そしてただ1つ、火星が行動的なディグニティーを持っています。デトリメントにある惑星は、多くを約束しても実現しなかったり、スタートはうまくいっても、その後、物事がバラバラになったりします。

アングル

　木星と土星はともに10ハウスにありますが、MCより5度以上前にあるため、強さではケーダントになります。四分円ハウス方式のチャートでは、こ

の2つの惑星は、学問、宗教、哲学、夢の9ハウスに位置することになります。木星に続いて土星が10ハウスにあるのは、名声への上昇と転落の可能性もあります。

セクト ― 太陽が天秤のサインで11ハウスなので、昼のセクトです。

セクトにある主な惑星は、10ハウスに入っているデトリメントの木星とペレグリンの土星で、それらは12ハウスの水星に支配され、我々はすでに彼に対する人格と、評判に関連する刑務所について言及しました。セクトであること以外にも、この2つの惑星は悪い状況に置かれ、それらは10ハウスで格別に目立っています。

セクトを外れた惑星たちを見ると、山羊のサインでイグザルトしている火星が、2ハウスで上昇する惑星となっていて、その火星は12ハウスと5ハウスを支配しています。これは、快楽（5ハウス）と牢獄（12ハウス）の間に、別のつながりを生み出し、火星はセクトを外れることにより、反抗的な活動を示すことがあります。

もう一つのセクトを外れた惑星は、12ハウスでデトリメントになった金星で、金星的な振る舞いと自己堕落の関連はすでに見てきました。私はときどき、「品位のない金星」という表現が、一般的な「みっともない」意味として解釈できることがあると感じています。

アセンダントのロードと、1ハウスの惑星

木星は10ハウスにあって1ハウスを支配し、デトリメントであり、水星に支配されています。木星が10ハウスにあることから、彼は脚光を浴びるのが好きだったように感じられます。しかし、これは彼の太陽がフォールにあるのも関係しているでしょう。

射手のサインの上昇は、結果に関係なく自分の意見をいう人、または自分のいったことの意味を理解していない「失言癖」にもなりえます。楽観的で大いに理想的なサインですが、常に根拠があるわけではありません。

惑星の分布

10ハウスと12ハウスにはそれぞれ2つの惑星があり、この2つのハウスが複雑に絡み合っていることは、これまでにも何度か紹介しました。この2つのハウスとその相互作用が、このチャートと彼の人生を支配しているのだと思います。

モード、アングル、バランス

アングルはともにミュータブル・サインで、それ故に知的で精神的なものです。

2つのミュータブル・サイン、2つのカーディナル、そして3つのフィクスト・サインに惑星があるので、フィクスト・サインが支配的です。私たちはこのことを、主にそのアイデアや精神活動によって区別される人たちのチャートで繰り返し見てきました。レアリーの場合、彼の思考と執筆の主題は意識そのものでした。

チャートの大きな特徴は何度も出てくるので、この辺でやめておきましょうか。

例6：フリードリッヒ・ニーチェ

　最後のチャート解釈では、モダンな外惑星を適切に解釈に含める方法を例として挙げます。この場合、外惑星にはチャートの意味を大きく左右するような強くタイトなアスペクトがいくつかあります。

　フリードリッヒ・ニーチェ（Friedrich Nietzsche 1844－1900）のチャートの解釈が、あらゆるレベルでも適用できることを示したいと思っています。この解釈は、彼の人生の詳細とともに、彼の思考、著作、哲学の本質を知るための窓となるはずです。

図39：フリードリッヒ・ニーチェ

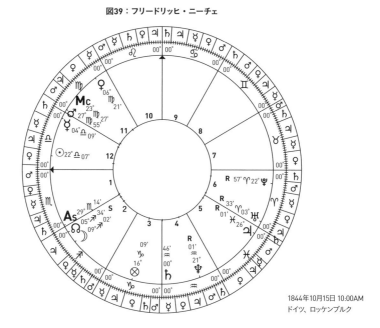

1844年10月15日 10:00AM
ドイツ、ロッケンブルク

294

表 23：フリードリッヒ・ニーチェのディグニティー

惑星	ルーラー	イグザルテーション	トリプリシティー	ターム	フェイス	デトリメント	フォール
☉	♀	♄	♄☿♃	♀	♃	♂	☉ −
☽	♃	☋	☉♃♄	♃	☿ m	☿	
☿	♀ m	♄	♄☿♃ +	♄ m	☽ m	♂	☉
♀	☿ m	☿	♀☽♂ +	☿	☉	♃	♀ −
♂	☿	☿	♀☽♂ +	♂ +	☿	♃	♀
♃	♃ +	♀	♀♂☽	♂	♂	☿	☿
♄	♄ +		♄☿♃ +	☿ m	♀	☉	
☊	♃	☋	☉♃♄	♃	☿	☿	
⊗	♄	♂	♀☽♂	♀	♂	☽	♃
As	♂		♀♂☽	♄	♀	♀	☽
Mc	☿	☿	♀☽♂	♂	☿	♃	♀
☋	☿	☊	♄☿♃	♃	♃	♃	

生年月日時間・場所：1844年10月15日 10:00AM ドイツ、ロッケンブルク

惑星を解析して状態を確認

土星は4ハウスの水瓶のサインでルーラーシップにありますが、アングルから大きく離れているためにケーダントになります。4ハウスにあることは、ニーチェが幼いころに亡くなった牧師だった父親に該当する可能性もあります。ニーチェは、厳格な理想主義的な雰囲気の中で育てられました。

木星もルーラーシップにあり、5ハウスの魚のサインに入っていて、チャートの底のアングルであるICとコンジャンクションしているので、極めて強い木星になります。この惑星は、彼の極めて哲学的な創造性とともに、ある意味、哲学的宗教観を持った熱烈な理想主義を連想させます。彼は哲学の良さを信じ、それが彼の宗教であり、信仰であり、そのうえに自分の人生を築いていったのです。この惑星は、このチャートにおいて時に敵対的であり、時にインスピレーションを与える、極めて複雑な役割を担っていることが後に

わかるでしょう。

　もう一つ、一見しただけではわからない、大きなディグニティーを持つ惑星があります。乙女のサインにある火星を注意してよく見ると、トリプリシティーによるディグニティーと、タームによるディグニティーがあります。小さなディグニティーを2つ持っているのは、大きなディグニティーを1つ持つことに匹敵すると考えるため、火星をディグニティーのある惑星の1つに数えます。

　金星と水星は、乙女と天秤のサインでミューチャル・レシーブをしていることから、ニーチェは文章と文体が美しい作家といわれています。

　太陽は天秤のサインでフォールになっており12ハウスです。フォールにある惑星は、自分の意見を誰も聞いていないように感じると書きました。これは、誰も彼を尊敬せず、彼の話に耳を傾けない感覚、まさにフォールのように、彼の持っていた極度の孤立感と孤独感に一致します。これは、フォールの惑星と、12ハウスにあることの両方にマッチしていて、二重に強調されています。

　12ハウスは、極端な自己犠牲と自己堕落のハウスでもあるため、私は、ニーチェの姿勢と一致していると考えています。彼は真理と可能性のために自分が持っている全てを犠牲にしていると考えており、時には超人と呼ばれる新しい可能性のある人間を追求していました。

　12ハウスの太陽は10ハウスの名声を支配しているため、彼のキャリア、職業、知名度、評判は全て無名、忘却、尊敬の欠如、自己犠牲などによって支配されていたのです。

アングルを見る

　アセンダントから約6度後にノース・ノードがあり、アセンダントから約10度後の上昇の惑星である月とコンジャンクションしています。月は、木星の支配する射手のサインにあり、同じく木星的なノース・ノードとコンジャンクションしているため増幅され、一種の極めて熱狂的な理想主義を与えて

いるのです。彼は、人間的なものを強く批判する一方で、人間とはこうある べきだとの姿について、著しく高いビジョンを持った極端な理想主義者であ ったともいえます。それはまるで、射手のサインの月が、ノードによって拡 張された向上心のある月のようです。

MCの近くには火星が4度離れてあり、MCの後ろに7度離れて水星がありま す。火星と水星はともに、好戦的で鋭い積極果敢な知性の基調を作り上げて います。

金星、MC、火星、水星の4点が30度以内に並び、そのすぐ後に18度だけ 離れて太陽があることに注目してください。水星と金星は、鋭い知性とウィ ットを同量に混ぜ合わせた美しく優雅な文章を、積極果敢で批判的な火星と、 忘却［12ハウス］の太陽とを結び付けると、ニーチェのスタイルをかなりう まく表現できると思います。

火星は、アセンダントと病気の6ハウスの両方を支配していることに注意 してください。ニーチェは、人生の大半を悪質な片頭痛に悩まされていまし た。牡羊のサインは頭に関連していて、死去する11年前の1899年に精神疾患 にかかっています。12ハウスにある水星は、双子のサイン8ハウスの死を支 配していて、彼を襲った精神疾患を表していることにも意識が向けられます。

木星は、創造性につながる5ハウスで、ICとほぼ3度のオーブで結ばれて います。その木星は、乙女のサインにある、うるさくて批判的な火星とタイ トにオポジションとなっています。私は、極端な理想主義と、正統ではない 感覚と見ます－それは、精神性ではなく、人の精神や心そのものというべき もので－彼は宇宙と人間の可能性（木星のようになれること）を深く信じて いましたが、－それはある意味、知性的な誠実さへの彼の厳しいスパルタ的 な感覚（火星）によって打ち消されてしまい、弱体化されていったのです－ 彼は自分自身を含め、誰に対しても、弱さや精神的な曖昧さを許しませんで した。ここに、スパルタ的で自己犠牲的な規律と、信じる心を切望する鋭利 な二面性を繰り返し見ることになります。

セクト

　これは昼のチャートです。土星と木星の2つの昼の惑星が、互いに支配権を得ているので強く、ポジティブで影響力があります。木星についてはすでに簡単に触れました。先にも触れましたが、4ハウスの水瓶のサインにある強固な土星は、父親である牧師と関係があると思われます。厳格で要求が高く、厳しい手本であり、ニーチェ自身の態度と価値観の基盤になっていると考えられます。実に私は、木星（火星とオポジション）からも土星（4ハウスのロード）からも、父親の影響があるのではないかと疑っています。

　セクトを外れた惑星を見てみると、既に述べたように、MCとコンジャンクションした火星と同じサインに金星があり、ともに12ハウスの水星に支配されています。私は過去の経験から、重要な惑星が「セクトの外」にある場合、その人は時代から取り残されている、権力から外れている、流行に遅れていると感じることがあります。セクトを外れていることでその惑星は、挑戦的で不快な、時にはバランスを欠いた適切ではない方法で行動することを意味します。確かにニーチェのケースではそうなっています。

アセンダントのロード

　火星に戻ります。好戦的でセクトを外れた戦士である火星は、チャートの中で支配的な惑星であるだけでなく、ニーチェの人格、世間に対する彼の外に向けた顔となっています。彼は、虚偽や不正、時代錯誤と見なしたものは誰の手も借りずに攻撃します － その悪質でバランスを崩した攻撃は、セクトを外れた火星のような態度だったのです。

　ここに重要なポイントがあります － 火星はアセンダントのロードであり、MCとコンジャンクションしています。このため、この惑星は、彼が世間にどう見えるかの点で最も目につきやすく、最も決定的な惑星であり、彼と一体になった惑星なのです。それは、彼の仕事、彼の運命、そして彼の個我が同じ火星的なものであることを意味します。ニーチェは自分の仕事のために生き、強い使命感を持っていたのです。火星とMCがホール・サインで11ハ

ウスにあることは、彼の目的の多くが、気の合う仲間、彼が属するコミュニティー、彼の価値観やビジョンを共有する人たちを見つけることに関連していることを意味します。ニーチェが彼のコミュニティーにおいて、挑戦的で敵対的な火星で役割を果たすことも意味しています。

　火星はミュータブル・サインにあり、うるさく批判的な乙女のサインで12ハウスの水星に支配され、火星からはその水星がアバースになっています。この火星がどのように働いたのかは、ニーチェの意識からやや外れていたのはあり得ることです。自分の文章がいかに了見の狭いもので攻撃的なものであるか、本当に気付いていなかった可能性が高いと思われます。火星が12ハウスの水星に支配されていることは、彼が叫んでいても、誰も気にとめていないような様子がするのです。

　火星がセクトを外れていることを思い出し、どこかバランスを崩し、切り込みの鋭い好戦的な行動をとると予想する必要があります。ニーチェは「権力への意志」を提唱し、強靭で積極果敢な道徳を主張したことで知られています。火星は水星が支配するミュータブル・サインにあり、ニーチェの積極果敢な性質は、全て言葉、文章、知的な攻撃に向けられたのです。

　下記はニーチェの『善悪の彼岸』の序文（259節）からの引用で、貴族階級、あるいは支配階級の倫理観の概念を述べたものです。セクトを外れた火星の口調がよく伝わってきます。

> 「より高度な文明とは、本能を持ち、いうなれば野蛮人である略奪者たち、強い意志力と抑えきれない権力への渇望を持つ者たちが、弱く平和な大衆に襲いかかり、彼らを従わせる時に生まれると我々は理解する…。つまり、生命とは本質的に、収奪、加害、征服、抑圧、激烈さであり、搾取は堕落者に属するものではなく、本質的に権力への意志の表れとして、生命そのものに属するからだ。」(p. xix)

　その重要な概念である「権力への意志」は、支配的な火星によって決定され、文章全体で彩られています。

MCにちょうど位置する火星は、最もエレベートした惑星であり、最も高くあり、彼が最も高く評価したもの、彼の至高の価値を表していることにも注意を払ってください。火星が重要なミュータブル・サインにあるため、彼の至高の価値は、激しく素直で勇敢な心そのものでした。

モードのバランス

　アセンダントはフィクストですが、MCはミュータブル・サインです。7つの惑星のうち4つがミュータブル、2つがカーディナルであり、ミュータブル・サインが優位です。繰り返し述べているように、ミュータブルは知的で内省的なエネルギーを持つことが多く、役者ではなく思想家です。

角度で最も近いアスペクト

　火星はMCとコンジャンクション、木星はICとコンジャンクション、そして、木星と火星はタイトなオポジションにあります。このオポジションは、チャート全体を支配する軸であり、さまざまな形で表現されていると思います。理想主義的な部分と、極端に批判的な部分との間には緊張感もあります。別の視点から見ると、木星はキリスト教の信仰を表し、火星は反逆者、反キリストであると読むこともできます。

　火星と木星の間のリセプションを見ると、火星は魚のサインでトリプリシティーのディグニティーがありますが、木星は乙女のサインでデトリメント（不利な状態）となっています。木星の火星に対するレシーブはポジティブで、火星の木星に対するレシーブはネガティブです。そうすると、敵対的なオポジションの性質が強調され、木星がキリスト教であり、火星がそれに反発する象徴性が強まります。

　土星は水星と4度のトラインになっていることから、彼の知性には生まれつき厳格で構造的な面があるのかもしれません。それは彼の父親の影響が、彼の哲学の取り組み方にも及んでいることを物語っているように思います。

ニーチェの父親は、裕福な牧師で教師でした。

　金星（フォール）と月は角度差3度のスクエアです。金星と月の間には、火星と木星の緊張感と似たような関係が、高い理想主義と極端な批判主義との軋轢にあるのだと思います。

外惑星

　ニーチェのチャートは、伝統的な7つの惑星だけでも少なからず良い判断を導き出せたと思います。しかし、私は今回の例で、注目すべき角度にあるアスペクトが存在するため、3つの外惑星を加え解釈を深めたいと思います。

　火星と木星の強いオポジションはすでに述べました。外惑星をくわえてみると、他にも2つの飛び切り強いオポジションがあり、それらはチャートの同じ領域にあります。

　天王星は、水星とタイトにオポジットとなっています。このことは、常に緊張し、刺激され、聡明で、反抗的で、火花を散らすような知性を与えています。ニーチェの姿勢には、きっとプロメテウス^{※2}のような天王星的なものがあるのでしょう。天王星とオポジションになっているのは6ハウスの病気（火星）もあり、これは彼の絶え間ない体調不良、頭痛、精神的ストレス、そして最終的に精神的に崩壊したことにうまく符合していると思います。

　太陽は、冥王星とタイトにオポジットとなっています。ニーチェは「人間は自己に打ち勝つべきものである」と書き残し、常に自己変革の哲学を唱えていた人物です。

　この2つのオポジションは、"ものすごく"重要だと思います。これらを解釈に加えると、緊張し、高ぶり、常にプレッシャーを感じている人が出来上がります。このチャートにはリラックスしたところがなく、全てが熱狂的です。

　このチャートには、外惑星を加えると、3つの支配的な強いオポジションのアスペクトがあり、彼の哲学は、彼が退廃的で不健全な古い宗教と文化と

※2　ギリシャ神話の神の一柱。ゼウスに反抗した神です。

見なしたものに対抗するために、両極端に分かれています。ニーチェの対抗意識は、オポジションによって定義されていたのです。

ステイクの場所と重要な惑星

　木星、火星、金星を含むMCの軸はすでに述べたとおりです。これらの惑星との利害関係には、ノース・ノードと月も絡みます。かなり強烈な惑星の集まりです。

❖水星と月

　ここの2つの惑星はサインでセクスタイルですが、5度前後とあまりタイトな角度ではありません。この場合、極端な理想主義がその突き抜けた知性をサポートしていて、その2つが絡み合っていたといえると思います。

　もう一つの雑記として－水星は太陽にアプローチしていますが、18度も離れながら近づいています。従って－ヒリアカル・セッティングを通過しようとしているのです。12ハウスの水星は、徐々に輝きを失いながら燃え尽きていきます。(モダンな占星家たちは、水星が何歳のときに太陽に焼き尽くされたかを調べるために、セカンダリー・プログレッションを観察するかもしれません)。

❖アンティシア

　このチャートには、水星と木星の間に緊密なアンティシアによるつながりがあり、その関係は、影や背景のコンジャンクションのように作用しているのです。確かに哲学者にぴったりです。しかし、木星の「影」はすぐには見えないことに注意してください。ちょうど、ニーチェが攻撃的な積極果敢な性質の背後に、理想主義、楽観主義、高い精神性（スピリチュアルというよりも聞こえがいい）を持っていたとしても、すぐにはわからないのと同じことです。

　私の持っているこの出生時刻が正確かどうかは疑問ですが、もし正確であるなら、土星とアセンダントもしっかりとアンティシアで結ばれていること

になります。それは、ニーチェが死んだ父親の影に支配され、父親が象徴するもの全てに支配されている感覚と一致します。

❖ ロッツ

ロットの中には、ニーチェの人生や価値観に光を当ててくれるものもあると思います。

父親のロットは魚のサインの7度にあり、同ハウスの木星に支配されています。以前、父親と土星を関連付けましたが、彼の木星、ニーチェの哲学の理想主義的な側面も父親と関連していることが分かると思います。

［※ ロット・オブ・ファザー＝ASC＋（土星－太陽）R］

これは推測ですが、彼の火星の反対側にある5ハウスの木星は、彼の最も有名な作品におけるツァラトゥストラの声でもあるのではないでしょうか？ニーチェは、『ツァラトゥストラはかく語りき』を、口述筆記やチャネリングと呼ばれるような、強いインスピレーションを受けた状態で書きました。木星・火星と、天王星・水星が隣り合っていることで、このような極端なチャネリングが起こり、哲学的な創造性を発揮することができたのでしょう。このことは、水星と木星のアンティシア（陰影的）な結合関係とも関連しているかもしれません。ツァラトゥストラはニーチェの影の自己である感覚があります。

火星と木星が水星と天王星に並行するような強いオポジションでは、オポジションの一方が自分の外から来るものとして経験される可能性がありますし、ニーチェがツァラトゥストラの木星と天王星の声をどのように経験したか、それは疑問ですが、彼の使命感、天職に対する思いも説明できるかもしれません。「神は死んだ」と宣言したことで知られる彼は、自分の中にある神聖なものに狂信的に駆り立てられ、それは彼にとって神聖で全身全霊を傾けるべきものだったのです。

ですから、あの複雑で強い木星は、彼が反抗した父と教会であると同時に、ツァラトゥストラであり、新しい理想を掲げるものにもなります。

仕事のロットは、1ハウスの蠍のサイン23度にあり、アセンダントとゆるくコンジャンクションしていて、MCにいる火星が支配しています。1ハウスはアイデンティティーを司り、ニーチェは自分の仕事、天職に共感し、しばしば重要な使命があると感じていたといいます。アセンダントのロードである火星がMCにコンジャンクションしていることも、その重要性を強調しています。

　［※ ロット・オブ・ワーク＝ASC＋（火星－水星）R］

第七章
総括的な提言

伝統的な占星術と現代的な占星術の融合

　さて、伝統的なネイタル占星術の基本についての初歩的な調査を終えたところで、伝統的な占星術とモダンな占星術の関係の問題を取り上げたく思います。

　　　自分の信念に忠実な方々は、ここで本を置くか、私が他の読者に話
　　　をする間しばらく席を外してください。

　この点について述べたく思うのは、私がさまざまな占星術のやり方を経験してきたことを語ることと、占星術が将来的に実りある方向に向かってほしいことが、どこか関係があると思うからです。

　モダンな占星術や心理占星術は、惑星や星々は外側にある力であり、占星術は私たちに起こる出来事を、私たちのコントロールできないところから伝える古い運命論的な考え方に対する反発として生まれたところもあります。
　この考え方には、限界があります。

　現代の心理占星術は、チャートを形作っているものは全て個人の内面的なものであり、占星術の目的は精神のさまざまな部分を分析することです。自分の長所を最大化し、短所を最小化しようとするのです。
　20世紀後半になると、この考え方は、チャート上の全てのものをポジティブに捉え、充分な努力とポジティブな思考さえあれば、自分の人生はどうにでもなると語る、主に、新思考、ほぼニューソート（新思考）の考え方と融

合していきました。

その考えにも、限界があります。

数年前、私が伝統的な占星術に惹かれたのは、モダンな占星術の多くが持つ浅薄さや曖昧さに、次第に失望を覚えるようになったからです。特に、自分の力ではどうにもならないことが起こる場合の、人生の多くの局面が抜け落ちているように感じたのです。

そこで、3年ほど伝統的な占星術の学習に没頭しました。現代の外惑星や小惑星を排除し、ホール・サイン・ハウスに戻り、自分の周りの出来事や、実際の外的状況をチャートから解釈することに取り組んだのです。この［古い］方式では、チャートは自分の中にあるのではありません。むしろ、チャートは私の住む世界の地図であり、その中身は、私の人生における外部の状況や出来事を描写しているのです。

それは、私の占星術の実践を大いに豊かにし、深めてくれました。しかし、今、そのアプローチの限界にぶつかり始めているような気がしてなりません。

私が所属する研究会では、最近、非常に難しいチャートを持つ人のリーディングを行いました。彼女は、彼女とその家族が関わる非常につらい、虐待的な状況に何度も直面してきた人でした。リーディングでは、そのことを取り上げました。しかし、その人はこの経験を通じて大きく成長し、確かなぶれない中心性と、内面的な強さを育んでいったのです。

精神的な成長は確かに起こっていたのですが、伝統的な技術では、その成長を見届けることができなかったのです。私たちは、人生のさまざまな出来事によって変化をとげていきますから、私には、内なる成長と進化に焦点を当てたテクニックを手に入れる必要があったのです。

そこで、主要なイベントを観る技法である、プロフェクションやプライマリー・ディレクションに加え、内なる成長を重視するような、セカンダリー・プログレッションを加える必要がありました。

そこで昨今、再び私は、自分の仕事にモダンな占星術の手法を取り入れるようになりました。私は、多くのモダンな占星術家ほど、外惑星を強く強調しませんが、チャートの解釈に重要な一面を加えることができると感じてい

ます。

　本書で紹介している伝統的な技法の核となるものは今でも使っていますし、チャートの骨格、基本構造にもなっています。私は、まずはこれらの技法から始めて、バランス感覚を保ちながらモダンなものに立ち戻りたいのです。

　しかしながら、私は現在、心理学や性格分析的な占星術も行っています。長年、伝統的な占星術に携わってきたことで、心理占星術へのアプローチも変化し深まってきました。

　そうです。チャートは私の中の何かを記述しているのですが、それは私の中だけのことではありません。外面的な事象を記述するのと同時に、自分の内側にあるより大きな心理的な現実に対しても開かれている感覚があるのです。私の「内なる」秩序を記述しているにせよ、それは私が内包している秩序というよりは、私がその一部として包まれている大きな秩序です。そこには、内面性も外面性もあるのです。

　次第にそこへ、伝統的な占星術とモダンな占星術のアプローチが束ねられていき、実り多くなっていくのだと思います。心理学的なアプローチが充分に推し進められれば、内と外が融合する地点に到達します。私は、自分がその一部であり、関与しているより大きな秩序を眺めています。外側の出来事も、自分の意識の中の動きも、等しくその秩序の一部なのです。このアプローチでは、チャートが私の中にあるのではなく、私がチャートの中にあるのです。

　伝統的な占星術では、惑星たちは私たちの外側に住む神々として始まりました。モダンな占星術では、惑星は「単なる」心理的な力となりました。今、私にとって、惑星たちは再び神々となり、より偉大で、私のコントロールの及ばない力として、内側と外側の両方に現れるものとなりました。

　私にとって、占星術に対する伝統的なアプローチとモダンなアプローチは対立するものではありません。それらは、両次元を含む、より大きな秩序への異なるアプローチなのです。占星術は、より大きく、より奇妙で、より素晴らしくなっています。

　本書が、純粋に伝統的なものであれ、現代的なものであれ、あるいはその

混合であれ、あらゆる種類の占星術を探求し研究する上で、あなたに、実りある考え方やテクニックを提供することを切に願っています。

　あなたの旅に神々の祝福があることを。あなたと神々との継続的な関係が、深く、有意義で、実りあるものでありますように。

参考文献 （注釈付き文献リスト）

モダンな占星術のテクスト

　これらの多くは、著者のお気に入りのモダンな占星術の本です。伝統的な占星術との相性も抜群です。

Costello, Priscilla, *The Weiser Concise Guide to Practical Astrology* Red Wheel Weiser, 2008.（英語のみ）

　初めて占星術に触れる人が、最初に読むのによい短編集です。

Tompkins, Sue, *The Contemporary Astrologer's Handbook: An In-Depth Guide to Interpreting Your Horoscope.* Flare Publications, 2006.（英語のみ）

　現代占星術の総合的なテクストとして、私が知る限り最高の一冊です。

Geisler, Pat, *The Plain Vanilla Astrologer.* ACS, 2013.（英語のみ）

　純粋に初心者向けの本ではないのですが、読みやすく、長い経験からくる知恵があり、実践的な内容に根ざしています。

Burk, Kevin, *Astrology: Understanding the Birth Chart.* Llewellyn, 2001.（日本語版あり）

　ケビン・バークは、エッセンシャル・ディグニティーの5つのレベルを用いたJ・リー・レーマン（J Lee Lehmann 伝統的占星術的研究家）の仕事を引き継いでいます。素晴らしい本ですが、ケビンが伝統的な占星術とモダンな占星術の法則の、どちらがどちらかを指摘することなく混載させていることに注意する必要があります。

伝統的な占星術に関する必要な書籍

Morin, Jean Baptiste, *Astrologia Gallica Book 21: The Morinus System of Horoscope Interpretation.* Translated by Richard S. Baldwin. American Federation of Astrologers, 1974（英語のみ）

伝統的な占星術の本を一冊だけ買うとしたら、これです。明晰で実用的な
ガイドブックです。初心者向けではありませんが、親しみやすい本です。

Brittain, Patti Tobin, *Planetary Powers: The Morin Method*. American Federation of
Astrologers, 2010. (英語のみ)

前著で紹介したモラン式の解釈法をイラストで学ぶワークブックです。こ
の本はストレートな伝統的占星術ではありません。現代の外惑星も含まれて
いますし、サインとハウスの意味を現代的に等しくして、ハウスによる類推
を用いた例もあります。このことを念頭に置けば、この本はまずまずの役に
立ちます。よくまとまっていて説明も理解しやすくなっています。

Lilly, William, *Christian Astrology Books 1 and 2*. Astrology Classics, 2004., *Christian Astrology Book 3*. Astrology Classics, 2004.
(日本語版あり)

この3巻の著作は、英語で書かれた占星術の著作の中で最も有名で重要な
一冊です。第1巻は基礎編で、第2巻はホラリー占星術に関する最も有名な書
物です。第3巻のネイタル占星術はあまり知られておらず、過小評価されて
います。本書の構想は、何年も前にリリーの第3巻から始まっています。リ
リーは気質の判断をベースにしていますが、それは、それより古代の実占に
はなかったものなので、モダーン・トラディショナルともいわれます。

Dykes, Benjamin, *Traditional Astrology for Today: An Introduction*. Cazimi Press,
2011.,
(日本語版あり)

Dykes, Benjamin, translator, *Bonatti's 146 Considerations*.
Cazimi Press, 2010.

ベンジャミン・ダイクス博士は、中世占星術の分野における第一級の翻訳
者であり学者です。彼は、ラテン語とアラビア語の原典を数多く翻訳してい
ます。上記2冊は、彼の仕事に近づくための良いきっかけになります。

Avelar, Helena and Ribeiro, Luis, *On the Heavenly Spheres: A Treatise on Traditional*

Astrology. American Federation of Astrologers, 2010.（英語のみ）

　ウィリアム・リリーの時代の伝統的な占星術の要素を網羅した優れたテクストであり、手に入れる価値は充分にあります。

Houlding, Deborah, *The Houses: Temples of the Sky.* The Wessex Astrologer, 2006.（英語のみ）

　これは、私が占星術の本の中で一番好きな本です。ハウスの本としては最高で、これは必須の本だと思っています。

伝統的な占星術に関する現代の書籍

Crane, Joseph, *A Practical Guide to Traditional Astrology.* ARHAT, 2007., *Astrological Roots: The Hellenistic Legacy.* The Wessex Astrologer, 2007.（英語のみ）

Dunn, Barbara, *Horary Astrology Re-Examined: The Possibility or Impossibility of the Matter Propounded.* The Wessex Astrologer, 2009.（英語のみ）

Lehman, Dr. J. Lee, Ph.D., *The Martial Art of Horary Astrology.* Whitford, 2002.（英語のみ）

George, Demetra, *Astrology and the Authentic Self; Integrating Traditional and Modern Astrology to Uncover the Essence of the Birth Chart.* Ibis Press, 2008.（英語のみ）

　この本は、今日の占星術界で最も優れた教師の一人による確かな伝統的な技法と、モダンな占星術の要素を融合させた素晴らしい作品です。

特定の課題に関する書籍

Greenbaum, Dorian Gieseler, *Temperament: Astrology's Forgotten Key.* The Wessex Astrologer, 2005.（英語のみ）

Zoller, Robert, *The Lost Key to Prediction: The Arabic Parts in Astrology.* Inner Traditions International, 1980.（英語のみ）

Weber, Lind, *The Arabian Parts Decoded.* American Federation of Astrologers, 1997.（英語のみ）

Hill, Judith, *The Part of Fortune in Astrology.* Stellium Press, 2010.（英語のみ）

原書の元資料としての位置付けの書籍

Dykes, Benjamin, translator. *Introductions to Traditional Astrology: Abū Maʼshar & al-Qabīsī.* Cazimi Press, 2010.（英語のみ）

彼の短編の入門書『*Traditional Astrology for Today*』に続き、この本はベン・ダイクスが手がけた他の翻訳に近づき、理解するために必要な基礎となるものです。この書籍には伝統的なロッツのリストが豊富に掲載されています。

Dykes, Benjamin, *Works of Sahl & Māshāʼallāh.* Cazimi Press, 2008.

Dykes, Benjamin, *Persian Nativities Volume I: Māshāʼallāh & Abū ʼAli.* Cazimi Press, 2009.（英語のみ）

Dykes, Benjamin, *Persian Nativities Volume II:ʻUmar al-Tabarī & Abū Bakr.* Cazimi Press, 2010.（英語のみ）

Dykes, Benjamin, *Persian Nativities III: On Solar Revolutions.* Cazimi Press, 2010.（英語のみ）

Al-Biruni, *The Book of Instruction in the Elements of the Art of Astrology, Translated by R. Ramsay Wright.* Astrology Classics, 2006.

この本には、伝統的なロッツのリストにくわえて、さまざまな種類の対応表が多数掲載されています。（英語のみ）

Dorotheus of Sidon, *Carmen Astrologicum,* translated by David Pingree. Astrology Classics, 2005.（英語のみ）

Ptolemy, Claudius, *Tetrabiblos,* translated by J M Ashmand. Astrology Classics, 2002.（英語のみ）

著者の既刊本

The Cycle of the Year: Traditional Predictive Astrology. Almuten Press, 2018.（英語のみ）

いくつかの未来予測の手法を組み合わせることで、過去・現在・未来を読み解く方法を解説。近年まで謎であった伝統的な手法の実践的な取り扱い方が書かれています。特に、プライマリー・ディレクションの基礎とプロフェクション、1年のサイクルにソーラー・リターン（太陽のレヴォリューション）を使う方法について、詳しく書かれています。

　Using Dignities in Astrology. Almuten Press, 2018.（英語のみ）

　伝統的な占星術では、ディグニティーを使います。正確にはディグニティーとデビリティーがあります。マイナーなディグニティーと呼ばれる、トリプリシティー、ターム、フェイスがありますが、これらの全てのディグニティーを使った詳細な解説書になります。

　The Lots of Fortune and Sprit: An Exploratory Study. Almuten Press, 2019.（英語のみ）

　ロットをどう扱うか、この占星術上の占いに限りなく近づけてくれる小さな生き物が、実は大きな役割をしてくれるのを実感させてくれます。ロットの理論、解釈、そして実践的な方法について詳しく解説されています。

　The Classical Seven Planets: Source Texts and Meaning. Almuten Press, 2020.（英語のみ）

　過去からの主だった占星術師の書いたそれぞれの惑星の解説書です。まとめられているので、参照するのにとても役立ちます。

　Saturn Through the Ages: Between Time and Eternity. Almuten Press, 2019.（英語のみ）

　土星の持つ意味は、土星が一番外側の惑星であり、時間と永遠の世界の境界線上にあることに由来しています。この本では、その土星の意味を明らかにし、土星の持つ本来の役割を取り戻すことを意図しています。土星をより深く理解することで、他の惑星たちの意味も甦ってきます。

日本語で読める伝統的な占星術の推薦図書

河内邦利『星の階梯Ⅰ サイン・惑星・ハウス』（カクワークス社、2018）

サイン、惑星、ハウスの伝統的な意味を網羅したものです。ハウスの捉え方が、モダンな占星術とかなり違うことを述べています。その他、ホラリー占星術で使う惑星の動きや、動作の仕方などを書いています。脚注の70に、月は無条件で光を運ぶと書きましたが、それは間違っています。月といえども、リセプションが存在しなければ光は運びません。

河内邦利『星の階梯Ⅱ アスペクト・ディグニティー・リセプション』（カクワークス社、2020）

2020年当時、リセプションの概念がなかなか浸透していなかったころに、どうしても理解してほしくて書いた本です。アスペクトも、リセプションを伴わせて理解しないとチャート全体が把握できないことを述べています。西洋占星術を難しくしてしまったことは反省すべき点です。が、実際にチャートの判断ができるようになるには、リセプションの理解が欠かせません。

皆川剛志『完全マスター 予測占星術』（太玄社、2022）

チャールズ・オバートが次に書いた『The Cycle of the Year』を理解するために読んでおいた方がよい本として推薦しています。プロフェクション、ソーラー・レヴォリューション（太陽リターン）、プライマリー・ディレクション、セカンダリー・プログレッションを解説した日本語では稀有の書です。ここに書かれているテクニックは、伝統的な占星術を学ぶ上で、必ず到達しなければならない通過点です。絶版になる前に手に入れておいてください。必ず将来役に立ちます。

インターネット上の参考資料

https://studentofastrology.com これは筆者の占星術のホームページです。チ

ャーリーが5年ほど前から主宰し、現在も共同進行役として参加している伝統的占星術の勉強会の資料やプリントもあります。

https://www.bendykes.com/ 中世占星術の権威であり、ラテン語やアラビア語からの伝統的なテクストの翻訳の第一人者であるベンジャミン・ダイクス博士のサイトです。中世占星術の権威であり、ラテン語やアラビア語の伝統的な文献の翻訳の第一人者。翻訳書のほか、優れたオーディオ教材もありおすすめです。

https://www.chrisbrennanastrologer.com/ ヘレニスティック占星術の第一人者クリス・ブレナンのウェブサイトです。非常に優れたオンラインコースを持っています。

https://www.demetra-george.com/ 伝統的な占星術の最も優れた教師の一人であるデマトラ・ジョージのウェブサイト。彼女は、小惑星に関する広範囲な研究を行っています。このサイトには、優れた学習リソースが豊富にあります。重々お勧めです。

https://www.renaissanceastrology.com/ ウィリアム・リリーなど、ルネサンス時代の伝統的な占星術を実践しているクリストファー・ワーノック．Esq.のホームページです。ルネサンス時代の占星術やさまざまな魔術に関する教室を開いています。

用　語　集

本書で用いられている主な占星術の概念やキーワードの一覧です（日本語五十音順）。日本語版の特典として原本にはない占星術用語も含まれています。参考にしてください。簡単な定義と、場合によってはそれが取り上げられている参照先が記されています。

アクシデンタル・ディグニティー（Accidental Dignity）

エッセンシャル・ディグニティーに対するもの。惑星のエッセンシャル・ディグニティーは、惑星の置かれたサインと度数によって決まる。アクシデンタル・ディグニティーは、ハウス位置、速度、進行方向、他の惑星とのアスペクトなど、さまざまな絡みや偶発的な状況によって決定される。エッセンシャル・ディグニティーは行為の質を示し、アクシデンタル・ディグニティーはそれがどのように現れるかに影響する。評価のルール、第二十二節を参照のこと。

アスペクト（Aspect）

伝統的な占星術では、「アスペクト」には2つの異なる視点がある。それは、ホール・サインによるものと、モダンな占星術と同様に、惑星または地点間に定義された一連の角度に従った関係のことである。伝統的な占星術では、ある惑星が別の惑星とアスペクトをするとは、その惑星が互いの視線に触れていることを意味する。互いにアスペクトをしない惑星はアバースであると見なされる。第十九節を参照のこと。

アストロログ（Astrolog）

無料で使える非商用の西洋占星術プログラム。英語版だが、下記に日本語で設定方法が書かれてる。インストールは簡単。https://www.astro92.com/nativ/astrodat.html しばらくバージョンアップしていなかったが、最近頻繁にアップデートを繰り返している。

アセンダント（Ascendant）

出生時に、地平線上になる黄道上の点。ホール・サイン・ハウス方式ではアセンダントが1ハウスを決定し、四分円方式のハウスでは1ハウスのカスプを含む、12ハウス側に約5度、地平線の下側におおよそ25度広がる。ただし、12ハウス側に5度といっても、サインの境界を超えることはなり。つまり、あるサインの3度が地平線にあれば、3度しか遡（さかのぼ）れない。

アドヒアランス（Adherence: ギリシャ語でCollēsis、コレーシス）

惑星の場合は3度以内、月の場合は13度以内の本体同士のコンジャンクションをしていること。その場合、2つの惑星は"固着"しているといわれる。ここから、惑星は3度の広がりを持つと考える占星家が多い。

アバース（Averse）

ホール・サインでアスペクトにない惑星は、彼らが接触していない、背を向けている、または視界から外れていることを意味し、アバース（averse）であるといわれる。例えば、魚のサインの惑星は、天秤のサインの惑星とアバースの関係になる。アバースにある惑星はお互いに見えないので、韻を踏んだ詩を朗読することでコミュニケーションを図るとした、遊び心のある言い回しでもある。[averse は、a と verse（詩）に分けられるから＝ある詩＝韻（いん）を踏む]。

アプライ（Applying）

惑星が、他の惑星やカスプに、厳密なアスペクトになるように近づいていくこと。第二十六節を参照のこと。

アラビック・パーツ（Arabic Parts）

チャート上の、3つの異なる地点の間の関係を記述するために計算された、4つ目の点。4点で等脚台形を形成する地点。ヘレニスティック占星術では、「ロット」と呼ばれる。第二十一節を参照のこと。

アンギュラー（Angular）

チャートの4つのアングルのうちの1つの近辺、または、その上にある惑星を指す。アンギュラーにある惑星は、その作用が強く、その作用が目につくと考えられている。

アングル（Angle）

チャートの2つの主要な軸、アセンダント／ディセンダントの軸と、ミッドヘブン／イーマム・コエリーの軸を指す。

アンダー・ザ・レイ（Under the Ray）

太陽と8度から15度の間でコンジャンクションしている惑星。この時点で惑星は太陽の光に隠れて見えなくなるが、まだ完全に燃え尽きるほど太陽に近づいてはいない。衰弱していると見なされる。

イーマム・コエリー（Immum Coeli または IC）

MCのオポジションの場所を指す［しいて日本語に訳すと、北中点となる］。天底（nadir、直下）とは異なる。チャートのMCと反対側の地点を指す。

オーバーカミング（Overcoming または Overcome）

アスペクトで捉えるときに、どちらの惑星が優越性を持っているかをいう。ASCから先に昇っている惑星が勝るとする。180度の位置で逆転する。MCにある惑星は、ASCにある惑星よりも勝っていて、ASCにある惑星に強く影響を与えることになる。実際には、オーバーカミングしているからといって、必ずしもより強いとはいえない場合も存在する。他の惑星とのリセプションを考慮することが必要になる。第十九節を参照のこと。

オリエンタル（Oriental）と、オクシデンタル（Occidental）

チャートの中心に立って、太陽の位置に向かうと、その右側がオリエンタルになり、左側がオクシデンタルになる。また、12、11、10ハウスと、6、5、

4ハウスがオリエンタルなハウスとなり、その他はオクシデンタルなハウスとなる。いずれも、太陽との関係をいうときに使う言葉で、利便性が高いので多々用いられる。

カーディナル・サイン（Cardinal）

活動宮。一年の四季の中で、華やかな四神が存在するサインとされる、牡羊、蟹、天秤、山羊のサイン。

カジミ（Cazimi）

太陽の心臓にある（ハート・オブ・ザ・サン）とも呼ばれる。太陽とのコンジャンクションで［基数］16分以内の惑星。惑星たちは太陽に触れるように近づくと、燃え尽きて弱体化するが、ピッタリと寄り添った惑星は、素晴らしく強化されると考えられてきた。まるで、その惑星が王様とともに国家の中心に存在しているかのようになる。評価のルール、第二十二節を参照のこと。

カルディアン・オーダー（Chaldean Order）

惑星を遅い順に並べた順番のこと。メソポタミア民族の一部であったカルディア人が、天文の観測をしやすくするために考案したとされる。カルディアン・オーダーでの惑星の並び順は、西洋占星術の各種の法則の裏に見え隠れする。例えば、ハウスを司る惑星は、左回りに土星を1ハウスに、木星を2ハウスに、火星を3ハウスにと配分している。サインのルーラーも、太陽と月を除けば、カルディアン・オーダーを踏襲している。Chaldeanという英単語は、「西洋占星術師」を意味している。さしずめ、西洋占星術師の惑星の並べ方である。カルディア人が見つけた春分点は、プトレマイオスの天文学に影響を与えたのは明らか。第四節、図1を参照のこと。

ケーダント（Cadent）

ラテン語で、落ちること。ケーダントにある惑星とは、チャートを時計回りに進めたときに、アングルを過ぎた辺りになる。ケーダントの惑星の作用

は弱く、目に見えにくく、外的作用よりも内的処理として現れることが多い。モードとアングルを参照のこと。

コモン・サイン（Common）

柔軟宮。ミュータブル・サインの別称。モード、第十五節を参照のこと。

コンサルテーション・チャート（Consultation Chart）

クライアントと話し合う前に、クライアントがどのような意図で占星家を尋ねてきたのかを調べる方法。一種のホラリー・チャートで、ケルンテンのヘルマン（1105前後～1154頃）が書いた『*The Search of the Heart*（心の探索）』として知られている。第二十四節でチャーリーが語る方法もあるが、アセンダントのロードと密接にアスペクトしている惑星も参考にされる。従って、1）アセンダントの角度に密接にアスペクトした惑星、2）アセンダントのロードと密接にアスペクトする惑星、3）アセンダントに入っている惑星を調べ、それらの惑星が欠如しているときにだけ4）月を頼る。これが、翻訳者が見つけたホラリーによる手順である。密接にとは前後3度以内のこと。第二十四節を参照のこと。

コンジャンクション（Conjunction）

アスペクトは見ることをベースにした概念であり、コンジャンクションは抱き合うことをベースにした概念である。本文中にも、コンジャンクションだけはサインを越えて作用するとの記述があるように、アスペクトとコンジャンクションは厳密には異なった概念である。特に、ホラリー占星術のジャンルでは、惑星同士がサインを越えてコンジャンクションをしていても、それらが12度以内にあるなら、別の惑星が2度以内でコンジャンクションしているどちらかの惑星とアスペクトをしていない限り、コンジャンクションしている惑星とはアスペクトができないという法則がある［カッティング・オブ・ライト（Cutting of Light）の一種。サエル・ビン・ビシュル著『*The Fifty Judgments*』の格言17］。多くの占星家がこれを知らないし、ネイタルでこの法則は効かない。第十九節を参照のこと。

コンバスト（Combust）

文字通り、焼かれること。太陽と8度以内でコンジャンクションしている惑星を指す。[※8.5度以内と書かれている書物も多いが、序数しか数字の概念がなかったころに8.5度と書けば、基数の7.5度になるので、0.5度をもってその数字の終わりまでを表すとすれば、基数の8.0度になる。序数と基数の曖昧さは常に占星術師を悩ませてきた] コンバストになった惑星は焼き尽くされ、油でフライにされた状態となる。太陽の光に完全に隠されて見ることができず、独立した強さを全て失う。

サクシダント（Succedent）

アングルとの関係を指す。サクシダント・ハウスとは、アングルのハウスから1つ離れていて強いが、アングルほど強くないハウスのことである。惑星がサクシダントにあれば、やがてアングルに行けるので喜ぶとも解釈される。

ジョイ（Joys of the Planets）

惑星のジョイ。ハウスの概念を構築する場合に、忘れてはならない惑星。その他、古代には、10ハウスには金星、4ハウスには土星をノミネートされていた。10ハウスには、今でも社会的な結婚の意味が残り、それは金星から導き出すしかない。また、4ハウスには土星の意味がかなり残っていることにも気付かされる。墓、地下室、土地、建物、農園、果樹園など、全て土星の意味がないと4ハウスの意味が構築されない。第十八節、図15を参照のこと。

ステイク（Stakes）

任意の地点から、その地点に対して90度の角度を持つ4つのサイン。アスペクトの幾何学、第七節を参照のこと。

セクト（Sect）

惑星が昼と夜、昼行性と夜行性に分けられることを指す。チャートは、太陽の位置が地平線の上か下かで昼と夜に分けられ、惑星も昼のセクトと夜の

セクトに分かれる。各セクトの惑星は、それぞれ、太陽と月、ベネフィック
とマレフィックが各一個ずつ配されている。

[図40]：昼と夜のセクトの惑星

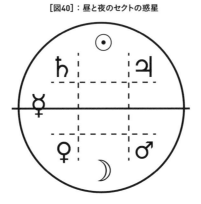

セパレート（Separate）

2つの惑星のアスペクトが正確でなくなりつつあるとき、それらは分離し
つつあるといわれる。

タイムロード（Time Lord Systems）

時間のロード。主な時間のロードのシステムには、プライマリー・ディレ
クション、プロフェクション、ソーラー・リターンがある。この3つは昔か
ら使われてきた。他にもさまざまなタイムロードのシステムがあり、セカン
ダリー・ディレクション（プログレス）などは、プラシーダスがプライマ
リー・ディレクションの補助として、月と太陽のためだけに開発した比較的
近年の発明である。イベントがいつ頃起きるかは、時間のロードと呼ばれる
異なるシステムを組み合わせて使う必要が出てくる。一つ一つのシステムが、
レイヤー（層）のようになっていて、異なるレイヤーで同じ時間のロードが
活性化されることで、よりイベントが起きやすくなることが分かっている。し
かし、全てのシステムは、コンピューターが使えるようになった現代の方が、
格段に精度が上がっている。これらのシステムを利用できるモリナスという
プログラムが無料で使えて、現在のところ一番優秀。

ターム（Term）

バウンドとも呼ばれるマイナーな美徳。エッセンシャル・ディグニティーの1つ。

ドミサイルのロード（Domicile Lord）

惑星は、それぞれのサインで、（月なら蟹のサインで、太陽なら獅子のサインで）家にいる、居住地にあるなどと表現される。単にロードといわれたり、ルーラーともいわれたりする。ドミサイルは、自分の家に居てくつろいでいる感覚である。

トリゴン（Trigon）

トライン、または、トリプリシティーの同義語。

トリプリシティー（Triplicity）

マイナーなエッセンシャル・ディグニティーの1つ。各サインには、3つのトリプリティーのロードがある。

ダブルボディッド・サイン（Double Bodied Sign）

柔軟宮・ミュータブル・サインの別称。第十五節、モードを参照のこと。

昼行性（Diurnal）

太陽が地平線上にあるチャートを、昼行性とする［昼セクトの惑星（太陽、土星、木星）が昼行性となる。区分としては、昼のトリプリシティーを構成していて、風のトリプリシティーに太陽の代わりに水星を当てはめている。水星が昼行性になるのは、太陽に先駆けて昇るからという説が当初からあったが、確実なものではない］。

ディセンダント（Descendant）

黄道が西の地平線と交差する点。アセンダントの反対側。

ディグニティー（Dignity）

特定の場所における惑星の強さや弱さを指す言葉。エッセンシャル・ディグニティーとは、ある時点で5つのレベルのいずれかに属しているルーラーシップのこと（第十四節参照）。アクシデンタル・ディグニティーは、チャートにおけるハウス位置やアスペクトが、どのように惑星を行動的／消極的にするか、あるいは注目の度合いや、力強さ／弱さ、行為の質なども表す。

デカネート（Decanate）

サインを10度単位で分割したもの。同じくサインを10度単位で分割するフェイスのマイナー・ディグニティーとは異なる。惑星の割り当て方が、別の方法で導き出された。現代の占星術家の多くがデカネートと呼ぶものは、ヴェーダ占星術から派生したシステムである。

デビリティーにある（Debilitated）

惑星が得るネガティブなディグニティーで、デトリメントとフォールがある。デビリティーにある惑星は、その表現を妨げられたり、汚されたりする。惑星たちは、アスペクトやハウス位置、チャート上の他の条件によって弱体化したり、妨害を受けたりすることもある。

統治権（Rulership）

主要なエッセンシャル・ディグニティーのうち、最も重要なもの。惑星がそのサインのロードになっていることで、そのサインに責任を持つ。

ナディア（Nadir）

天底。一般的には、黄道とは関係のない足下のこと。ICと間違われることがあるので、注意。

バウンド(Bound)

マイナーなディグニティーで、タームとも呼ばれる。エッセンシャル・ディグニティー（第十四節）を参照のこと。

パータイル

語義は、Part Tile から来ている。同じ数字の度数で正確なアスペクト。同じタイル同士でアスペクトすることを強調する言い方。

パーフェクト

アスペクトで、惑星同士が近づき、度数がぴったり合うとパーフェクトといわれる［いろいろな使い方がなされ、ネイタルの太陽の度数と、毎年の太陽の度数がぴったり合うことを基準とした、ソーラー・レヴォリューション（太陽リターン）と呼ぶタイムロード・システムもある］。

ビシージ（Besieged）

惑星が、あるマレフィックからのアスペクトを離れ、別のマレフィックへとアスペクトしようとしていること。板挟みになるようなもので、悪いところからより悪いところへ行く感覚。評価のルール参照のこと。ベン・ダイクスは Enclosure（エンクロージャー・包囲）を使う。

ヒリアカル・ライジング（Heliacal Rising）、とセッティング（Setting）

占出生者の誕生から約15度以内にあって、太陽のアンダー・ザ・レイから姿を現す場合、－ ほぼ10日で、つまり太陽から15度以上離れた場所に移動した惑星は、再び隠れた所から現れ、惑星にとって特別なこととなり、ヒリアカル・ライジングを起こす。ハイ、私はここに居るのよ！ といっているようなもの。ヒリアカル・セッティングはその逆に、太陽に近付き、見える所からアンダー・ザ・レイになること。これによって、その惑星は重要視されなくなり、目立たなくなる。［占星術の使い方には、2つの方法がある。もう一つの解釈は、東の空で起きる、太陽が昇る前に東の地平線に現れる星を指して、ヒリアカル・ライジング（旦出）と呼ぶ。逆に、太陽とのコンジャンクションによって見えなくなる状態の前（旦入）に、太陽に遅れて昇って来る、夕方にしか確認できない恒星や惑星を指す］。

フェイス

マイナーなエッセンシャル・ディグニティーの中で最も弱い。

フィクスト・サイン

牡牛、獅子、蠍、水瓶の4サイン。残りのサインは全て何かが足りない。第十五節、モードを参照のこと。

プトレマイックなアスペクト（Ptolemaic Aspect）

プトレマイオスの著した『Tetrabiblos』に載せられたアスペクト。左右のセクスタイル、左右のスクエア、左右のトライン、オポジションの7つのアスペクトのこと。

プトレマイオスが著す前から、これらのアスペクトは存在していた。コンジャンクションは、厳密にはアスペクトではない。

プルート（Pluto）

有名なウォルト・ディズニーのアニメのキャラクター。

ベネフィック（Benefic）

吉星。（別名：上機嫌のあきれたやつ！）一般的に穏健、調和、心地よい、成長を促進させるなどの効果がある惑星。木星と金星が2つのベネフィックな惑星である。

ペレグリン（Peregrine）

この言葉は放浪者を意味し、その場所でエッセンシャル・ディグニティーがない惑星を指す。この惑星は、ホームレスで根無し草であり、その機能を決定するために、そのサインのロードのディグニティーに頼ることになる。ディグニティー（第十四節）を参照のこと。

マレフィック（Malefic）

凶星。(別名：うさんくさいやつ、バッドガイ) − その惑星の効果が極端で、破壊的、異常、否定的、不快なもの。土星は大きなマレフィック、火星は小さなマレフィックと呼ばれる。セクトを外れたマレフィックを、伝統的なテクストでは大きな悪い狼（MML、ラテン語で、*Magnus Malus Lupus* の略）とも呼ぶ。

ミッドヘブン（Medium Coeli、ミディアム・コエリー、またはMC）

黄道が、ネイティブから見て南北の大円となる本初子午線を横切る点。MCは、太陽が地球の回りを日々の動きで最も高く到達する地点である。
［※ この場合の本初子午線とは、太陽がちょうど南に来るときの子午線。しいて日本語に訳すと、**南中点**となる。黄道が真南の子午線と交差する点。黄道上での最も高い地点である。たいていは、9ハウスか10ハウス］。

ミュータブル・サイン（Mutable）

柔軟宮、「話が止まらないときに、それに対処するために用いるもの」という意味。双子、乙女、射手、魚のサインを指す。惑星のモード（第十五節）参照のこと。

ムーバブル・サイン（Movable）

カーディナル・サインの別呼称。

モリナス（Morinus）

人の名前であると同時に、プライマリー・ディレクションやプロフェクションを計算してくれる優秀な非商用の占星術プログラム。ウェブ・サイト https://sites.google.com /site/pymorinus/ からダウンロード可能。Windows、Mac、Unixでも動く。（英語のみ）

夜行性（Nocturnal）

夜にふさわしい惑星（月、火星、金星）。

有利なハウス（Advantageous：ギリシャ語でChrēmatistikos（クリーマティスティコス）

重要なヘレニスティック占星術の専門用語で、「有利な」と「忙しい」という2つの意味を持つ。ネイティブにとって有利な場所を指す場合、通常、ホール・サイン方式を使用して、上昇するサインと関連したステイクの場所に配置された場合を指す。これらの場所に惑星がない場合、「不利な」または「有利でない」といわれる。しかし、一般的には惑星がどの程度活動的で「忙しい」かどうかを表すには、アンギュラリティーの概念と結び付けて使われる。ホール・サインでアングルとなった場所か、アングルと正確に同じ度数か、どちらかにある惑星は「忙しい」といわれ、衰退した場所にある惑星は「忙しくない」といわれる。「作動する」と「作動しない」と呼ばれることもある。

ルミナリー（Luminary）、または、ライト（Light）

－光を放つ天体の意だが、占星術的には太陽と月を指す場合が多い。太陽と月の両方を指す場合には、ルミナリーズ、ライツと複数形で呼ぶ。

ルーラー（Ruler）

さまざまな呼ばれ方をするが、サインの支配星のこと。その他、イグザルテーションのルーラー、トリプリシティーのルーラー、タームのルーラーとなる。支配するといっても、そのサインのホストを担い、ゲストを快くもてなす役割を持つ。これを、レシーブするという。例えば、水瓶のサインのルーラーは土星だが、水瓶のサインを通過する惑星たちをホストとして迎える気持ちを持つ。イグザルテーションのルーラーも同じように、ホストの脇役として振舞う。サインのルーラーや、イグザルテーションのルーラーは、平時はある種、聖人君子として当該のサインを支配していて、そのサインを居心地の良い場所となるように努力をする惑星である。

ロアー・ミッドヘブン（北中点）

チャート上でMCの反対側にある点で、IC（イーマム・コエリー、Immum

Coeli）とも呼ばれる、黄道で太陽が達する一番低い点。

ロット（Lot）

チャート内の他の3つのポイント間の関係によって形成される象徴的な点。
（第二十一節を参照のこと）。

ロード（Lord）

ルーラー、ルーラーシップ、統治権などを参照のこと。

悪い場所（Bad Places）

アバーションを参照のこと。

用語集の最後に実占に便利な各種表を掲載します。コンサルテーションの時に活用してください。

ディグニティーの表

サイン	ルーラー	デトリメント	イクザルテーション	フォール	トリプリシティー			フェイス		
					昼	夜	パートナー	0°~9°59'	10°~19°59'	20°~29°59'
♈	♂	♀	☉	♄	☉	♃	♄	♂	☉	♀
♉	♀	♂	☽		♀	☽	♂	☿	☽	♄
♊	☿	♃			♄	☿	♃	♃	♂	☉
♋	☽	♄	♃	♂	♀	♂	☽	♀	☿	☽
♌	☉	♄			☉	♃	♄	♄	♃	♂
♍	☿	♃	☿	♀	♀	☽	♂	☉	♀	☿
♎	♀	♂	♄	☉	♄	☿	♃	☽	♄	♃
♏	♂	♀		☽	♀	♂	☽	♂	☉	♀
♐	♃	☿			☉	♃	♄	☿	☽	♄
♑	♄	☽	♂	♃	♀	☽	♂	♃	♂	☉
♒	♄	☉			♄	☿	♃	♀	☿	☽
♓	♃	☿	♀	☿	♀	♂	☽	♄	♃	♂

ターム、または、バウンドのルーラー

♈	0	♃	6	♀	12	☿	20	♂	25	♄	30
♉	0	♀	8	☿	14	♃	22	♄	27	♂	30
♊	0	☿	6	♃	12	♀	17	♂	24	♄	30
♋	0	♂	7	♀	13	☿	18	♃	26	♄	30
♌	0	♃	6	♀	11	♄	18	☿	24	♂	30
♍	0	☿	7	♀	17	♃	21	♂	28	♄	30
♎	0	♄	6	☿	14	♃	21	♀	28	♂	30
♏	0	♂	7	♀	11	☿	19	♃	24	♄	30
♐	0	♃	12	♀	17	☿	21	♄	26	♂	30
♑	0	☿	7	♃	14	♀	22	♄	26	♂	30
♒	0	☿	7	♀	13	♃	20	♂	25	♄	30
♓	0	♀	12	♃	16	☿	19	♂	28	♄	30

フェイスのルーラー

[※カルディアン・オーダー順の並びです]

カルディアン・オーダー (Chaldean Order)。
図1の「伝統的な世界のモデル」で、惑星の遅い順に、土星、木星、火星、太陽、金星、水星、月となっている並び方。

サイン	0°〜9°59'	10°〜19°59'	20°〜29°59'
♈	火星	太陽	金星
♉	水星	月	土星
♊	木星	火星	太陽
♋	金星	水星	月
♌	土星	木星	火星
♍	太陽	金星	水星
♎	月	土星	木星
♏	火星	太陽	金星
♐	水星	月	土星
♑	木星	火星	太陽
♒	金星	水星	月
♓	土星	木星	火星

翻訳者あとがき

　私は2000年からイギリス人の伝統的な占星術の草分けジョン・フローリー氏に付いて学び、彼のホラリー占星術のコースを2005年に日本人として初めて卒業し、ホラリー・クラフトマン・ファーストイン・ジャパンの称号を得ました。それ以来、ホラリー占星術の実占を推し進めながら、ネイタル占星術やマンデーン占星術の研究に勤しんでいます。

　ホラリー占星術の研究とともに、ネイタル占星術の研究にもいくらか手を伸ばしていました。しかし、伝統的な西洋占星術のネイタルのテクストを読み漁っても、長い間、なかなか適切な判断方法を見いだせず、いたずらに時間が過ぎていったのです。何かが不足しているのです。

　近年、多くの伝統的な占星術の著作が、ラテン語やアラビア語、そして、ギリシャ語や古いペルシャ語などからも翻訳されていて、伝統的な占星術が甦っているかのような感があります。それでもまだ、甦っているとはお世辞にもいえません。理論だけが先行し、使い方が定着するほど研究がなされていないのです。実践的な手順を探る作業も同時に行われていますが、なかなか上手にいっていません。

　私も長い間、独立した様々なテクニックがあっても、それらを実占的に紐解くための方法や、占星術を使って具体的な将来像を指し示すための確たる手法が見つからないままでした。著者自身が述べるように、「明確な組織化された原理がないままの膨大な量の文献類があり、システムを貫くパターンと秩序の感覚」が得られなかったのです。

　この本の著者チャーリー・オバートは、かつてはモダンな西洋占星術を学んでいた実践占星家です。伝統的な占星術に転向してからもネイタル占星術に強く興味を惹かれ、研究者たちの中核にいながら、それら翻訳された伝統的な技術を実践的にどう使うか、真摯に研究会を通して検討してきました。

彼は、ベン・ダイクスとともに、ミネソタ州ミネアポリスで、「伝統的ネイタル占星術」の勉強会の運営役の一人にもなっています。その彼の本を読むことで、私の探し求めていた予測技術の存在に、やっと出会えて歓喜したのを覚えています。また、私が示したいネイタル占星術のリーディングの手法の多くが、既に書かれていることにも共感を覚え、チャーリーに引用許可をお願いするためにメールを出しました。その折に、可能であれば翻訳をさせて欲しいとも加筆しました（2022年）。

　意外にも、チャーリーから「Yes, of Course! 翻訳をしてもいいよ」と許可が下りたのです。それで翻訳をして出版することにしました。後に分かったことですが、本書はケプラー・カレッジのテクストの1つにもなっています。
　チャーリーの正式な名前はチャールズ・オバート、発音についても尋ねましたが、アイルランド系のカトリックの血をひいていて、最後の t も発音するのだと答えてくれました。そして、チャールズ（Charles）の最後のsも z と発音すると聞きました。

　古来、未来予測の占星術的な手法には、プライマリー・ディレクション、レヴォリューション（Revolutions、太陽リターンを含む）、プロフェクションなどが伝えられてきていますけれども、そのどれもが、それぞれの技術だけではネイタルを判断できないのではと考え始めていました。幸いにして、近年のネイタル占星術の研究成果を発表しているチャールズ・オバート氏の著作『The Cycle of the Year』や、本書『Introduction to Traditional Natal Astrology: A Complete Working Guide for Modern Astrologers（伝統的なネイタル占星術入門、モダンな占星術師のための未来予測・実占ガイド）［略ITNA］』を読んだところ、それらの手法は組み合わせて使うものなのだとハッキリ分かってきました。組み合わせの妙が歴然と示されていたのです。

　本書の内容は、私がネイタル占星術に取り組んでいて、日本の方々に伝えたいと思ったことを見事に言い表しています。翻訳が進むごとにそう思いました。細かな点で、チャーリーと意見の相違はありますけれども、それは小

さなことだけです。それは、チャーリーが長い間、モダンな占星術の研究者だったことに原因があります。その彼が、伝統的な占星術の世界にやってきて本書を書き上げたのです。素晴らしいと思います。

　本書の柱になっているのは、もちろんネイタル・チャートそのものの解読方法です。著者のチャーリーは、フランスの伝統的な占星術師ジャン・バプティスト・モランの『*Astrologia Gallica book 21*』のネイタルの解読方法に、完全にではありませんが強く影響を受けています。モランは、リリーと同時代のフランス人占星術師で、おそらく基礎として欠かせない本になることでしょう。歴代の占星家を批判し、良いところは残し、理路整然とネイタルの読み方を指し示しています。実に適切な指摘をしていて哲学的にも深いものがあります。モランはロットについて懐疑的であることを除けば、かなり参考になります。

　特に、モランはその中で次のように述べます。

> 「実際、人生において人間に起きることのうち、いくつかは自分の力ではどうにもならないことである。……彼の財産、子供、従業員、妻、訴訟、闘争、旅、職業上の栄誉など、本人の自由意志によって左右されるものもある。これらの事柄は、星々の影響によってそうしたくないという気持ちが強くても、本人が自由に選択でき、避けたり拒否したりできるため、外殻的なものであるといえる。……全ての予測は実際には単なる推測に過ぎず、誰しも確実な予測をすることはできない。」　　（『*Astrologia Gallica book 21*』、第一章第七節）

　上の文節でモランが述べるのは、占いは避けられないものを表してくれるけれども、自由意思に関わる事柄は大いに選択の余地があり選べるのだから、人生を変えていけると述べています。この後に、自分の人生に挑戦し続けている人は少ないので、占いが当たってしまうとも述べています。

　私がチャーリーの本に出会い、翻訳をして出版したいと思ったのは、読み

進むうちに、長い間探し求めていた西洋占星術による未来予測を、これで推し進めることができると確信できたからです。本書には、チャートのリーディングの非常に基礎的なものに絞られますが、第二部第六章に例題が6例述べられています。伝統的な読み方の一端が垣間見えるので、まず、そこから読み始めてみるのもよいでしょう。

翻訳をすることは、私の『星の階梯』シリーズの寄り道ですが、これを優先させるべきだと、心の声みたいなものに従い翻訳を急ぎました。チャーリーの意をぜひ汲み取ってください。

https://www.astro92.com/ は、翻訳者のホームページです。日本語で読める豊富なテクニックを公開しています。ただし、読んだだけではなかなか理解しにくいのが占星術ですので、実占を繰り返す必要があります。
　この翻訳が、西洋占星術を学んでいる皆さんの参考になりますように。

最後に出版の機会を与えてくれた総合法令出版社と貴重な助言をしていただいた編集者の宇治川裕氏に心から感謝いたします。

著者　チャールズ・オバート（Charles Obert）

占星術研究家。現代占星術のバックグラウンドを持ち、伝統的な占星術の研究に専念。AFA（アメリカ占星術師連盟）と、NCGR（全米ジオコスミック研究協議会）の会員。伝統的な占星術のほかに、ミッドポイント、ダイヤルワークにも関心を持ち、NCGRのメンバーとして、ウラニアン占星術の研究に従事。近年、伝統的な占星術とモダンな占星術の融合にも尽力している。哲学に通じており、占星術の背景にある様々な世界観や価値観の違いを明らかにする。タロットや易経などの他の占いの研究者でもあります。ミネソタ州ミネアポリスで伝統的占星術の勉強会を主宰し、そのメンバーには優れた伝統的占星家のベン・ダイクスやエステル・ダニエルズがいる。

訳者　河内邦利（かわち・くにとし）

古典占星術師、研究著作家。50歳で事業を退く決断をし、古典占星術を研究。2001年からイギリスの有名な占星術師であり、英国王室も御用達の占星術師、ジョン・フローリー氏に師事。東アジアの一番弟子となる。古典占星術実践のパイオニアとして知られ、研究や著述を通して、占星術師や占星術マニアを中心に全国に1000人以上のファンを作る。著書に『星の階梯 I、II』（カクワークス社）などがある。愛猫たちとともに日々、新たなチャートの研究に勤しんでいる。

古典占星術

2023年10月23日　初版発行

著　者　チャールズ・オバート
訳　者　河内邦利
発行者　野村直克
発行所　総合法令出版株式会社
　　　　〒103-0001 東京都中央区日本橋小伝馬町 15-18
　　　　EDGE 小伝馬町ビル 9 階
　　　　電話　03-5623-5121
印刷・製本　中央精版印刷株式会社

落丁・乱丁本はお取替えいたします。
©Kunitoshi Kawachi 2023 Printed in Japan
ISBN 978-4-86280-920-9
総合法令出版ホームページ　http://www.horei.com/